懂心理
才懂汽车销售

可复制的汽车销售力

古苗 编著

汽车销售精英硬核干货大揭秘
洞悉消费心理的高效销售技巧
一本您不想与同行分享的销售秘籍

机械工业出版社
CHINA MACHINE PRESS

本书是一本基于客户消费心理学的汽车销售攻略，内容全面涵盖4S店销售业务，包括销售流程、宣传推广、外拓集客、异业联盟、展厅布置、促销策划、车展销售、用品管理等。本书以标杆店销售大师讲述发生在身边的真实案例与成功精髓为呈现基础，从消费心理学的角度阐释背后的原因，让读者能够充分理解、举一反三。本书可作为汽车销售人士忠实的成长伙伴，助力销售精英们不断进阶和蜕变。

同时，本书从战略高度为管理者提供在销售领域需要具备的管理思路和视野，以及对汽车市场未来的展望预测，为4S店中低层销售人士了解顶层思维、行业趋势提供帮助，为高管夯实4S店销售基础、持续扩大领先优势指明方向。

本书以销售基础、实战、策划、战略、展望划分章节，层层递进，是4S店及汽车销售的关联人群都适合阅读的工具书，也可作为各汽车厂家、培训机构对授权经销商进行培训的参考书。

图书在版编目（CIP）数据

懂心理才懂汽车销售：可复制的汽车销售力 / 古苗编著．—北京：机械工业出版社，2022.5（2023.8 重印）
ISBN 978-7-111-70629-8

Ⅰ.①懂⋯ Ⅱ.①古⋯ Ⅲ.①汽车 – 销售 Ⅳ.① F766

中国版本图书馆CIP数据核字（2022）第069282号

机械工业出版社（北京市百万庄大街22号　邮政编码100037）
策划编辑：齐福江　　　　　　　责任编辑：齐福江
责任校对：薄萌钰　王　延　　　封面设计：王　旭
责任印制：李　昂
北京中科印刷有限公司印刷

2023年8月第1版第2次印刷
180mm×250mm・16.25印张・2插页・242千字
标准书号：ISBN 978-7-111-70629-8
定价：88.00元

电话服务　　　　　　　　　网络服务
客服电话：010-88361066　　机 工 官 网：www.cmpbook.com
　　　　　010-88379833　　机 工 官 博：weibo.com/cmp1952
　　　　　010-68326294　　金 书 网：www.golden-book.com
封底无防伪标均为盗版　　机工教育服务网：www.cmpedu.com

序　PREFACE

我与作者结识近十载，是行业圈经常交流的老朋友。

这次接到他的电话，是在刚忙完2021年7月乘联会市场研讨会的一个下午，听说他在著书写作我感到很高兴。

记得多年前的首次见面，也是在某次乘联会年中会议上。不同于其他厂家分析员以数据分析为主的报告，他别出心裁地讲述了对于4S店经营现状的理解，提出改善厂商关系的呼吁，这在乘联会的交流会中还真不多见。

在我的印象中，他逻辑清晰，低调幽默，谦逊正直，是少有的愿意站在市场角度为4S店说话的主机厂朋友。

因此，作者撰写关于4S店销售技巧的书籍，我虽略有惊讶却也不觉得意外。

《懂心理才懂汽车销售：可复制的汽车销售力》一书由浅入深，层层递进，没有生硬的理论概念，没有响亮的口号，而是利用真实案例诠释客户消费心理学在汽车销售及策划中的应用，讲述的都是发生在4S店里的那些事儿，呈现满满的干货，十分接地气。

书中不仅能看到销冠会向客户推荐几款车型、一个网红展厅怎样养成、店总要如何思考聚焦战略等实用性极强的技巧和思路，还有下岗女工逆袭成销冠的秘诀、六步议价法究竟有什么诀窍等精彩故事和应用工具，就连作者的太太也客串讲授了超市买纸巾的攻略。

如果说主机厂的培训教材是机关枪，那本书就是枪上安装的精准瞄准器，为销售人员节约弹药，一击即中。

预祝新书大卖，能让更多的4S店伙伴从中找到提升销售与服务的窍门，实现销量的节节攀升和业绩的再创新高！

崔东树

全国乘用车市场信息联席会（乘联会）　秘书长

前　言　　　　　　　　　　　　　　　　　　　　FOREWORD

　　本人在汽车销售领域从业超过20年。前10年在日系合资车企就职，2009年起参与自主品牌项目的筹建并伴随成长至今。所涉岗位涵盖销售区域督导、售后及零部件供应服务、用品管理、商品情报与企划、品牌战略及活动策划等。算下来，主机厂端有关汽车营销的主线业务，都有涉猎，因此被同事们戏称为"骨灰级的万金油"。

　　在从业的这20余年里，我有幸亲眼见证了中国乘用车市场从只有不足70万辆的体量开始高速崛起、快速发展、低速增长，而今处在年销2000万辆左右的阶段性平台期徘徊的全过程。我见识了各类汽车品牌新车上市即加价，以及动辄投资数千万元的4S店首年就能回本，并实现盈利的繁荣盛况。我也目睹了金融危机、新冠肺炎疫情催化下的大浪淘沙，既有权威机构报导的"2018年全网亏损程度超过55%"、网传的"深圳某品牌4S店转型卖米粉！"也有部分边缘自主品牌车企乃至S字头和R字头等合资品牌车企黯然退市的哀鸿遍野。

　　扯得可能有点远，跟主题略有偏离。其实本人想说明的是，汽车市场现在所处的平台期并不可怕，这也肯定在一段时间内是常态化存在。无论如何，中国依旧是世界上最大的汽车市场，依旧拥有乘用车年销2000万辆的庞大体量。对比美国、日本等千人保有量达到500~800辆的成熟汽车市场，我国目前千人保有量才刚过150辆，还有很大的成长空间。因此，从现在到未来十年、二十年，中国汽车销售行业都大有可为，而"怎么做"才是各位汽车人，尤其是从事4S店销售的同仁需要思考和探讨的。

　　说到思考与探讨，我从业20余年来，接收到来自汽车经销商各层级各式各样的疑惑。比如：

- "六方位介绍"让客户对产品频频点头，为何离店后一去不返？
- 是否有必要安排试驾专员，培训销售顾问岂不更加直接有效，也节省人力成本？
- 客户提出的诉求，明明都已经满足，为何最终无法成交？
- 展厅布置，营造简约高冷的氛围与促销气氛浓厚的卖场，哪种更有利于销售？
- 地方车展到底是行业内卷的鸡肋活动，还是依旧充满勃勃商机的销售机遇？
- 汽车用品到底要放在哪个部门？要在何时推荐？由谁推荐更合适？
- 哪个品牌更适合我们这里的老百姓？又该如何进行推广？
- 4S 店到底会不会被取代？……

对这些问题的分析、思考、解答的经历与经验的积累，也逐渐形成了我个人对于汽车销售的看法与观点。

而在我就读在职 MBA 期间，受余来文博士的感染，我萌发了将这些经历和经验沉淀归纳著书的想法。因不想与市面上汽车销售类相关图书过于雷同，却又苦于未能找到贯穿全书的特色核心，提笔决心迟迟未能下定。

2020 年秋，有幸聆听了浙江大学心理学教授周欣悦老师的消费心理学课程，这让我顿时找到了豁然开朗的感觉。我与同仁们的一些共同疑惑，只要将客户消费心理带入销售活动体验过程中，所有的问题将迎刃而解。

《懂心理才懂汽车销售：可复制的汽车销售力》由此而来，也希望更多的同仁从书中找到汽车销售精英"可复制的汽车销售力"，实现业绩突破。

因此，本书并非按部就班地照搬主机厂有关销售流程的培训教材，而是在优秀销售案例的呈现过程中，引入对客户消费心理的解读，找到成功的真实原因，而非仅仅停留在做法本身。"授之以鱼不如授之以渔"，各位读者若能成为在各种水域、各种环境、各种条件下，都有能钓"大鱼"办法的"渔神"，才是本书所期待的和要实现的初衷。

同时，也想借此书特别感谢几位前辈、导师、友人，他们是我职业生涯每个阶段雪中送炭的"贵人"。

感谢对我悉心教导并在各种转折时刻给予提点的郑教授。

感谢总是主动悄无声息施以解困助力的衡哥、宇哥、明哥。

感谢让有十年经验还需从零做起的老兵重燃坚定信念的昌哥。

二十余年的汽车营销路，没有他们，我不可能坚持走下来，更不会有写书的资本和基础。

感谢鸿儒博学的余博，是他激发了我写作的热情，并给予本书中肯的指导意见。

感谢一直以来为我提供优秀经验与素材的4S店的兄弟姐妹们，你们用心服务的深刻写照，使本书中的案例以最真实生动的形象呈现。

更要感谢松玮，你对"榜样"形象的苛求，也是支撑我必须负重前行的动力。

最后也必须感谢这一路以来的荆棘与崎岖，正因为拥有磨砺，才令过程经历如此多姿多彩，也成就了一颗"打不死的小强"的强大心脏。

圈子其实很小，从文中的蛛丝马迹，不少老朋友或能推导出作者实为何人。之所以在本书使用"笔名"，是因为我出书的目的，一为总结个人营销岗位漫长生涯的经历与经验，给自己一个交代；二是感觉有类似经验之辈却未必有记录分享之心，而萌生为后来者提供可正衣冠之镜。不才，还真没有一丁点想要出名的打算，在此也恳请猜中的同僚为我保密。

为了照顾到一般读者的习惯，本书中许多专业术语使用俗称。

感谢汽车人的阅读，真心希望本书能对您的工作开展有所裨益，让我们为中国汽车市场的发展继续努力奋进，加油！

作　者

目 录
CONTENTS

序
前言

第一章 基础意识篇

第一节 标杆店的经营理念是什么？/ 002
第二节 坚持以实现共赢为目标 / 004
  一、失业人士的逆袭之路 / 004
  二、同样的项链，穷小伙为何要挑贵的？/ 006

第三节 观察入微，读懂客户心理 / 012
  一、害怕损失的心理是如何影响抉择的 / 012
  二、洞察心理的慧眼能让你获取高额回报 / 014

第二章 实战技巧篇

第一节 仨月当销冠的"新人"大妈教你如何接待 / 022
  一、充满自信的状态助力迅速破冰 / 022
  二、亲人般的接待带来意外惊喜 / 024

第二节 从相亲和购物来看需求分析和推荐 / 028
  一、满足核心诉求是成功的关键 / 028
  二、如何挖掘客户的核心诉求 / 029
  三、推荐多少款产品能提高成功的概率？/ 031

第三节 你还在坚持六方位产品介绍吗？/ 035
  一、咱家的产品是最棒的！/ 035
  二、围绕客户需求痛点秀出你的卖点话术 / 036
  三、客户异议非坏事，解决疑虑助成交 / 038

第四节 试乘试驾的成功秘诀 / 040
  一、标杆店的销售冠军怎么看待试乘试驾？/ 041
  二、专业试驾专员和销售冠军的完美配合 / 043
  三、利用试驾营造先入为主的优势壁垒 / 045

第五节　六大高手讲述临门一脚的客户心理 / 047
　　一、满足心理，让分析型客户超预期 / 050
　　二、感激心理，巧妙利用车友资源神助攻 / 055
　　三、错失恐惧心理，带你见识"因楟购珠" / 058
　　四、中奖心理，"意外"收获不放过 / 061
　　五、亏欠心理，形成客户的"良心"负担 / 065
　　六、极端心理，让客户"难堪"顺理成章 / 068

第六节　做好交车服务，提升客户转介绍 / 076
　　一、预约交车及准备 / 078
　　二、新车检查及增值服务 / 079
　　三、接待流程及使用说明 / 079
　　四、人员介绍及交车仪式 / 080
　　五、离店送别邀加群 / 081

第七节　玩转你的客户朋友圈 / 082
　　一、客户维系甩手客服就是拒绝转介绍 / 082
　　二、一大群忠实粉丝就是这么来的 / 083

第三章　策划运营篇

第一节　广宣推广就要聚焦精准高效 / 091
　　一、户外媒体 / 091
　　二、电影、电视媒体 / 092
　　三、报纸、杂志 / 092
　　四、广播电台 / 092
　　五、搜索引擎 / 093
　　六、垂直媒体 / 093
　　七、社交媒体 / 093
　　八、商超外拓 / 094
　　九、异业联盟 / 094

第二节　如何提升抖音号关注度？ / 094
　　一、大小号 / 095
　　二、傍大 V / 095
　　三、导异业 / 096
　　四、蹭热度 / 096
　　五、定人设 / 097
　　六、会创新 / 098
　　七、稳频率 / 098
　　八、勤种草 / 099

第三节　这样做，能让外拓事半功倍 / 100
一、明确品牌定位 / 100
二、找准目标场地 / 101
三、花心思选礼品 / 101
四、用心设计单页 / 102
五、有展示有互动 / 105
六、合理规划时段 / 105

第四节　异业联盟还能这么玩 / 106
一、引起注意 / 108
二、挑起兴趣 / 109
三、持续加码 / 109
四、协议达成 / 110

第五节　一个"网红"展厅的养成 / 112
一、展车区贵在精，不在多 / 114
二、品牌体验区"说人话不说官话" / 115
三、休闲区的设置有多大必要性？ / 118
四、其他方面 / 121

第六节　你确定会策划促销活动吗？ / 126
一、车型包装 / 127
二、游戏设置 / 130
三、礼品与发放 / 132
四、执行细节 / 136

第七节　相信我，车展销售依然重要 / 139
一、车展前期（N-45—N-2日）准备 / 140
二、车展中期（N-2日—车展结束）执行 / 145
三、车展销售技巧 / 149
四、车展后期 / 161

第八节　学会向用品要利润 / 162
一、架构设置 / 162
二、用品采购 / 163
三、用品定价 / 167
四、用品展示 / 171
五、用品销售的时机 / 174
六、用品销售技巧 / 175

第九节　把握心理打开思路 / 183
一、设置流量商品和盈利商品 / 183

二、这种操作让客户欲罢不能 / 186
　　三、如何找到并抓住 KOL / 188

第四章　战略管理篇

第一节　好的开始是成功的一半 / 196
　　一、选择品牌（市场细分 S）/ 197
　　二、挑选地段（目标市场 T）/ 199
　　三、4S 店人设（市场定位 P）/ 200

第二节　聚焦思路助你做精做强 / 203
　　一、车型聚焦 / 205
　　二、体验聚焦 / 207
　　三、宣传聚焦 / 208
　　四、职责聚焦 / 210

第三节　如何持续提升影响力？/ 212
　　一、大中小学校的推广 / 212
　　二、潜力县乡的公益活动 / 213
　　三、鼓励高频的保客营销 / 215

第五章　展望未来篇

第一节　未来市场趋势展望 / 221
　　一、90/00 后逐渐成为购车主力 / 224
　　二、自主品牌赶超合资品牌指日可待 / 226
　　三、二手车市场渐入佳境 / 229
　　四、高端化趋势持续扩大 / 232

第二节　4S 店模式会被取代吗？/ 236
　　一、4S 店模式到底是怎么产生的？/ 236
　　二、直营店模式为什么会出现？/ 238
　　三、4S 店模式是否可能被取代？/ 239

第三节　如何抵御未知冲击 / 243
　　一、营销能力 / 245
　　二、管理能力 / 246
　　三、预判能力 / 247

后记 / 249

参考文献 / 250

懂心理
才懂汽车销售

可复制的汽车销售力

第一章 基础意识篇

第一节
标杆店的经营理念是什么？

"人生有几多个十年？"十年前的港片《巾帼枭雄》，老戏骨黎耀祥曾经有这样一句经典的台词，直到现在依旧能引起许多奋斗者的共鸣。

转眼间，我在汽车行业已经历了两个十年，这也是中国汽车市场最精彩的两个十年。

从广州本田在我国创立第一家4S店（图1-1）并被市场认可，形成先进的销售服务模式开始，至今各品牌4S店总计已近3万家，是支撑中国汽车市场销量十几年来蝉联全球第一宝座的基础。

图1-1 1999年3月"广州本田第一店"开业

20多年的风风雨雨，大大小小的汽车经销商享受过高速井喷、政策扶持等红利，也遭受过金融危机、限牌限购以及"非典""新冠"的致命打击。虽说市场环境越来越难，有成功套利，转战其他行业的；有跨行进入，铩羽而归的；有资金断裂，被迫退出的，却仍有"新鲜血液"的不断涌入；更有一批一家三代始终坚守的老4S店汽车人。

每每遇见坚持十几二十年的汽车经销商，这种"死不悔改"的汽车销售信念总会让我备受感动。当然，能够经过长期的风雨洗礼依旧屹然不倒，如果只是有精神层面的支撑是远远不够的。

我认识一位不走寻常路的徐姓前辈，他从化工产品的供应商做起，与多家外资品牌合作成立汽车用品公司，再涉足4S店，至今已拥有全国多地多种品牌40多家4S店。他不仅未有退网经历，反而多家4S店在各汽车厂家中常年获得"十佳店"等最高荣誉。

"坚持与时俱进的创新精神和坚守服务至上的销售初心！"

这是徐总告诉我他总结的4S店经营理念。

一句口号的背后，蕴含着敢于走出舒适区、不断挑战、不断创新、始终如一地贯彻以客户为中心的企业文化。

国内优秀汽车经销商还有很多，标杆店的特色也不尽相同。为什么在同一个城市、经营同一个品牌、接受同样的培训，销售能力会有那么大差距？为什么在市场低迷、哀鸿遍野之下，"别人家的店"依旧旱涝保收？

能为各位看官找到销售改善的思路、激发创新经营的灵感，就是我写作本书最大的期望。

因为工作关系，国内的主要城市我基本都去过，也通过明察暗访体验过各汽车品牌的销售服务。其实，无论市场处于井喷期还是平台期，都存在各式各样的销售技巧和"套路"。尤其是当下，4S店的日子不好过。所谓"不管黑猫白猫，能捉老鼠的就是好猫"，为了卖车，各种套路层出不穷，就像近期网络上热炒的"某城市的二手车套路"（对外地客户许以低价，到店后说没车，转而推荐价格更贵的车款），还有"某网销平台以租代售套路"（隐瞒租赁关系，客户支付高额"车款"后，车辆归属仍为平台所有）等手段。

这里不对以上消息的真实性做判断，但就这些手段本身而言，这种透支信用的销售手法，本人比较不屑，因此，在本书中基本不会出现类似的套路建议。

也许是才疏学浅或孤陋寡闻，从我对一些工具书写作顺序的理解，一般都是从宏观到微观，从战略到战术，从策划到执行。而在创作本书时，我却希望反其道而行之，理由如下：

首先，从事汽车销售顾问的人士，相对管理岗位属于多数，按全国3万家左右4S店计算，就有不下30万人。这还不算低级别城市及县乡中多如牛毛的经销商销售团队，毕竟，更庞大的受众在那里。

其次，相对宏观战略，战术执行层面的案例，就是发生身边的事情，更容易被借鉴和引起读者共鸣。

最后，由浅入深的方式，也便于让大家了解本书的思维逻辑。

第二节
坚持以实现共赢为目标

一、失业人士的逆袭之路

兼职培训讲师的日子里，面对销售领域的学员，我喜欢讲一个"世界首富女儿"的故事，虽然出处已经无从考证，内容也绝对是杜撰的，但道理却很正，在这里与大家分享：

美国经济大萧条时期的某一天，一位老人对已有数月赋闲在家的儿子犯了愁。他的儿子是单身帅气的金融专业高材生，原本也在一家小有名气的金融机构担任中层领导，算是个高富帅，但因大环境不好，公司业绩不佳而被裁员。找新工作，又高不成低不就，灰心丧气之下只能暂时居家啃老。

这位老人并没有像一般长辈那样对儿子进行教育，他问儿子："你也老大不小了，咋不去找个女朋友呢？"

"工作都没有，哪有心思去找女朋友？自己都养不活，哪有好女孩要我啊。"

"如果世界首富的女儿给你当媳妇，你有心思不？"

"肯定想啦！但是，就算我还在之前公司的领导岗位，她都不一定看得上眼，更别论现在这个囧样，我自己都觉得丢人现眼。"

"你觉得，让你当世界银行副行长，还丢人不？"

"那就当然没问题了，况且我也有信心。对了，老爸，大白天的，你扯这些没用的干啥？"

老人狡黠地一笑，"山人自有妙计"，整理衣冠，出了家门，径直到世界银行总部去。

"偶遇"之下，老人逮着世界银行行长的时间空隙，开门见山地推荐：

"我觉得世界银行还缺一个副行长，正好我儿子可以担任。"

"不好意思，现在没有这个空缺，况且你儿子我也没听说过。"

"他是某某大学的金融高材生，获奖无数，还曾经在某公司担任中层，经验丰富。"

"呵呵，这种资历，我们行的基层员工，一个砖头能拍倒一片。"

"不对啊，是我那位世界首富的准亲家说，这里正好有个副行长的岗位适合我儿子的，难道有假？那我回去问问他。"

"世界首富？！就是那位W集团的首富？！"

"对的，有问题吗？"

"呃，没问题……对了，刚才想起来，我们一个副行长刚在上月辞职，令郎随时可以来就职。"

……

老人来到世界首富的豪宅，同样见到了他本人。

"首富先生，我觉得您女儿该到谈婚论嫁的时候了。"

"谢谢，这件事情不用劳您费心吧。"

"正好我的儿子也该找个贤内助，他可是个帅哥哦。"

"呵呵，帅顶啥用，想追我女儿的帅哥已经排好几条街了。"

"不过，他刚当上世界银行的副行长，不知道这个能不能给他加点分呢？"

"呃……我觉得我女儿也是时候应该定性了,现在还有时间,要不咱俩选个吉日……"

结局是美好的。

世界银行得到了一位有基础有实力有背景的副行长,未来与W集团的强关联非常可期。

世界首富得到了一位帅气的女婿,让女儿满意,自己也能获得一定的资金便利。

老人的儿子,貌似空手套白狼,既担任了高管,又傍上富豪,还抱得美人归。

有意思的地方来了,在老人运作的"套路"之下,没有一方吃亏,包括世界首富女儿在内的四方全都获得了期望的回报。老人清晰地洞察到各方的痛点所在,成功地把赋闲在家的儿子没花分文地成功包装,获得巨大的"销售"回报,这才是真正的高手。

其实,销售就是谈判的过程,成功的谈判需要各方的诉求最大限度地达到满意平衡点,并不是某一方的不断妥协。就像我们偶尔会发现,某家4S店卖车,并未提供更高的优惠条件,甚至价格好像都比同品牌的其他店卖得更贵,销量依旧那么火爆,客户满意度也非常高。除非你非要认为,去这些优秀店的全都是土豪,不然,就要仔细观察并虚心请教,客户在更高的付出背后,到底收获的回报是什么?两家店到底在谈判技巧、谈判筹码等方面存在哪些差异?

二、同样的项链,穷小伙为何要挑贵的?

如果说上面的案例更像是资源整合与共享,那么我们再来看看一个更加贴近销售场景的经典故事。

小强是一位家境并不富裕,但非常勤劳奋进的年轻小伙。

下个月小强深爱的女友就要生日了,小强希望在这特殊的日子送给与他同甘共苦的女孩一份相对贵重的礼物。于是,他来到商场一家当地知名的品牌珠宝店,在一条挂在橱窗里支架上的项链旁停了下来。在多盏聚光灯的照耀下,白金项链折射出耀眼的光芒（标记点1）㊀，让他脑海中不由得浮现出女友昨天在观看这条项链时，流露出渴望拥有的炙热目光。

不过，6000元的价格对小强来说还是有点吃力，先前他兼职积攒了4000元，距离目标有2000元的差距。

"先生您好！"销售员礼貌地主动上前，并没有因为小强简陋的衣着而怠慢他（标记点2），"您是要买项链吗？我拿出来给您看看？"

"呃……不用不用，我就随便看看。"囊中羞涩让他感觉有点尴尬。

"没事没事，是这条没错吧。"销售员一边说，一边戴上白手套（标记点3），慢慢从橱窗内将项链取出，"您眼光真好，这可是意大利首席名师马克的最新设计（标记点4），就这几天才刚刚上架。您是打算给女朋友买的吧。"

"嗯嗯，谢谢你。"小强连忙在衣服上蹭了蹭手上的汗水，小心翼翼地接了过来。

"她真的太幸福了，这款项链就是专门为年轻的白领设计的，戴上很有气质，您女朋友一定会很喜欢。"

"对的，昨天我女朋友就来看过，她确实喜欢。"他望着手中的项链，想起羞于启齿的存款，期待地小心提问："这个价格还能优惠吗？"

"先生，我们价格都很实在很稳定，不像其他品牌那种喜欢标高价格，常常搞打折活动，这样对先买的客户也不负责任啊。"销售员看了一眼小强略带失望眼神，顿了一下，接着说："不过，我们店里能够免费为您提供吊坠刻字服务，可以把您和女友的名字都刻上去哦（标记点5），这样就更有纪念意义了。"

"是吗，这太好了。"小强眼中再次泛光，"不瞒你说，我现在只有4000元，还差2000元。女友下个月生日，我会努力在这段时间把钱凑足，你这里能帮我留着吗？您这里应该还会有不少库存的吧。"

"先生，我们店里所有的款式都只有1件，保证了每件珠宝的唯一性和尊贵性（标记点6）。至于您说的要帮您留着，这个……公司其实不能这么操作的。这

㊀ 标记点的含义详见表1-1。

样吧，您先交个500元订金（标记点7），我帮你留两周（标记点8），起码店长问起来，我有个交代。这已经是我可操作的最大权限了。您看怎样？"

"好吧。这个订金可以退吗？"小强有点担心两周的时间自己是否能攒够钱。

"可以的，不过您要尽量提前告诉哦，您知道，我一个小店员也很难做的……（标记点9）"销售员一边说着，一边把项链从支架上摘下，轻轻地放入一个精美的首饰盒中，"我现在把这条项链收起来，不让别人打它的主意（标记点10）。订金，您是用现金还是刷卡（标记点11）？"

"刷卡吧。"小强不再犹豫，递上银行卡。

"谢谢您！"销售员熟练地刷卡，写好收据："我们加个微信吧，有什么需要您可以随时联系我。"

"好的。记得一定要帮我留着。"小强掏出手机，与销售员互加好友，装好收据，离开珠宝店。

他还有点时间，小强在商场里又找到一家珠宝店，随便进去逛了逛，居然鬼使神差地发现一条非常相似的项链，标价5500元。店里还在做促销，能够打95折，算下来只要5225元。他开始有点犹豫，想找人问问，但由于促销活动吸引较多的人流，也可能因为小强并不突出的着装，小强站了有10分钟，也没有店员回应他的主动咨询。

小强再次看了一眼柜台内的那条项链，感觉也并不是那么像，反射的光有点暗，看上去纯度不高的样子。于是，他没再逗留，回到第一家店，确认橱窗内的项链没有被再次上架，就赶紧奔赴兼职所在地。因为，接下来的时间必须加倍努力了……

距离约定日还有三天，小强预计余款能够凑齐，但支付后就无法安排预想中的浪漫晚餐了，到底买不买？考虑再三，他给销售员打去语音电话。

"你好，我是上次预订项链的顾客，你这里价格能不能帮忙再优惠点，不然我预约的西餐厅套餐可能就要取消了。"

"先生您好，其实，您当天走后，我就跟店长说了您的事情。虽然价格就像上次说的，店里真的不常搞打折促销，不过，店长说了，会给您免费额外赠送一束玫瑰花（标记点 12）。"

"哦，是吗？太感谢您了。"小强又再次兴奋起来，不过想着生日晚餐，心里还是陷入两难境地，"其实我那个西餐也没有很贵，对你们店里的项链也很满意，所以希望尽量完美一点不留遗憾，你看看还有没有办法再帮我争取下优惠价格？拜托了！"

"明白明白。我这两天再去跟店长争取争取，想想办法。后天店长也会一早到店，在店里我也可以一起帮您说说好吗？"

约定日，小强按时来到珠宝店，销售员已经笑容满面地在柜台等候。

"先生您好，您来得真早，我这就把项链给您拿来（标记点 13）。"销售员从保险柜取出项链盒，递给小强。

"谢谢您。"小强赶紧双手接过，爱不释手地观看，"美女，上次你说跟店长争取，有消息吗？我是真就差这些了。"

"明白，不过我这里也是尽力了。"销售员露出无奈的表情，"看，店长来了。"

"您好您好！"店长向小强招招手，走到跟前，"您就是那位预订项链的先生吧。"

"是的，劳您费心，也感谢您赠送玫瑰花，我是真心想要，就是差一点点，您看能不能稍微优惠些？"小强怯生生地问道。

"我们的小姑娘已经跟我说了好几次，我其实特别喜欢像您这样自力更生的年轻人。不过咱店卖的是品牌和口碑，所有的连锁店都这样。您想想，客户按标价买回去，没几天又看到全店促销降价，心里该多不舒服啊。"店长看了眼小强遗憾的神情，稍作停顿，把脸转向销售员，"对了，小美，现在是月初，你每月一次的 96 折员工内部价应该还没用吧（标记点 14）。"

"啊？用是没用……不过，我这个月是想自己买一条手链奖励自己，发了工资就买的。"销售员露出为难的表情。

"对啊对啊，小美你就让给我吧。"小强连忙接上话。

"呃……好吧，先生你以后得多介绍朋友给我啊。"销售员不情愿地拿出 POS 机，接过小强迫不及待递过来的银行卡。

"谢谢两位,我到时的婚戒也一定找小美来买。"小强激动地说。

"嗯嗯,也祝您早日和女友喜结连理。这是发票,还有鲜花券,您把要刻的字写给我吧。"

……

故事讲完了,我们来简单复盘一下。

这里先提几个问题。

基本一样的两条项链,即使女友确实是看上了第一家的,但也不大能分出两者差异。同时,就算除去96折(240元)和鲜花(不足100元)的差价,在第二家店购买,也能节省好几百元。为何经济拮据的小强还是最终选择在第一家店购买?第一家店的销售员在整个谈判过程中,使用了哪些销售技巧?小强和珠宝店在双赢的交易中,各自获得了什么?

先来看看上面可能令大家感到好奇的"标记点"所代表的含义(表1-1)。

表1-1 标记点(珠宝店销售技巧)的含义简析

标记点	关键词	含义简析
1	展示	新品突出的展示位置及耀眼的展示效果
2	挑顾客	销售员不会单纯地因为客户外表放弃接待机会
3	白手套	销售员体现专业的态度,并衬托商品的高端
4	背书	名师设计加持,为产品增加隐性价值
5	刻名字	增值服务,提升专属感
6	一款一件	营造稀缺效应
7	收订金	主动提出收取订金,加大客户放弃的成本(至少需要多跑一趟退钱)
8	限定时间	两周使客户形成一定的时间压力,能体现诚意,也不会过长时间影响后续销售,同时预留刻字时间
9	同情心/同理心	对客户提出可能会退订的说法,在回应时加重对方愧疚感
10	收起项链	主动体现诚意,让双方的协议结果更具契约精神
11	选择题	跳过是否愿意支付订金,利用封闭式提问达成目的
12	送花	把握客户核心诉求,让客户害怕失去的心理进一步加剧
13	先取项链	让客户提前进入兴奋状态,自己先有必胜的信心
14	员工内部价	为不得不给的优惠,提出合理的解释

相信通过14个标记点的梳理，看官们应该能很轻松地理解小强最终选择在价格更贵的第一家珠宝店购买项链的理由，以及销售员、店长潜移默化施展的销售技巧。

故事里的小强真的"亏"了吗？

我们接着回答第三个问题的前半段，小强获得了什么？

- 一束为烛光晚餐增添浪漫气氛的玫瑰花。
- 专属的项链刻字。
- 一个只有员工内部才能享受的、每月仅有一次的优惠折扣。
- 最重要的是，一条闪闪发光、名师设计、款式不重复的项链。

试问，若在第二家珠宝店里购买，小强能获得以上的愉悦感受吗？或者说，两家店差异的几百块钱，能够抵得过小强在第一家店内获取的满足感吗？答案自然是否定的。而第一家珠宝店获得了什么？

- 一条项链的销售利润，虽然利润有所摊薄，但仍高于第二家店。
- 一个忠实的客户。
- 一个良好的口碑宣传。

……

小结

两则小故事告诉我们，以最终实现共赢为结果的销售，才是真正成功的、能够持久的销售，而只专注针对价格的谈判，是难以达到各方共赢的满意结果的。在销售实现的过程中，促成目标实现的手段，被称为销售技巧。我们需要琢磨销售技巧，并通过这些技巧，帮助客户挑选他认为最适合他的车型，获得皆大欢喜的美好结局。

第三节
观察入微，读懂客户心理

《孙子·谋攻》："知彼知己，百战不殆。"

一位资深的销售前辈的话让我印象深刻：

"成功的销售人士，一定是一位观察细致的心理学大师！"

上一节说到，成功的销售要实现共赢的感觉。4S店不是慈善机构，既然是实现共赢，就不仅仅是让客户满意，更重要的是以公司盈利为前提，也就是让老板也满意。有些销售顾问容易被客户牵着鼻子走，价格谈了大半天，能让的优惠权限都让了出去，好不容易谈成交易，结果客户看上去也不一定很满意，而老板更不可能开心；相反，坚持公司利益寸步不让，又容易把交易搅黄。这就是谈判矛盾的魅力所在，从中就能看出普通销售顾问与销售冠军，或者说，一般4S店与标杆店之间的差距。

我们时刻要记着，站在老板的立场，"获取更多的利润"是能够让老板满意的首要条件；而决定客户满意的因素，价格绝对不是唯一的条件，更需要将技巧运用得当。前面小强的故事就告诉我们，即使对于价格敏感度极高的客户，也可以通过增值服务、用心包装、谈判技巧等，获得更高的满意度和忠诚度。

这些做法的基础，就是充分洞悉客户消费心理，为客户提供我方能够做到的、最适合客户的产品与服务。也就是知己知彼，找到实现共赢的正确方法。

常见的客户消费心理有十几种，影响的因素也很多。不同类型的客户产生消费心理的背景会有所差异，甚至同一个客户，在不同场景下，都会形成不同的判断结果。

一、害怕损失的心理是如何影响抉择的

如果让一位性格内向的小伙子，在广场上高歌一曲，按常理来说，会立即遭

到拒绝。但是，若周围的朋友、群众都在鼓励和起哄，他的心理将从"上台唱歌尴尬"变化为"不上台唱歌更尴尬"，极有可能不得不展现个人才艺了。

我们更换一个让他更加惧怕的场景——高台跳水。

即使他会游泳，但是没有经过专业训练，还是有一定的危险性，一般人都会有恐惧心理。就算周围的掌声再热烈，呼声再高亢，他也基本不会同意尝试。

不过，这个时候，突然有个土豪站出来承诺，如果小伙跳下来，就能给他一千万元的奖励，那么，这个小伙子鼓起勇气的可能性就大大增加。

继续在高台之上，这个有点变态的土豪改变主意了，他居然往水里投放一只鳄鱼，不过对小伙子先前承诺的千万奖励依旧有效。这种情况下，内向胆小的小伙子很有可能会选择放弃，毕竟有钱挣没命花太不值得。

最后，在他打算退缩之时，土豪邪恶地偷偷喊人在后方点燃大火，站在高台上的小伙子眼前只有往下跳一条生路。不跳，他肯定会被烧死；跳，却不一定会被鳄鱼袭击。面对一线生机，本能的反应甚至让他对跳水的选择不假思索（图1-2）。

图 1-2　害怕损失的心理将影响抉择

其实，我们在人生的历程中，都要面临无数次的选择。有时候倾向获利更多的，有时候需要放弃损失更大的。这就是害怕损失的心理，在消费心理学中也是非常典型的存在。许多聪明的销售，都会在谈判过程中不断通过正向和反向条件，增加客户放弃选择的负担，从而达到成交目的。举例中土豪的所作所为只是夸张的说法，现实中利用该心理的技巧并不需要这种过激的套路，就像小强在买项链的过程中，珠宝店针对他的核心诉求所安排的各种包装和服务，都在不断提高小强的放弃成本，让他在最终成交时刻毫不犹豫。

当然，案例中的小伙子，如果换成我国的跳水冠军选手，用不上高额的奖金与凶猛的鳄鱼刺激，只要他心情好，给观众们秀一把是轻而易举的事情。

因此，通过观察与分析，找到对应的最能影响客户的消费心理，从而有针对性地展开营销，是实现高效共赢的基础。

二、洞察心理的慧眼能让你获取高额回报

我发现，在前几年MBA课堂上，老师常常分享一个关于最懂营销的乞丐故事。故事中主人公高超的识别与判断能力表露无遗，相信也有不少人读过。现在，让我们再次重温，见识一下这双通过客户行为举止就能洞察心理的慧眼，对获取高额回报有多么重要的作用。

"好心咧……老板老板，施舍个发财钱吧……"刚出商场，我就被一个衣着褴褛但不脏不臭的乞丐拦住。

反正时间空闲，这位仁兄看上去也并不惹人讨厌，我掏出5元放入他的碗里，便与他攀谈起来。

"先生，找你乞讨，我并不是随机挑选的哦。"乞丐接过我递过来的烟，从容地点上，"我一般只在华强北周边乞讨，见你从茂业百货出来，手提C品牌的购物袋，一看就是位高级白领以上的成功人士，肯定舍得花钱。"

"原来是这样啊，看来你眼力不错嘛！"我感觉有点惊讶。

"做乞丐也是一门学问呢，对于那些不动脑子的，我更愿意叫他们为盲流。"乞丐做出骄傲姿态。

我顿时来了兴趣："说说看，乞讨有怎样的学问？"

"你先看看我，跟别的乞丐有什么不一样的地方？"

我再次打量了一番，他身材瘦削，头发长而乱，衣裤都有磨损和破洞，但并不显脏（图1-3）。一句话，没有让人讨厌的感觉，这正是我愿意留下来与他交流的原因。

图 1-3 洞察客户心理，让乞丐王者月入过万

他接着说："我看得出来，你并没有对我反感。而我说的那些脏兮兮的盲流，会让不少善人绕道而行，这就是区别所在。"

我点点头表示认可，示意他继续。

"你知道吗，我懂得 SWOT⊖ 分析模型。针对自己的优劣势，结合环境的机会与威胁变化，找出适合自己的包装方式，前往能够体现我优势的乞讨场景。"

"留在这里，是通过多地的测算筛选的，并不是人多就一定是好地方，比如火车站，旅客们拎着大包小包地赶车，谁有空闲理睬你啊。"

"这边就不一样，人流也不少，重要的是富人的比例很高。每天过万的人从我面前走过，理论上，如果他们每人给我一元钱，那每个月我就有至少三十万元的收入。但你知道，这只是最理想的状态，不是每个人都会给，我也没有精力向每个人乞讨。"

"所以，通过分析精确地找到目标人群非常重要，这会让我事半功倍。简单来说，我会聚焦到其中两成的人，这让我有接近 80% 的成功概率；在人流较少的时候，一些潜在的人群，我也会去尝试，成功率在 40% 左右的水平，大概占三成；而剩下的，即使从我面前路过，也完全不会争取，这将占据我宝贵的时间和精力。"

"既然提到目标人群，那你定义的画像是怎样的呢？"我越来越好奇了。

⊖ SWOT 指态势分析法。

"这是商业机密哦,你可别泄露了啊。"乞丐嘿嘿一笑,"你说的很对,我的核心目标有三类,第一类,就是像你这样的年轻白领,既有钱也大方,比较随性,对能力范围的消费金额没有过多的考虑;第二类,就是那些年轻情侣,尤其是女性要年轻,她的男性伴侣就是目标,为了在喜欢的人面前不落下面子,出手都十分阔绰,五块十块都算是少的;第三类,就是那些衣着光鲜的漂亮女性,她们非常在意自己的形象,只要靠近多求两句,一般都会马上掏钱,以避免弄脏自己。"

"这些人的年龄范围大概在25~35岁,年龄太小的没钱。年龄太大的男性大多已经结婚,早已交出'财政大权';大龄已婚女性多因深圳的高消费家庭开支压力过大,也许还想从我的碗里拿钱。"

"听起来很有道理,那每天应该能赚不少吧?"

"你们的工作日,反而是我清闲点的时候,大概每天两三百元吧,周末会有更多逛街的人流,能到五百左右。"

"我给你算算,其实我算是佛系的乞丐,并没有那么卖力,每天工作也是八个来小时,从中午十一点到下午的七八点,周末可能时间会长些。每次乞讨包括观察、走动、搭讪等,按平均每分钟1次得1元计算,八个小时就是480元。工作日按上述对应目标和潜在人群的成功率来算:$480×(2/5×80\%+3/5×40\%)=268.8$元,大概就是快三百元的样子。周末人流更大,步履节奏放慢,缩短了我的单次乞讨时间和精力消耗,成功率也大大提高,挣得就更多。"

"不过,追着一个人几条街的事我是绝对不干的,这倒不是偷懒的问题,与其对施舍意向明显过低的人死缠烂打,还不如当断则断,留存更多的体力和时间寻找意向更高的。尤其是在周末,超过1分钟,我会毫不犹豫地放弃沉默成本。"(怎么听起来这么像车展接待,这里埋个伏笔,请期待后文详解。)

"不是恭维,我感觉你简直就是一位资深的营销大师了。"我不由自主地鼓起掌来。

"过奖过奖。不过,别的乞丐可能看天吃饭,我觉得你也能看得出来,我凭的可是真才实学吧。要不我也来考考你，假如从女人街的大门口，左右分别有一位帅哥和一位美女，你觉得找哪位乞讨更有把握？"

我思考了一下，摇摇头表示不知道。

"如果是我，就会找那位帅哥。虽然他们不是情侣，但是美女就在身旁，我上去找帅哥，进入她的视线范围，必然吸引她的注意，这时候，帅哥要是不掏钱会觉得在美女面前丢脸；若我去找那位美女，她只要心里不想给，大可以装作害怕陌生人而躲开，非常合情合理。"

"再举个真实的例子吧。那天我在一个商场门口，发现几组人，一个是年轻女孩，手中拿着一个购物袋，一看就是刚买完东西；还有一对情侣，两人一手吃着甜筒，女人另一只手挽着男人胳膊，男人则帮拎着女人的包包；第三个是一位西装革履的职业男性，手提公文包。"

"我不假思索就直接走到第一名女孩的面前乞讨，她给了我两元，并且有些好奇，明明旁边的人更近，为什么绕到她这乞讨？我告诉她，因为情侣两人四只手都没有空闲，特别是男的，大概率会耸耸肩膀，表示不方便掏钱；那个职场人士行色匆匆，应该有要事在身，不一定会停下脚步；而你刚从商场买完东西，肯定会有些零钱，况且来逛街，也不会有什么急事，不是吗？"（那个年代，电子支付还很少。）

"所以我才会说，乞讨是一门学问，更准确地说，就像做营销一样，必须有敏锐的洞察力，并结合科学的方法。一天到晚躺在同一个天桥上，路人对你怜悯都感觉疲劳了，只会越给越少。就像早年的一个电影的桥段，某个周末，有人真就想雇我到高楼之下连喊10分钟'××，嫁给我吧'，报酬是50元。我稍做计算，虽然看上去每分钟获得的报酬是五元，但加上前后移动的时间，将消耗我超过30分钟。与我直接乞讨没有太大区别，消耗体力大还费嗓子，于是便拒绝了他。"

"在深圳，多数的乞丐平均每月收入一千元出头，运气好两千元已经顶天了，而且波动特别大。而我则是乞丐中的王者，每月收入都能固定在一万元以上。"

这时候的我已经完全对他膜拜。

"很惭愧，其实前几年，我也是一名市场总监，月薪七千，每月还贷，累得像狗还没奔头。一番思考，干脆辞职不干，下海当乞丐，相信我的营销思路一样能有用武之地……"

这则老故事，分别展现了这名"乞丐王"的自我定位（产品/品牌定位）、乞讨人群定位（目标客群画像）、乞讨区域锁定（目标市场定位）、精准锁定目标（客户意向分析）、把握乞讨时机（洞察客户行为/消费心理）的能力。这无疑是一名优秀销售人员需要具备的能力。

- 自我定位：乞丐王区别于一般乞丐，不是装成残障人士、疾病缠身、不修边幅等常见状态出现，而是以干净、落魄、营养不良的形象示人。这像极了各类头部品牌带给客户独有的、印象深刻的品牌/产品形象，像品质可靠的丰田、驾控超群的宝马。那么对于4S店，除了厂家赋予的定位，自身还需要包装"人设"吗？

- 人群定位：乞丐王为自我定位准确找到目标受众，从而节约时间和精力。我们在考虑市场推广之时，就经常需要面对抉择，是圈子画得越大越好，还是需要更加针对聚焦？这直接关系到我们的投入产出效果。

- 区域锁定：乞丐王结合环境特征，找到目标人群的活动地点，然后经常出现，并分析愿意施舍的场景和时段。外拓营销活动的场地、4S店的选址，如何决定，将决定活动乃至投资的成败。

- 精准锁定目标：在目标客群出现时，乞丐王能够敏锐地找出成功率更高的对象。更为相似的是车展现场，当有限的销售顾问面对大批的观展客户，谁能更快更准地发现真正的意向客户，就能获得先机。

- 把握乞讨时机：乞丐王善于观察目标行为，在最合适的时候出手，一击即中。销售过程中，客户简单的一个动作、不经意的一句话，都可能透露其心理状态和变化。那么，我们要如何洞察和利用客户消费心理，达成双赢的成交结果，成长为真正的销售大神呢？

以上几点问题，涉及战略规划、策略思考与实战技巧，笔者希望您可以在本书中一一找到答案。

  无论是说服不同的人高台跳水，还是大大提高乞讨的成功率，抑或是我们最关心的汽车销售，都需要先洞察客户心理，再找准方法，伺机而动。相比之下，汽车销售过程肯定更为艰辛，影响的因素也更为复杂。不过，这不就是优秀的你坚持不断挑战的理由吗？从洞察入微开始，将读懂客户的行为/消费心理，融入日常销售技巧中，开启你的汽车销售"封神"之路吧。

本章结语

  很多时候，我们尝试从期望达成结果反推，能把过程计划看得更加通透。就像以实现共赢为目标，需要双方的谈判达成共同满意的协议；满意的协议，需要以意向客户的核心诉求得到满足为基础；核心诉求的发现，需要销售顾问在接待过程中察言观色、提炼总结。而对客户心理把握得越透彻，销售谈判过程就会越顺利，结果也会更加圆满。

  接下来，本书将从实战执行开始，基于经典的汽车销售七大流程，列举现实的成功案例，与大家一起对其中的有效技巧进行探讨、分析。鉴于该流程已经是销售顾问入门基础中的基础，本书只是为便于逻辑顺畅地呈现而采用。至于相关概念介绍，以及主机厂各种销售教材中大同小异的指导意见，本书不再赘述。

懂心理
才懂汽车销售

可复制的汽车销售力

第二章　实战技巧篇

各大主机厂的汽车销售流程大同小异，有说六个也有说九个，只是合并与细化的差异。

该流程的设计成熟且实用，具备两大作用：

1）该流程是销售顾问在执行过程中，是否达到客户满意的效果的衡量标准。
2）该流程形成闭环，能指导优秀销售顾问在不断的客户积累中获得良性循环。

本章就按七大流程顺序展开实战技巧的探讨，包括接待客户、需求分析、产品介绍、试乘试驾、报价成交、交车服务、客户维系。

第一节
仨月当销冠的"新人"大妈教你如何接待

一、充满自信的状态助力迅速破冰

无论是通过电话邀约来店的客户，还是自然来店的客户，面对陌生的环境，尤其是常被媒体冠以"店大欺客"的4S店，客户总会怀揣或多或少的戒备心理。若长时间无法进行"有效"的相互交流，将有很大的可能让客户丧失在该4S店继续逗留的兴趣。特别是身处汽车城，附近还有很多竞品店等着他们选择。

新手销售顾问时常会遇到以下情况：

热情招呼，被认为心怀不轨；收起笑容，又被说故作高冷。
跟在身后，让客户觉得你好烦；不跟着，又说你有意忽略。

好不容易想开个话题，回过来基本就是"嗯""还行""知道了"，一下子就让你噎着接不上来话。

理论上，单纯来店借厕所、蹭空调的路人毕竟占少数，遇到上述看似敷衍的客户回应，是因为人们对陌生的环境有本能的自我保护意识，会刻意保持与陌生人的安全距离，言行都会非常谨慎。

客户入店的目的就是买车，早一秒与客户建立融洽的沟通，你就比同事和竞品店多一分成功的胜算。

也许你会开始羡慕那些拥有"自来熟"性格的人，刚一见面就可以滔滔不绝，交流无间。除去基因遗传、家庭教育、生长环境等因素造就，其实，后天努力也可以让你成为被人快速接受的交流对象。

现实中的主要问题并不是新人的口才不佳，因为陌生的客户，不需要你一见面就滔滔不绝。与客户的相互信任是需要慢慢建立的，消除胆怯心理、建立自信的状态才是首要任务。

首先是形象，你需要以一种让人感觉舒服的形象出现。

发型齐整不怪异、制服贴合且笔挺、衬衫干净无褶皱、皮鞋锃亮没灰尘；不会挑香水，就干脆不喷（情侣喜欢的味道客户可能反感），但绝对不要有汗臭等异味；早会前（接待前）面对镜子再次清洁面部，将笑容和心情调整到准备去迎接来家做客的亲人。

其次是销售工具，细致的事前准备让你更加信心。

销售工具包里的车型资料、报价单、试驾协议与申请表、订购协议、按揭指引及申请表、用品清单、计算器、签字笔等，是否齐全与充足？新上市的车型，是否准备了自我提示的一页纸话术？

再次是关联信息，实时更新对关联信息的了解让你无所畏惧、应对自如。

对于近期的本品和竞品的正面/负面舆情事件，是否熟悉应对策略？店里的各车型库存情况、物流进度是否清楚？竞品的优惠幅度与促销活动是否了解？

胆怯来自心里没底，所谓"相由心生"，当由内至外都已准备充分，你会感觉到无比踏实的自信心，自然而然地展现阳光的姿态，迎接客户。迅速破冰，也就不在话下了。

二、亲人般的接待带来意外惊喜

2007年我到华东某省会城市日系4S店进行巡回检查，该店一位姓王的销售冠军向我分享了她的经验。当时，销售经理告诉我，三个月前，她还是一名很不情愿"被分配"的45岁的纺织厂下岗女工。

王姐给我的第一感觉，她很和蔼，在她面前没有拘束和陌生的感觉。

我按例行工作要求对主机厂需要检查的知识点对王姐进行测试，王姐对答如流，看得出她对这份工作的珍惜和下班后的刻苦。但深入到扭矩、悬架、轴距等专业名词的含义时，也看得出她有点尴尬。

"前辈们都比较忙，这个我还没时间向他们请教，不大理解。"

我稍做解释后，开始向她请教三个月成为销售冠军的诀窍。当然，她刻苦学习、恶补车型参数的成效，我已经见识过。

她帮我添了些茶水，稍做思考，开始讲述她的体会：

"我觉得第一个是心态吧。一开始，我也很担心自己不受客户待见，主机厂老师和销售经理组织我们进行过销售演练，但是一想到要面对真实客户时，我就心里没底。还好，我有个卖保险的弟弟，他告诉我，事前的准备与仪表装束要重视，面对客户只要把他当作亲人就好了。"

"然后发现，准备充分了，我就有底气了，把客户当成我的亲人对待，心里也不紧张了。"

"第二，我有一个'百宝袋'。有一次，一家三口过来看车，小朋友才三四岁的样子，一直在闹，客户不能静下心来看车，我突然想起包里还有个棒棒糖，就赶紧跑去拿来给他。果然小朋友就安静了下来，还乖乖地让我牵着。这对父母很高兴，接下来的沟通也很愉快，没多久就成交了。从此，我在自己的衣兜里就装了不少小东西。"

王姐一边说，一边从口袋中掏出很多东西，除了棒棒糖神器，还有口香糖、湿纸巾、创可贴、打火机等（图2-1），真像可爱的哆啦A梦。

图2-1 销售冠军的"百宝袋"

"我抽屉里还有一台Gameboy游戏机呢。"

"第三，功利心别太强。偷偷跟您说，我在这里接待的大部分都是同事们不想接待的客户。"王姐苦笑了下。对于这种现象，我自然理解，"挑客"是老销售顾问的惯用做法，看准了才上，不然即使闲着，也把新人赶去接待，美其名曰"给你多点锻炼机会"。

"那天五点半左右吧，外面突然下大雨，由于是工作日，没什么客户，大家都在收拾东西准备下班。门口突然跑过来一个上身穿着短袖，下身穿着雨裤雨靴的中年男人，手里还拽着个不大不小的黑色塑料袋，站在大门口的雨棚下。可能因为全身湿透，比较狼狈，感觉他还是犹豫着，不大敢进来展厅。也许都认为这就是位躲雨的路人，大家都没动。但我没想太多，走出门招呼他进来。"

"看他实在太狼狈，我拿了条毛巾，还有吹风机，方便他去洗手间吹干头发和衣服。大部分同事都有车，陆陆续续都下班回家了。我没车，雨又太大，就干脆跟经理申请说换我值班，等着雨小了再走。一会儿工夫，坐下后，我倒了两杯热茶，拿了一些展厅的小点心，就跟那位先生有一句没一句地唠家常。那位先生说，他是开渔场的，刚卖完鱼，坐着合伙人的车回家。由于家门口的路不好进，就让朋友放他在路边，其实走个10分钟就到家，想不到下大雨了，这才跑过来到店门口躲雨。然后一个劲地谢我。"

"整整一个多小时，雨小了，他准备走了，其间我们俩没聊车的话题。送到展厅门口，他停住脚步回过头说，王姐，你是这里的销售吧。我说是。他说干脆你就给我推荐台车吧，以后免得让别人送，今晚就买。我赶紧把财务叫回来，最后他全款买了我们的MPV车型，用的是从黑色塑料袋里掏出的整捆整捆的人民币……"

"应该就这些吧，也谈不上什么经验。"王姐小有尴尬地笑了笑。

"王姐您太谦虚了！"我接着问："听经理说，客服在回访时，您接待过的客户都记得你名字，印象都还不错。是不是有什么接待诀窍？"

"哈哈，他们记得的是我的小名'美丽'，这是母亲给起的，一直很喜欢，就在店里让大家这么叫，比较顺口。诀窍嘛，可能在纺织厂工作的时候，我兼职做过办事员，主管总对我说，要'少说话多观察'，然后领导见得多了，对客户接待就不会太胆怯。"

"客户进门，我介绍得也很简单。欢迎光临某某店，我是销售顾问王美丽。这时候，多数客户一愣，就开始憋笑，气氛也没有那么尴尬了。然后，我就会问'有什么可以帮到您'，接着就按客户的指示执行。"

"如果客户说要随便看看，我就说您有需要随时叫我，接着退到他认为能马上召唤到我的地方；如果他是来借厕所，我也礼貌地做好指引，他出来后，我只是点头微笑，不做过多打扰；除非客户说要了解哪款车，我才会开始介绍。"

"等候召唤的过程，我会观察客户的潜在需求，比如看到他咳嗽，我会自然地递纸巾并送上润喉糖，他接过后没有新指示，我就退下。总之，要让客户感觉在这里是自由的，也是时刻被关注的。

结合王姐的分享，总结一下接待方面的技巧：

- 恰如其分的形象装束和准备充分的助销工具同样重要，在提振自我待客的信心的同时，也能增加客户好感度，更能体现专业性。
- 宛如家人般对客户自然而然地提供贴心帮助，有助于加速沟通壁垒的解除。

- 珍惜每一位来店的客户，一视同仁、以诚相待，基盘大了，成功的绝对值不可能低。
- 开场话不在多，让对方能迅速记住自己就好，起个符合人设的"外号"事半功倍。
- 客户感觉自由又贴心，戒备心会逐步放下，除非他今天真不是来买车，只要有意向肯定主动来店找你。

总之，接待环节完成破冰，客户愿意放下戒备，至少像朋友一样跟你交流，恭喜，这一关你成功了。

另外多提两点：

其一，王姐所在的那个年代，市场还处于供不应求的状态，网络信息也并不发达，客户专业水平不高，主要看的是品牌。放到现在，如果销售顾问不专业，很可能被客户反客为主。比如，拿着汽车之家竞品参数对比本品的弱项来刨根问底，销售顾问没有一些知识储备，那就丢脸丢大了。

其二，某些高端品牌所谓的"高冷接待"理念，我不敢恭维，包括爱答不理的态度、不苟言笑的交流和冷若冰霜的表情。他们的理由，第一，高端品牌要以高冷衬托出高高在上的产品，不能像菜市场一样喧闹叫卖；第二，好像某一部书中说的，"如果客户自尊受伤了，会促进其购买能证明与代表高端身份的物件"，很多电影也有同样的桥段，简单来说，就是激将法；第三，能够让买不起的人知难而退，有效筛选客户，保证展厅不会人太多，乱哄哄的。

问题是客户买车，是用来提升生活品质的，而不是来花钱受罪看你脸色的。面对高冷宛如模特的销售顾问，可能美艳的神秘感养眼而高贵，但同时与客户距离感也更加大。若她对你甜甜一笑，亲切招待，你是不是反而萌发"证明自己身份地位"的购买欲望？

假设客户在"跃马"店里（仅做举例）自尊心受伤了，是不是把"大牛"开到"跃马"店前轰油门泄愤会更解气？

高冷能筛选客户？不好意思，目前是存量市场，还敢这样操作？加大线索开口不香吗？

本人比较推荐日式接待服务，在日本银座的奢侈品店，即使你什么都不买，店员都是笑容满面地迎接，弯腰九十度送行。因为，总有买不起的人将体验感告诉买得起的朋友，有一句话叫"今天你对我爱答不理，明天我让你高攀不起"。

可能是收入限制了我的联想，希望有不同理解的读者能给出更合理的解释，打开我的思路。

第二节
从相亲和购物来看需求分析和推荐

"察言观色重细节，多听少说勤记录"，需求分析在七大流程中是重要的信息收集环节。就像打仗过程中，获悉敌方有效情报越丰富，我方取胜的可能性就会越大；或者是医生在看病过程中，获取患者病情、病因越充分，对症下药的成功率也就越高。

一、满足核心诉求是成功的关键

先说个网络上的冷笑话，相信很多读者都听过：

话说一个亿万富翁，是个钻石王老五，想为自己挑个好伴侣，举办了一个招亲活动，吸引了大批美女参加。通过严格海选、层层把关，挑出三位美貌与智慧并存的佼佼者作为候选。

接下来，富翁给了三位美女每人一千万元，告诉她们可以随便消费，不过需要在一个月后回来，报告一下怎么花掉这些钱的。

很快到了再次见面的时间。

美女A说："我看到您的跑车有点旧了，就以您的名义买了台新车，另外打听到您的尺码，在意大利找了顶级裁缝给您定制几套适用不同场景的服装，同时根据服装让瑞士名表工匠对应搭配了几块手表……既然是我的男人，就是最优秀的男人，就要做最好的搭配。"

富翁听了很感动。

美女 B 说："我虽然不是名门出身，但参考了很多名媛，按照她们的标准为自己购置了相应的衣物、饰品、名车、化妆品等，还报名各种高端培训班，像高尔夫球、马术、红酒……我要让天下的人知道，只有您才能拥有这么有品位的女人。"

富翁顿时眉飞色舞。

美女 C 说："作为哈佛金融高材生，这些钱我做了项目投资，现在收益是五千万……每一个成功男人的背后，都要有一位贤内助，我不会只是坐享其成，而会跟您一起把事业越做越大。"

富翁闻言双挑大指。

……

最后，富翁选择了最符合自己特殊审美需求的那一位。

故事讲完了，理论上，经过海选留下的三位美女，各方面都很优秀，具备打动富翁的"基础条件"。她们的解释，都在各自的观点中无懈可击。失败的是哪两位不重要，关键是她们不知道自己为啥失败。"一千万元"根本就是个借口，或是做给外人看的幌子，"特殊审美"才是富翁真实的、却没有表达出来的"核心诉求"。

二、如何挖掘客户的核心诉求

客户的核心诉求没有明确表示，也许是不善表达总结，也许是不方便明说（旁边跟着太太），甚至没被开发（没意识到居然能满足）。就像本田奥德赛的"福祉车"，能够照顾腿脚不便的乘客轻松上车，一部分客户就是冲着这个配置买车的。

需求分析中，客户的基础条件确定选择范围，核心诉求的满足决定临门一脚（在产品介绍环节重点体现），两者都很重要。表 2-1 总结了需求分析环节基本的信息获取方式和作用，这在部分主机厂的教材中会呈现。

表 2-1 需求分析问诊表

需求了解方式	项目	获取信息内容
观察	衣着、配饰	品位、性格等
	随行人员	家庭情况、决策者
	来店所开的车（如有）	预估置换价、了解旧车普遍问题点
	主要开口人	"金主"、协助决策者
提问	来店信息获取渠道	老客户介绍、广告投放、外拓推广……
	用车经历	买车喜好（品牌、特性、风格等）、换购升级目标、新购
	购车用途	使用人、类型（换购/增购/新购） 用车场景关联的配置需求
	购买方式	全款、贷款、置换等
	购车时间	付款时间、期望交车时间
	购车要求、兴趣爱好	造型、配置、空间、动力、舒适性等 核心诉求（虽然说的不一定是真的）
	看过的竞品及优势	可能打动他的卖点、组织本品应对话术
	梦想车型	寻找本品和梦想高端车之间的共同点（高端配置相同供应商、设计师及风格、相同操控基因等）

其中，提问的方式各式各样，没有标准顺序和话术，能确保礼貌自然，依照客户的表达思路进行交流即可，鼓励对方多说，尽可能全面收集信息。当中，关键点是"引导"，聪明的销售顾问话不多，但合适时候的一句话决定走向，为"总结需求、推荐产品"埋下与所推荐车型高度匹配的伏笔。

成功的引导，不但需要快速应变能力，也要有扎实的本品特点/卖点储备。

举个例子，客户说："我是做电器买卖的，想买个车，除了平时代步，偶尔还要能拉拉货。"这时候，如果你计划推荐的车型内部空间没有明显优势，但是胜在座椅有多重折叠模式，并能够全平放倒。你就可以顺着客户的话说："大老板还亲力亲为，难怪您能挣大钱。话说您真要拉货，买车的时候可不能只看参数表的车内空间，更关键的是座椅能不能全平放倒，这样才能坐人装货两不误。"

其实，这时候你还没推荐车，只是以"顾问"的身份，"定义"满足他的需求最好的解决方案。这个有道理的"定义"就很大程度上会形成他印象中对该诉求的正确解释。

三、推荐多少款产品能提高成功的概率？

当信息收集已基本完整，销售顾问就要对客户的需求形成总结归纳，并开始针对性地推荐车型。

总结归纳，简单来说就是把与客户"开放式"交流的内容经过梳理，提炼出几条与车型关联的需求，以"封闭式"的提问进行再次确认。尽可能对客户提供的信息详细记录，不仅能为你的推荐车型做有力的支撑，更可以为后续"产品介绍""试乘试驾""报价成交"等环节提供多次"神助攻"。

推荐车型，特别是在产品线丰富的品牌中，同一个价位附近，匹配需求后，可能仍有多款车型、多个版本满足需求。问题来了，我们是推荐一款？两款？三款？甚至把符合条件的都列出来让客户挑？

先把问题抛一边，说一则我和太太的故事。

我的家庭条件算是迈入小康的水平。和多数懂得持家的女性一样，太太虽然谈不上精打细算，也会好好对比下价格（不能太贵）、成分（不能有害）等，挑选性价比更高的购买。

有一天，我们俩逛超市，来到卖卫生纸的区域。太太想到家里的卫生纸快用完了，就拉着我打算过去买一袋（图2-2）。

图2-2 看商家如何影响精明的太太

卫生纸品牌有很多，维达、洁柔、心相印等十几种，琳琅满目，各品牌间的价格也不会相差太远。涉及价格的重要"参数"，除了品牌溢价外，还有卷数、单卷的克数（重量）、纸张的尺寸、主要成分……

"这么多品牌，该看好一会儿了吧"我静静地在一旁等候，拿出手机打开抖音，心想着按她的历史挑选速度，我起码可以刷3~5条。一般情况下，太太会找好几个熟悉的品牌，确定都是"原生木浆"成分后，用每袋的总价除以卷数，挑选出单卷价格最低的。如果时间充裕，她还会加入"单卷克数"进一步对比，我的天啊……

这次却有点不同，一个视频还没刷完，太太叫我过来，让我给点意见。目标"套装一"是一条X品牌的卫生纸10卷+赠品小黄人纸手帕12包（共25元）；目标"套装二"是一条X品牌的卫生纸10+2，共12卷（共24元）。没等我开口，旁边的推销员就说，肯定送纸手帕好啦，一条小黄人纸手帕单独买要6.5元呢，现在搞活动才有这么大优惠。于是，太太毫不犹豫地把"套装一"搬入购物车，完全无视旁边的W品牌和J品牌。

回家后，我觉得有必要采访一下她果断决定的理由。

"说，是不是看那个男导购帅，就马上买了X品牌了？"

"没有马上啊，我不是还对比了那个10卷送2卷的嘛。"

"晕倒，那不也是X品牌吗？"

"对哦，但周围几个品牌也差不多价格啊，还没有赠品。"

……

我算了一下，我们买的X品牌共25元，减去售价6.5元的纸巾，10卷共18.5元，单卷是150克的，每10克价格是0.123元；X品牌旁边没有赠品的W品牌卫生纸，同样是10卷规格，单卷重量为180克，标价21.8元，每10克价格是0.121元，同样都是原生木浆的情况下，W品牌理论上性价比更高。当然，以上计算过程不能让太太知道，因为我实在讨厌为没有太大意义的事情长时等候。（以上涉及的品牌及相应价格、规格等仅做完整呈现案例之用，数据和对象可能有一定误差，几个品牌我家都有轮流在用，不存在对任何品牌有褒贬之意。）

故事中有两个关键问题，货架上有这么多卫生纸品牌，太太为什么只在 X 品牌的两个有赠品的套装中选择？为什么能够最终快速选择了套装一？

在咨询太太后，获得以下答案：

- 那几个熟悉品牌，都是"原生木浆"成分，平时价格相差无几，一袋也就相差 1~2 元。但是导购招呼太太过来，说当天"X 品牌"促销力度大。
- 两个促销套装，第一个导购说的价值 6.5 元的纸手帕，单卷价格 1.85 元，第二个单卷价格更简单，就是每卷 2 元。显而易见，第一个套装更划算。

其实，这里的"套装二"有专业的说法，在心理学上称作"诱饵"，用来为目标销售提供对比衬托。

这个说法是从一位做培训的朋友处听到的，他向我推荐了一本著名的书《怪诞行为学》，说起一个效仿该书做的一个有趣案例：

欧洲某大学的课堂上，经济学教授罕见地跟大家聊起了邻国风景优美、各有特色的两个城市（这里就称作 A 城市和 B 城市），同学们都听得津津有味，有人提议假期全班一起去那边旅游。教授说正好他有相熟的旅行社，可以拿到优惠的团队价。

很快，教授打了个电话，拿到了两个城市的旅游线路方案的报价，线路、软硬条件相差无几，同学们的投票也比较平均，选择 A 城市的略多，大概 52%。

教授如法炮制，在另一个班也进行了同样背景的测试，但是增加了一个关于早餐的条件。教授设定了三个选择方案，A 城市含免费早餐，A 城市不含免费早餐，B 城市含早餐。其中，A 城市套餐中的早餐差价只是每天多出五欧元左右，属于同学们能够轻松接受的范围。结果又会如何？

投票结果，A 城市含免费早餐 75%，A 城市不含免费早餐 10%，B 城市含早餐 15%。

心理学上的解释，A/B 城市带免费早餐的方案具有大致相同的吸引力，而不含早餐的 A 城市方案就处于明显劣势（只有平时对价格比较敏感、经济条件不大理想的同学可能会选择）。与明显劣势的不含早餐的 A 城市方案相比，含早餐的 A 城市方案更具优势。由此衬托起来 A 城市含早餐的方案，让第二班忽略了原本在第一班难以抉择的 B 城市含早餐方案。

与卫生纸故事中的方案二相同，"A 城市不含免费早餐"充当了故事中的诱饵角色。

我们回到"应该向客户推荐多少款车型"的问题再捋一捋。

如果我们提供三款及以上车型版本让客户选择，客户可能会像我太太往常一样（面对都差不多的各种卫生纸，要长时间对比）陷入选择困难。毕竟是大宗商品，当场不能得出让自己满意的结论时，又不能像买卫生纸一样随意，那就回家考虑考虑再说吧。"再说吧"，意味着很可能你的推荐都在客户的范围之外了。因为，在你们品牌选一款车，太难太烧脑了。

提供两款车型就不一样，尤其是同款车不同版本，95% 以上的造型、参数、配置基本一致，客户只用在剩下不足 5% 的差异中，在销售顾问的引导下，做出自己"明智"的选择。在"诱饵"的衬托下，连卫生纸简单的参数，客户都懒得去比，何况涉及复杂配置的汽车。

因此，我们要依据客户预算目标价格，提供最好是同一个车型不同的两个相近版本，一高一低，其次是不同车型各一个版本。我们要做的就是避免让客户陷入选择困难，并利用"诱饵"车型，让客户正确地选择目标车型版本（如何设置"诱饵"，将在第三章第六节中介绍）。另外，推荐两个车型，还能让客户体会到你的专业性，以及你对客户感受的在乎与责任心。

也许有人会说，"那我们干脆就只提供一款就好啦"。

你没有让客户挑选的余地，不代表他心里没有对比的对象。买卫生纸相差 1~2 元，我太太都会花时间对比，何况汽车是上十万元的大宗商品。这时候，若客户对比对象成为其他品牌竞品，你觉得能稳赢吗？与其让客户纠结本品和竞品，还不如引导他就在本品的两款车型中考虑。退一步来说，即使客户心里还牵挂着之前看过比较吸引人的竞品车型，现在我们给他两个本品选择，在他心中形成"二打一"的局面，成功率是不是明显提高不少呢？

小结

总结一下本节要点，有些要点虽然没有展开说明，但是希望大家能够重视，并思考。

- 多观察多记录，信息越全面越好，为后续流程提供基础信息支撑。
- 交流过程，伺机"定义"衡量客户需求的配置优劣标准，为计划推荐的本品预埋优势卖点的伏笔。
- 挖掘客户核心诉求很关键，有时候，客户甚至会在认为你推荐的是满足"核心诉求"的唯一车型时，宁可在其他部分"基础条件"做出妥协，如价格、配置等。
- 总结推荐一个车型的两个版本，明确其中一款的"诱饵"角色，引导客户轻松地做出正确选择——"目标车型"。

备注：需求分析信息不充分，不要随便推荐产品。

第三节
你还在坚持六方位产品介绍吗？

一、咱家的产品是最棒的！

探讨如何给客户做"产品介绍"前，我有必要费点笔墨，说说销售顾问对自家产品的印象。

当我参加工作没多久的时候（中日合资公司），一位日方上司很认真地告诉我，合格的员工必须给自己彻底洗脑："我的产品是最棒的"！这是最基础的要求，让我感触非常深（图2-3）。

我曾经有一位在某国产品牌担任培训总监的老友，有幸听过他的一堂课。当时完全被他的自我洗脑给震惊了，其中的一段是这样的：该品牌曾经购买了德国的发动机和底盘技术，也许当年技术消化实力有限，生产出来的发动机不但有种独特的刺耳噪声，底盘的舒适性也很不理想。但在他的嘴里则成为，这是引进国外技术时特地保留的德国经典跑车咆哮音律，底盘基因的传承也是为了让车主有更纯粹的赛车驾驶路感。天哪，配以演讲者抑扬顿挫的声调和炯炯有神的坚毅目光，若不是我正好和某权威机构的技术人员聊过该产品的真实情况，还真就相信他了。

图2-3 我的产品是最棒的！

人无完人，车也不可能没有缺点。别跟我说什么这个车很烂，不想骗客户，你对自己销售的车型如此没有信心，别犹豫，应该马上辞职。换句话说，既然这个品牌的车一无是处，从一开始你就不该进入这家公司。通过了解，觉得品牌不错，值得推荐，那么"情人眼里出西施"，就要明确瑕不掩瑜的思路。毕竟你不会在别人面前说自己爱人的坏话，这没错吧。

谨记"我的产品是最棒的"，收集、挖掘产品是最棒的理由，牢记于心，在面对客户做产品介绍时，才能理直气壮地把你对车型的信心传递给他，形成客户对车型的正面印象。

二、围绕客户需求痛点秀出你的卖点话术

有人会说："我所在的品牌有十几款车型，每个车型又有五六个版本，参数

配置记不住啊。"能记住当然更好，记不住咱不是还有车型单页随时提示嘛。

首先，必须倒背如流的是各车型的核心卖点话术。一般主机厂都会为4S店提供"一页纸卖点话术"或"产品USP（独特的核心销售主张）"之类的学习材料。不过在这里还是要稍微帮4S店的同仁吐槽一下，有些品牌的培训讲师不知道是对工作特别负责还是特别热爱产品，觉得什么都好，愣是把原本用于精炼卖点的"一页纸话术"写得密密麻麻。

我们需要的，就是熟悉"一页纸"，确保在客户问到相应领域的时候，至少能够将大致意思说出来。关键的是提炼"核心卖点话术"，卖点不在多，三个足矣，贵在能够一击即中，瞬间打动客户。

下面是我听到的教科书式的话术之一，在一个试驾会的场合，由一位广汽传祺领导对台下媒体、客户的脱稿演讲：

"承蒙各位厚爱，广汽传祺在自主品牌中一直保持前列，所售产品的平均价格也达到自主领先水平，甚至超过部分日韩、意法系品牌。出色的成绩，证明消费者认可传祺的高端产品，认可传祺的品牌价值。有很多朋友问我，传祺为什么能卖得比较贵？我觉得有以下三点原因：

第一点是品质。众所周知，只要企业肯花钱，现在很多先进配置都能搭配在车上，但是品质是对主机厂研发及装配工艺的考验。一款车就算啥都有，但是品质不过关，三天两头要回厂维修，客户烦心，4S店也闹心。传祺的品控体系与标准，由一群从广本广丰调动过来的技术专家建立，J.D.POWER新车质量（IQS）评比中，传祺连续八年获得自主品牌第一，就是最好的证明。

第二点是安全。那些用钱就能买到的主动、被动安全配置就不赘述了，别人有的，传祺不会少。我想说的是最为基础的加速和制动，就拿传祺最小的SUV车型GS3 POWER来说，百公里加速仅用8.4秒，在同级燃油A0级SUV中排名前列，百公里制动距离也只有37.5米，大家要知道，一般是跑车的制动距离才会到40米以内。一辆汽车在关键时候，该飙能飙得起，该刹能刹得住，才是真正安全的车。

第三点是健康。负责任地说一句，愿意在看不到的地方花钱，才是体现一个企业的造车良心。大家现在都很注重健康，买房装修都要用环保材料，避免接触类似甲醛的有害挥发物。不过，为降低成本，部分品牌包括豪华品牌，都会在工艺、材质上节约，新车都有或多或少的刺鼻气味，甚至开了一年的车上依旧存在。我们传祺全车尽可能采用环保材质与黏合剂，VOC检测报告中，传祺车型的有害挥发物质仅为国家标准的十分之一，从新车开始你就闻不到异味，保证客户全家健康用车。

现在，各位知道为什么应该选传祺了吧。"

以上领导所讲的，都是"产品介绍"环节各位销售人员必须做好的前提准备。

有了充分的产品知识及话术储备，你就可以根据"需求分析"环节记录的客户需求，解释推荐车型的理由，开启口才表演，做出对应产品的介绍。

进入产品介绍环节，在主机厂的教材中，多数都会让销售顾问进行"六方位绕车介绍"。实际上，客户大多不会跟随你的轨迹和思路（六方位也只是便于学员对知识点的记忆，并不是必备流程）。合理的方式应该是，将需求分析环节中记录的客户需求，投射到推荐车型的配置中去。客户走到哪，你就把他的需求说到哪，最好能把真实的生活场景带入，进行佐证。

比如上文所述的需求分析阶段，客户说到买车之后需要拉货，销售顾问也埋下了"座椅能够全平放倒才是真能装货"的标准定义。你跟随客户走到车后，打开行李舱的时候，就可以开始你的表演。一顿轻松操作，把座椅放平，放置几个准备好的拉杆箱道具。告诉客户，"放平后最高能放置20多个拉杆箱，解决您的拉货问题绰绰有余"。如果这时候客户流露出兴奋的笑容，开始一边尝试动手，一边兴致勃勃地与你互动交流，那么恭喜你，很大概率，他的"核心诉求"被满足了。

三、客户异议非坏事，解决疑虑助成交

在看车和介绍过程中，不可避免地会突发一些需要你迅速应变的考验。

一般情况，无非是客户对本品在品质、工艺、配置、口碑等方面的质疑，以及网上的负面报道，或者是他了解到竞品对比本品的优势。这也许是销售顾问最担心、害怕的时刻，生怕说错话而前功尽弃。

我的理解是，当客户开始表达异议的时候，反而是在传达积极的信号，说明他已经开始挑刺了，目的要么是需要你进一步坚定他选择本品的信心，或者为后续"报价成交"环节能够进一步争取优惠储备筹码。试想，有多少客户会闲得无事，在没有购车欲望的情况下，专门跑到贵店找架吵呢？

质疑覆盖面广，涉及领域繁多，不可能一一阐释。下面通过一个模拟的场景，希望大家通过当中在每个阶段的话术，找到应对步骤的感觉。

一位客户来到车头说："咱这台车是三缸机啊，三缸机噪声大、抖动明显，还容易坏，我可不敢要。"（"三缸机不能要"的说法由来已久，加上抖音等自媒体大神的推波助澜，让消费者谈"三"色变。）

"果然专业，您一下就看到争议点了。市面上好些车的三缸机都有毛病，我早几年开过某车型（百度一下，被投诉三缸问题最多的那款），噪声大，开起来还顿挫感十足。所以，厂家说这款车准备出三缸的时候，我都崩溃了。"（对客户的说法予以肯定，并有同感。）

"在这里干就没办法啊，我预先请教在电台做车评的老朋友，要怎么卖。想不到，他说不用担心，三缸的黑历史主要是当年的 A.T. 和 X.L. 车型被诟病，科技是会发展和进步的嘛，现在不但通用福特丰田，连宝马奥迪捷豹都在用三缸，动力不差还省油，有啥可怕的。"（搬出"中立的专家"，开始为反转铺垫。）

"我还是不放心，车辆刚到店，就赶紧试驾，特别留意了起动和怠速的抖动，感觉真的跟四缸没区别；让我吃惊的还是加速过程，不但没有顿挫，连换挡间隙都不明显。我说了不算，一会儿咱们去试一试就知道。"（讲述亲身经历，主动邀请体验。）

"对了，厂家还给了超长的五年十万公里保修，我们店好多小年轻都买了这款车呢，看门口的那一排。"（亮出保障承诺，配以群体效应，彻底打消疑虑。）

处理异议的注意事项如下：

- 首先对本品进行产品知识熟悉的同时，也要了解尤其是近期可能存在的负面及官方的应对解释，预先做好话术包装和演练。如果有针对性的现场演示则更佳（如在方向盘上立硬币，启动汽车测试抖动等）
- 对核心的2~3款竞品的主要优势和劣势必须牢记，但不主动攻击。
- 心态一定要稳，只有你对自己产品抱以坚定的信心，客户才能更加坚信自己选择购买该产品是正确的决定。
- 面对客户提出的异议，既不退缩回避，也不立即反击，必须先认同客户说法，再找准时机迂回地表达合理、客观的证明，有信心的话最好让客户亲自验证。

小结

其实，需求分析和产品介绍没有特别明显的分界点，不少主机厂也将两个环节流程合并培训。产品介绍环节的要点如下：

- 热爱并熟悉本品，提炼并包装核心卖点。
- "六方位绕车介绍"是要点呈现，不是流程规范，重点围绕客户需求痛点秀出你的卖点话术。
- 异议产生非坏事，应对异议不慌张，消除异议能坚定客户的购买信心。
- 对解决核心诉求的描述，对比竞品，必须是独特的、有差异化的，最好有压倒性的优势。

第四节
试乘试驾的成功秘诀

试乘试驾的目的是什么？

"让客户亲身体验驾驶和乘坐，传递我们对产品的信心，进一步拉近与客户之间的沟通距离，使客户了解产品，消除疑虑，加深对产品的认同，憧憬拥有产品的生活，刺激购买产品的欲望。"

以上是我的理解，各主机厂的销售培训教材上对此的定义也大同小异。

一、标杆店的销售冠军怎么看待试乘试驾？

有一次我到华中组织区域发布会，主担店就是区域标杆店。晚会开始前，我与店总闲聊，问到这次邀约了多少客户过来。

"全部5家店大概180批左右，我们店50批，其中老客户30多批，新客户也有十几批。"店总一边说一边指着吧台旁忙着弄饮料的小伙子。"小郭是我们店的销售冠军，他一个人就带了9个老客户7个新客户。"

于是，次日一早，我特意到店里，让店总把小郭借我一小时，我们交流交流（工作日的早上相对空闲）。

小郭是一位"90后"的帅小伙，天生一张笑脸，让人想象不到他生气时是怎样的表情。

出于4S店对"厂家老师"的尊重，小郭开始有点拘谨，但在话题进入"试乘试驾"之前，他已经滔滔不绝了。

"不是恭维，您写得已经很全面了，正如您说的，试乘试驾很重要。"小郭看着我用PAD给他展示我自己写的试乘试驾的目的时说："我知道有很多店都不把试乘试驾当回事，还好，我们店总很重视。"

"这么重要的话，作为销售冠军，你有什么秘诀？"

"我的秘诀，就是有一位试驾专员的好搭档飞哥。"小郭喝一口水，打开了话匣。

"试驾最容易出幺蛾子了，您懂的。轻的，客户体验不满意，本来想要的，试完反倒不买了；重的，遇到不听劝的客户，还有一些新手，一不小心就出事故。好多店的销售顾问喜欢偷懒，把客户丢给试驾专员就不管了，丢单就赖试驾专员。还有些吝啬的老板，干脆就不设试驾专员，让没接受试驾培训的销售顾问单独带客户试驾。"

小郭拿出他的PAD，点开了一个链接。

"您看看，这不，就前几个月，有位销售顾问就把新到的试驾车撞树上了，还是豪车呢，可能当着美女客户的面头脑发热，居然表演漂移。车都烧起来了，幸亏人只是轻伤。还好我们老板规定，试乘试驾必须试驾专员和销售顾问同时在场，实在太英明了。"

"您想想，飞哥经过厂家专业培训，车技好，产品又熟悉，开到哪该说啥都门清，每天把试驾车弄得干干净净的，我们多省事啊。"

听到这里，我想起上周去的那家竞品店，试驾他们新上市一个月的一款SUV，看到试驾车外观脏兮兮的，内饰中控一层灰，钢琴烤漆面板布满指纹，杯架有一坨用过的纸巾和空饮料瓶。有洁癖的我顿时一阵反感，这明明就像开过几年的旧车。我在试驾时，销售顾问一边给我讲解还一边刷微信……如果我是真实的客户，经历这种体验，还有多少购买的念头？

就像本有"米其林"认证美食的光环，非要在路边摊中让人体验，自然会掉价不少，这就是"包装"衬托产品"印象"。试驾车都不好好保养清理，别说"包装"产品了，这是在往美食中加老鼠屎，故意恶心客户吗？

"说说你们这两个'绝代双骄'怎么配合的吧"我的兴趣开始被调动起来了。

"我会先给他递上'作弊纸'（图2-4）。"小郭狡黠地笑着。

图 2-4 递上"作弊纸"与试驾专员完美配合

"还要'作弊纸'？"

"哈哈，对的，征得客户同意试驾，我去拿试驾协议的时候，会把客户需求记录下来，关于客户的购车用途、兴趣爱好、感兴趣的卖点和配置等重点，还有需求分析中的争议，用笔圈上，拍照发给飞哥。"

"果然是有备无患，好办法。"我赞许道："方便的话，要不让我也体验一下？"

"没问题，您稍等，我去安排一下。"小郭起身，一路小跑到销售办公室，与一名同事做短暂的交流。

二、专业试驾专员和销售冠军的完美配合

不一会儿，两个人走过来，另外的那位就是试驾专员，他向我礼貌地伸出手："老师您好，我是试驾专员小飞。听小郭说您要体验一下试驾，要不就试一试我们昨天上市的新款 COUPE 吧，您觉得如何？"征得我的同意后，飞哥拿出手机向我展示并操作产品的 App，"现在外面天气比较热，我们先打开空调吹一吹，您看，这款 COUPE 新车的遥控科技太神奇了，在这里点一下，选择需要的温度就行。还有远程启动和寻车等多种功能呢。"

"空调凉下来还要等一会儿，趁这工夫我们先办一下试驾协议吧。"他拿出试驾协议，说明注意事项，我签名后，要走了我的驾照去复印。没一会儿，小郭向我示意，原来飞哥已经在展厅入门处向我们挥手，试驾车就停在大门口。

"老师您好，欢迎试驾我们的新款 COUPE，这是您的驾驶证，请收好。"飞哥用带上白手套的双手，向我递上驾照。按规范流程，先试乘再试驾，我、飞哥、小郭分别入座副驾驶、主驾驶、左后位。

"水是我刚放进来的，您口渴随时喝。"他从杯架上拿起瓶身带着冰凉小水珠的矿泉水递给我，顺手点开了音响开关，扬声器飘出 Kenny G 优雅的《Morning》。

"咦，你怎么知道我喜欢 Kenny G 的萨克斯？难道……"我想起刚才在闲聊的时候好像说起过。

"小纸条，您懂的。"小郭在后排嘿嘿一笑。

飞哥开始对内饰的功能套件、科技配置做详细的介绍。这让我想起有一次在冬天，我搭一个朋友的便车，那是一台 B 级高配轿车。上车后，我瞄了一眼中

控，打开了座椅加热功能，顺便问要不要帮他也打开。他居然回了一句："这车我开了 6 年咋不知道有这功能呢？"可想而知，买车的时候，有一位专业的试驾专员有多重要。

接着开始试乘体验，路线中包括上坡下坡、减速带颠簸，并在一段半封闭的无车路段体验了直线加速和急刹。试乘过程中，飞哥主要在不同路段切换体验时做介绍，小郭则在剩余平路过程中进行产品优势补充，顺手递上口香糖问我要不要。他们无间的配合，让我在舒适和轻松的状态下，自然地接受各种信息灌输。驶出半封闭区之前，飞哥在提示后，给我来了一把蛇行绕桩和 180 度倒车甩尾等，体现 COUPE 作为轿跑 SUV 罕见的稳定驾控实力。

"每个客户你都这么来秀一把吗？"我问。

"那肯定不会，小郭说您经常组织试驾活动，想必见多识广，对您来说这都是小儿科啦。我们品牌的车，操控基因非常棒，但是激烈驾驶谁都不能保证万一的情况，所以像今天这样，除非是在试驾会表演或者像您这样的老师过来，还有大客户等，就秀一秀，体现我们车型在极限驾驶中依旧稳定的性能。"飞哥顿了一下，继续说到：

"比如针对家庭主妇，别说激烈驾驶，我连试驾线路和体验点的选择都会不一样的，像体验自动泊车、自动脚开行李舱门等功能才是重点……"

到了换手地点，轮到我开车了，在飞哥的提示下调整好座椅、安全带以及明确相关试驾注意事项后，飞哥给我介绍了语音声控系统："您可以尝试说出您想听的歌，比如'我想听 Kenny G 的《Go Home》'。"

"我想听张学友的《饿狼传说》。"我坏笑着说。

"领导，您又调皮了。我们是不建议客户听嗨歌，尤其一些小年轻，再加上不熟悉车况，头脑发热就容易出事……"

正常试驾过程，飞哥在副驾驶座配合各种路段，给出驾驶提示及专业的体验效果说明，小郭已挪到后排右侧座位上，虽然话不多，但却全程没看手机。

回到 4S 店结束试驾，飞哥停完车后，三人一起填写了试乘试驾调查表，在礼貌地握手后，飞哥离开。

三、利用试驾营造先入为主的优势壁垒

"飞哥专业吧？"小郭笑嘻嘻地问我。

"的确专业，说真的，我好久没有遇到这么专业的试驾专员了，看来你们标杆店招牌不是盖的。"这是真心话，我竖起大拇指，继续请教小郭，"弄了半天，试乘试驾环节，你就专介绍飞哥了，你有啥技巧别藏着掖着，给我分享嘛。"

"其实也真的没多少了，有那么优秀的飞哥，整个过程，我就起辅助作用。不过，我自己会不断复盘之前对客户需求与异议的记录，看看还有没有没体验清楚的，及时提醒飞哥或直接告诉客户。尽可能在客户完成试驾后不留遗憾。还有一点嘛，我看是您才说的……"小郭故意神秘兮兮地把声音放低，我凑了过去。

"有点损哈，我自己称作是一句竞品必杀技。其实，我对自己和飞哥还是蛮有信心的，但这里毕竟是汽车城，我们服务得再好，还是不可避免有客户在这里试驾完，又跑去其他竞品店去试驾，一不小心在那边成交，就太可惜了，之前就遇到过。"这时小郭的眼神流露出明显的不忿，看来当时的打击挺大的。

"偶然的一次，客户试驾完我们的车，就说要走，追问之下，知道是朋友当时让他对比的那款竞品车，50米开外就有一家店，客户要过去试驾。我知道不可能阻拦，当时心血来潮说了一句'李先生，那款车的坏话我就不说了，您过去试驾的时候就像在我们车上一样，先深吸一口气，然后在打着火时，千万别开音响，听听它的抖动'。"

"因为我对咱产品的VOC（有害挥发物）和NVH（噪声、振动与声振粗糙度）很有信心，那款竞品我试驾过，这两方面绝对不如我们，新车内饰刺鼻，启动后抖动明显。结果，客户半个多小时后真的回来了，说还好听我的，价格也谈得很愉快。所以，后来我自己就留了个心眼，把每一款车的对应竞品，都找出对比我们车型一两个绝对弱势点，以备不时之需……"

小郭的这个做法，其实是运用了心理学"先入为主的暗示"概念。两台车摆在一起，让非专业的客户先后试驾，都不一定能对各自优劣势明明白白地搞清

楚，何况还相隔这么长时间，很多上一台车的细节记忆都丢失了。所以，除了在自己带领客户试驾，将主要卖点让客户加深印象，也有必要像小郭一样，为客户试驾竞品预埋一两个自己绝对优势或对方劣势的体验点，就能收到奇效。

举两个例子：

第一个是《怪诞行为学》中记录的真实案例，可口可乐和百事可乐曾经分别做过口味测试，双方都声称人们对自己口味的偏爱胜于对方。其实，两个企业都没有说谎，不过方式有点不一样，可口可乐让消费者根据偏爱挑选，他们能一眼看出哪一个是可口可乐，相当于明测；百事可乐则是让消费者蒙上眼睛，分别品尝不同口味后给出偏好答案，相当于盲测。这里不说百事可乐和可口可乐哪家测试更加公平，但最终研究者的结论是，可口可乐相对百事可乐有品牌优势，人们在可口可乐多年铺天盖地的信息轰炸下，对前者的感受会更加强烈，能增加大脑愉快中心的活动，所以觉得可口可乐罐子里装的可乐更好喝。

第二个是中国经典的寓言，一家人丢了斧头，认为是邻居偷的，虽然没有证据，但是看邻居的日常行动，怎么看怎么像。过了几天，斧头在杂物间找到了，明确不是邻居偷的，再看邻居，又怎么看怎么正常。

两个例子，人们都被先入为主的印象影响了大脑对事物的判断，即使可口可乐的罐子并不影响内装可乐的口味。我们有理由相信，在重点提示本品有绝对优势的卖点，将在客户体验竞品相同部位时，关注度显著提升，最终的差距，也会在体验者的大脑皮层被显著放大。

告别小郭后，我将自己对试乘试驾环节的理解进行了总结：

- 4S店必须有专业的试驾专员，不仅熟悉产品、车技了得，还具备对不同客户调整试驾方案的能力。
- 试驾车由试驾专员负责维护，必须确保车况良好，试乘试驾是展现车辆优势的环节。
- 试驾专员和销售顾问必须同时在场，互补配合（"作弊纸"是个好方法），试驾专员将卖点优势充分展现，将客户异议彻底解除；销售顾问做好补充与提示，并持续拉近与客户的关系。

- 安全第一，慎用特技动作，也避免营造让客户产生激烈驾驶念头的氛围（如播放嗨歌）。
- 试乘试驾要将本品突出优势在客户心中形成深刻印象；在发现客户试图前往体验竞品前，再次进行"温馨提示"。

第五节
六大高手讲述临门一脚的客户心理

网络时代拉近了人与人之间的距离，获取信息的渠道更加丰富。就拿本节讲的报价来说，精明的客户先打开网页，找到报价页面，看到优惠幅度，再记录城市内几家店的电话，逐一咨询问价，找到最低价格的店上门讨价还价，甚至当面给另一家店打电话"竞价"。借用一位4S店老总的话说，"现在的成交底价，简直就是在客户面前裸奔"。

好了，既然说到底价，我们聊一聊怎样的价格才是底价。

对客户而言，网页看遍了，城市周边的店也跑过了，问亲戚问朋友拉关系，逮着最便宜的店砍到不能再砍了，这是底价了吧。如果过两天厂家出政策加大促销了呢？新款要上市，旧款库存开始清理了呢？

从4S店角度来说，把厂家的返点全让出去了，是底价了吗？问题是，从这个行业只要有一家店由于各种原因，被迫开始"倒挂"卖车的时候，价格就开始"可以"没有下限了。主机厂返点让完，让水平事业返点、透支预计年底主机厂的红包、预支客户未来的维修保养利润……

走到谈价这一步，证明客户对于产品已基本认可，所有的压价行为，都只是想着要花"最少的钱"，获取尽可能丰富的回报。然而，价格是相对的，客户心中的"最小代价"是多少,大部分时候,连他自己都没谱。

有句话说得好,"客户要的不是便宜,而是占便宜"。客户愿意买单,就是因为物有所值或物超所值,换个角度说,就是要从销售顾问这里获取足够多的证明,体现他最终用这些钱购买这个产品,绝对是个性价比极高的英明决定。

比如有些分析型的客户,就喜欢在谈价的时候,掏出手机,点开汽车之家的配置对比,找出同一级别价格接近、相对低端的品牌车型,拉上想买的产品对配置差异,一个一个地算着他理解的"合理差价"。

举一个夸张的例子,特斯拉刚进中国市场不久,华东一车厂模仿特斯拉Model S 推出同尺寸大屏的 Y 汽车,不足 10 万元,两者的差价可是整整八倍。如果真有客户这么调皮来对比,销售顾问该怎么办?去贬低低端品牌,可能让客户反感;顺着客户的逻辑,就得有把"Model S"降到 Y 汽车价格水平的勇气,估计老板会很沮丧。

大家还记得上文产品介绍环节传祺领导的演讲吧。他所说的"品质、安全、健康"的产品优势,其"价值"就无法用"价格"去量化衡量。销售顾问只要运用得当,不但能巧妙化解,还能增强客户的购买信心。

客户买车,会有个"目标预算",4S 店也有一条老板设定的阶段性价格"红线"。理论上,销售顾问找到两者之间的平衡点,客户觉得"值",老板又能赚钱,报价成交才得以圆满。

报价成交环节,销售顾问找"平衡点"的过程,其实就是与客户的谈判过程。谈判学是一门很深的学问,也有很多技巧。面对不同类型的人、不同的背景条件,也有不同的对应方式,另出一本书也不为过。

主机厂、培训机构、网络平台,各种教材、攻略、授课、演练多如牛毛,这里由于篇幅有限,也避免雷同,就不做过多展开。

不过,我们倒是可以逆向考虑一下⋯⋯

几年前,我还在担任市场分析负责人的时候,有一次被培训中心拉去帮忙,兼职为新晋销售经理做培训。在分享完培训课程后,我和销售经理们之间已经无话不谈了，因此，接下来我开了一个有意思的讨论会。

现场除我和记录员外，其他与会者是30位新晋的销售经理（他们都有丰富的销售顾问经历，刚提升为经理职务），平均分成了6个小组。讨论会上，我在白板上写下一个有趣的议题：

"不管前面经历了什么，最终客户在哪些心理条件下会下定决心在合同上签字？"

我让他们依据自己的经验，先将这些心理写下来，然后根据促成成交的发生概率从高到低进行排序。

这绝对是他们的强项，大家显然很兴奋，在A1白板纸上又涂又画，热火朝天地讨论起来。大概花了近1个小时，六张展现他们满满才华的成果贴上了白板。

然后，我们一同对六张结果，除去那些太冷门、非常规的（如公司福利配车、老板亲戚内部价、客户着急用车等涉及的心理条件），将类型相近的心理进行合并，大概又花了半个小时时间，浓缩成六条大家公认的，能够基本涵盖的客户心理，并做出按发生概率的排列：

- 满足心理
- 中奖心理
- 感激心理
- 亏欠心理
- 错失恐惧心理
- 极端心理（亢奋/焦虑）

看着白板上展示着来之不易的成果，我在旁边写出接下来的要求：

"请给每种心理做一个定义，一般是哪些客户类型有这种心理，举出几个产生这几种心理的场景条件，挑选其中一个亲身经历的经典案例分享，最后总结出促使客户产生这种心理的关键做法。"

同时，为了方便学员们回忆，我在投影机上投放早在销售顾问阶段就培训过的"客户类型"内容（表2-2）。

表 2-2　四种客户类型

客户类型	性格	特征	应对技巧
支配型客户	做事果断、做出决定不容易改变	喜欢用命令的口吻说话、话短声音亮、动作有力幅度大、说话直接、目的性强	·以对待上级的态度尊重客户 ·必要时请求领导协助 ·看似趾高气昂，只要接待到位，容易快速成交，对价格敏感度相对低
友善型客户	优柔寡断、不轻易下决定	态度温和、不善表达、眼神游离、随和耐心	·不断坚定对方信心 ·关爱亲友，善待亲友 ·多讲体验感受，尤其家庭 ·减少客户单独考虑时间 ·在客户兴奋点成交
情感型客户	讲义气、易冲动、受外界影响大	表情丰富、表达能力强、主动介绍新客户	·别让客户总是跑题，注意引导 ·关键介绍闪亮卖点 ·多赞美，保持客户亢奋状态 ·讲究礼尚往来
分析型客户	注重细节、决定时间长、感情不外露、严肃认真	缺乏面部表情，不喜欢夸夸其谈，提问细致、专业且尖锐	·准备充分，回答有理有据 ·先肯定再说服 ·守时重承诺

恰巧六条心理正好能够平均分配，有刚才充分的讨论做铺垫，加上发言效果事关培训成绩，一番准备后，各组都积极地推选出优秀的"代言人"。

一、满足心理，让分析型客户超预期

第一小组的李经理上场，他是 25 岁左右的帅哥，眉宇间透露着一股天然的自信。他在白板贴上 A1 纸（表 2-3），李经理开始他的发表："这里展示的是我们第一组的理解。"

表 2-3　满足心理的简析

客户心理	满足心理
定义	客户感觉产品合适，所有福利已超额争取完毕，以"胜利者"的心态，满意地进行签约
典型客户	分析型客户
心理场景条件	1. 客户对于产品的基本认可，关键是能够满足其核心诉求 2. 客户用于压价的理由基本用尽（产品异议、竞品对比等） 3. 可托的朋友关系、申请领导特批已尝试 4. 完成同城店、网络的查询，甚至资源公司的优惠对比

"满足心理,也就是客户无论从产品、优惠、福利等各个领域,基本没有遗憾,甚至超过预期。这种心理比较典型的就是分析型客户,不过现在是网络时代,获取信息的渠道既丰富又便捷,人人都长得像'分析型'客户。"说罢,台下同仁们都赞同地笑了起来。

"不过,真正让分析型客户达到'满足心理'可不是件容易的事,过程中招架不住,轻则被抓把柄,出让更多利润;重则直接战败,前功尽弃。我分享下几年前还是销售新兵时发生的一个故事吧。"

那时候我还在别的新能源汽车品牌工作,一天来了一位有点奇怪的客户,姓刘。他身穿 polo 衫,背着双肩包,鼻子上架着厚厚的眼镜,一副典型 IT 男模样(图 2-5)。客套之后,刘先生就主动直奔主题,指着一款纯电 SUV,让我介绍下。因为不清楚他的需求,也就简单地说了下主要参数和 USP。

图 2-5 "分析型"的 IT 技术总监

刘先生没有过多的面部表情,一句接着一句,偶尔发表个人的一些看法,我们从车身尺寸交流到电池到底是三元材料还是磷酸铁锂电池更佳,却没有给我能岔开话题的空隙。他一边听我讲,还一边打开电脑时不时进行记录。

我马上意识到,这肯定是厂家的第三方调查人员了,得好好表现。还好那时候是新人,比较勤快,各种资料背得滚瓜烂熟,我就放开了,对答如流,同时脑海也在飞速回忆,想想接待流程中还有哪些没做到位的,赶紧补救。

大概一个小时后,他说还有别的事情,也没要求试驾,便起身离开展厅。我送他出门,看天气太热,给他拿了一瓶印有我们店名的水。他连忙道谢,直到这时才与我互加微信及交换手机号。

回到展厅赶紧找经理报告，经理也觉得有可能，表扬了我的机智。

本以为此事就此结束，没想到在快下班时，我正准备到展厅外帮忙清理试驾车的时候，看到他从远处过来，明显有点狼狈，手里还拿着我3个小时前给的水瓶。看步行方向，他应该是准备离开汽车城。于是，我急忙回到展厅从冰柜拿了水，又从前台要了两包湿纸巾赶了出去。

见到我迎过来，刘先生有点意外。我很自然伸手接过他的空水瓶，递上湿纸巾，他擦汗的时候，我拧开瓶装水等着。终于，他开始卸下防备，跟我开始轻松聊天，让我获得来之不易的基本信息。

刘先生在一家软件公司工作，拿驾照一年，买车就是为了代步，平时不大出门，就爱听歌打游戏，27岁，单身，常被家里催婚，典型的宅男。我们还说好哪天一起去网吧联机。

分别后，我回到展厅上网一搜名字，居然在一篇报道中发现了他的照片，他是一家软件公司的技术总监。解除他"调查员"的嫌疑后，我马上回忆起培训时老师说的"分析型客户"，刘先生应该八九不离十就是了。我有信心他能回来，于是当晚便发去问候和预约信息，开始着手准备。

时隔两日，刘先生如约再次光临，态度明显友善许多，但提问依旧尖锐，居然开始让我看几个网上的负面信息和车评。还好我早有准备，便找出厂家声明与质量保障政策，并反过来请教刘先生，如何应对这些友商"水军"和无良"键盘侠"。刘先生也打开话匣与我交流。花了一个上午时间，我们就终于进入谈价环节。

对于我报出的地方补贴后的指导价，刘先生还了个较离谱的价格。这个价格让我马上联想到资源公司，打开App，确认刘先生就是参考了这个报价，便跟他不厌其烦地解释了资源公司如何虚报低价、对4S店和客户两头使用套路，并站在他的角度，说明异地非4S店购车与提车的各种风险问题。

刘先生看似挺认同，但是并未妥协："我也是不想麻烦去找那些资源公司，但是你报的价格还是太高了。"

"您说个合理的价格吧。"

"这个……你再优惠5000元我就买了。"刘先生做出很坚定的样子。

"5000？"听到价格，我马上瞪大了眼睛，做出惊讶的表情："您是真要让我们大出血啊，这个价格肯定是亏本的。"

刘先生被我的眼神看得有点不好意思，却没松口。

我明白，继续往下耗，即使这差价都让出去，刘先生也不一定就认为是底价，还会找借口拒绝，于是决定逼他一把：

"刘先生，看得出来您真的很专业，也很能讲价，既然大家聊得那么好，您也真心想要，我们就把前面确定的先梳理一下，别有什么其他遗漏。"

他点点头，我拿出合同，把车型版本、交车时间、安装精品及其他各项费用都一一与他确认。一边写，我一边说：

"刘先生，不瞒您说，我这个新兵蛋子这个月还没开张，又遇到了您这样的专业人士，为了走一台量，真的已经把权限都让出去了。"偷瞥了一眼刘先生，看得出他并没有露出可怜我的表情。

"相互理解，都不容易，要不你去找领导申请下看看嘛。"刘先生说。

写到车价一栏，我停了下来，面带难色：

"刘先生，您还的价，我的权限已经全部给出去了，还差一大截，找经理申请肯定会被臭骂一顿。"

"没事的，就去问问而已，你告诉经理，客户要求的，如果不问就走了。"刘先生"友善"地提议。

"好吧。"我握了下拳头，做出下定决心的样子，"我豁出去了，不过您得配合我一下，不然空手过去，就不只是被臭骂，还可能把工作都丢了。"

"没那么严重吧，你要我怎么配合？"

"刚才我们已经确认好这些项目了，现在我把您要的价格先写上，您在上面签个字，把身份证给我复印一下作为附件，再给个500元的诚意金就行。"我把价格用铅笔填上，示意在领导确认后会改成签字笔，然后把签字笔和合同递给刘先生。

"这个……"刘先生有点犹豫。

"您不用担心，我拿过去就是要让经理相信我们已经基本谈好，只差价格，这样我才敢去找他啊。申请下来了，这个钱就当作车价的一部分，不白交，如果实在申请不下来，这 500 元我立马就退给您。"

刘先生沉吟片刻，签上大名，把 500 元和身份证给我。

"您稍等。"我去复印、写收据，拿着合同，在刘先生的"目送"下走进经理办公室。在简单汇报后，我特地多待了一会儿，经理还配合地用力拍了下桌子。

刘先生怯怯地看着阴沉着脸回来的我："怎么了，经理不同意？"

"刘先生，您也看得出来，我被经理臭骂了一顿，他说本来就给得够低的，再还好意思上去申请优惠 5000？"我摇了摇头，叹了口气，继续说："我硬着头皮说了半天，他最后给批了 3000。"

看到他终于露出愧色，不过还没回应。我趁热打铁，拿起笔在赠送精品的清单中增加了一台低音炮："记得您说喜欢听音乐，我再送您一台低音炮，本来打算买来装自己车上的。反正我脸也丢了，底价也给了，您如果还不满意，我只能认命吧。"

写完，我把笔往桌上一放，长叹一口气，无可奈何地看着他。

"感谢感谢，辛苦你啦！"刘先生赔笑着与我握手。

……

两年后来店保养的一次闲聊，他说起了当时的一些情况，庆幸的是都被我给蒙对了。比如说，他原本不大懂车，就看好几款备选，也查阅了一些购车攻略，包括那个资源公司的 App。到汽车城逛了几家店，聊了一会儿，其他店的销售顾问都很不耐烦（他当时那种拿着电脑问问题的方式的确招人烦），水都不给倒，就只有我热情接待……

小结

对于让客户产生"满足心理"的关键做法，我有几点感悟：

a）比客户更细致全面。分析型客户不一定专业，正因心里没底，就需要销售顾问给予他坚定的信心，所以千万要有耐心。

b）尽快破冰获取信任。分析型客户防备心态尤其严密，按他的节奏成交难度极大，需找准时机主动了解（做好服务怎么都没错），多问需求，找到"核心诉求"。

c）不害怕问负面和短板。客户开始挑剔产品，很多时候反而是释放打算购买的信号，准备充分，适当的时候反过来请教，不但能化解尴尬，还能转移话题。

d）多换位思考。不要认为客户都是在刁难你，从客户角度思考，解答与寻找解决方案，将有效提高客户在该领域的满意度，实在太尖锐，也要学会巧妙地岔开话题。

e）决定时刻的欲擒故纵。已经形成相互信任，在价格意见差异不大时，面对客户突如其来的非分要求，先对他的不合理要求做出"不可思议"的表情，削弱他继续坚持的念头。同时，适当的"欲擒故纵"，将可能成为决定成交的催化剂。

二、感激心理，巧妙利用车友资源神助攻

接下来，轮到第二组比较年长的张经理进行发言（表2-4）。

表2-4 感激心理的简析

客户心理	感激心理
定义	销售顾问对客户提供的帮助，使客户感觉无以为报
典型客户	友善型客户、情感型客户
心理场景条件	1. 销售顾问努力为客户争取利益，让客户感动 2. 销售顾问在生活领域，解决了客户的麻烦，或提供了关键帮助

"感激心理，就是销售顾问的一个或系列举动，让客户非常感动，购车是他认为目前最直接的报答方式。"

"故事并不长，但让我记忆深刻。"

有一对陈姓的年轻夫妇，来店已经好几次，我们之间沟通比较顺利，初步报价都聊过了，就是一直没办法更近一步。确切来说，男的喜欢我们的车，女的却想买另外一个品牌的SUV，意见严重不统一，所以一直都下不了决心。

这天，陈太太被陈先生又硬拉进展厅，虽然我感觉大概率又是无功而返，还是热情招待。其实也真没太多可聊的，就是陈先生一直暗示我多说些本品的好处，然后多讲下太太喜欢那台竞品车的坏话。我显得有点无奈，前者没问题，贬低竞品却不是我的风格。于是，就通过一些主要卖点，描绘一下用车舒适的生活画面。但陈太太却在似听非听地玩着手机，并不在意。

突然，陈太太的电话急促响起，接了电话没几秒她就脸色大变，马上转换成免提，让陈先生也能同步听到。电话应该是陈太太的母亲打来，大概意思是陈太太的父亲在家摔倒，好像有中风的可能。让人无语的是，这对年轻的夫妇居然还为送哪个医院争论不停。

这时，我突然想起一个车主朋友，就是某医院神经内科的专家，立马拨通了他的电话，得到可以马上安排120，并承诺亲自在医院急救的答复。我立马打断了这对夫妇的喋喋不休，告诉他们我的安排建议，现场就沟通好，由陈太太的妈妈在家等候120。我们由于较远，就直接去医院汇合。

我立马向领导请假并申请公司代步车（图2-6），带上他俩驱车赶路，正好与120在医院门口碰上。那位医生朋友安排助理嘱咐我补充手续，自己就和病人一同进了急救室。接下来的半个小时，基本上就是我楼上楼下地跑，他们俩一直都还是懵的状态，只在我的提示下机械地提供相关证件。

终于等到医生出来，他说如果再晚些时候送来，可能老人家就危险了。陈太太喜极而泣，对医生感激不尽，陈先生也紧紧握着我的手不断感谢。

我看时候不早了，就对他们俩说："这里有啥事就找医生，那是我的好哥们。

我现在还得赶回公司，就先走一步了。不过，现在老人比较稳定，建议就不要太多人在这里耽误，陈先生可以跟我一起回店，我帮你申请一台代步车应该没问题，这几天你们还要经常跑医院，没车用也不方便，对吧。"

图2-6　免费代步车服务有效提升客户黏性

陈先生点点头，跟着我刚走没几步，陈太太追上来对陈先生说："咱也别墨迹了，你去店里就直接把车订了就是了，早一天订还早一天拿车，天天用别人的车哪好意思。张哥卖的车，咱还信不过吗？"

……

就这样，我们顺利签约了。

这个故事其实很简单，复盘前期的沟通过程，感觉夫妇两人之中，陈先生像是友善型的客户，有点优柔寡断，陈太太则比较倾向情感型的客户，比较认死理，就因为闺蜜有一辆那个竞品SUV的高配，所以就一直坚持买台顶配压过她。我之前比较在意与陈先生沟通，存在忽略陈太太的失误，估计也是导致长期无法达成协议的重要原因之一。

 小结

最终的成交有一定的偶然性，我在当中只是做了一个正常人该做的事。感悟有以下几个：

a）得道多助，失道寡助。客户不会拒绝和友善的销售顾问做朋友，朋友有困难，销售顾问帮忙理所应当，反之也是一样。文中的故事虽是偶然，但很多客户也会在销售顾问不断提供贴心服务的过程中形成情感压力，从而坚定在本店购车的信念。

b）收敛功利心。任何时候，为客户提供优质服务，为朋友提供及时帮助，都不应以利益回报为目的，否则，容易适得其反。

c）适时地当机立断。尤其面对友善型客户，不仅是故事里帮忙决定上哪个医院，即使在谈判过程中，如果条件已经基本成熟，客户还在无关紧要的领域犹豫，就要用一些肯定句坚定其信心，完成协议签署（文中陈太太同时在场的情况除外）。

三、错失恐惧心理，带你见识"因楝购珠"

刘经理上前恭敬地与张经理握了握手，作为第三组代表开始发言（表2-5）。

表2-5 错失恐惧心理的简析

客户心理	错失恐惧心理
定义	客户意识到，再不下手，机会就会流失，自己未来肯定后悔
典型客户	情感型客户
心理场景条件	1. 各种让客户非常在意的"限购"，包括限量车型、限时优惠、限量赠品等 2. 政府的限牌限购政策，或有传出相关风声

"错失恐惧心理，其实就是客户面对某种对自己诱惑力极大的事物，意识到即将失去拥有的机会，而引发的着急心态。这种心理，在情感型客户中体现得尤为明显。就像政府即将限购而吹风的时候，情感型客户也是最早下决心购买的第一批人。"

"当然，像政府限购或疑似限购吹风的事毕竟少有，我们也不会有任何期待。那么接下来我向大家讲述的，就是一个由我促成的情感型客户成交的案例。"

Tommy，一个典型的自来熟性格，时尚、追逐潮流、爱运动，是我的一个车主朋友介绍过来的客户。交流自然一点障碍都没有，但是难就难在跟他扯不到正题上。也难怪，Tommy现在就有一台老捷达，也不着急马上换车。按他的说法，

"等你们便宜点我再买,这样你也不难做",听起来倒是有很为我着想的感觉。

于是,我也没着急,朋友算是交上了,微信常问候。由于年龄相仿,也时不时一起打打篮球,甚至跟着一群朋友到他家去烧烤,也见识了他引以为傲、占满一整面墙的球鞋收藏柜。

一日,我逛商城,看到某品牌的球星版限购球鞋预告(仅头100名),马上给他发了个微信告知。他先是兴奋(图2-7),马上又发了个捂脸哭泣的表情,说是那天在集团开会,肯定不能过去排队了。

图2-7　个人包装的"稀缺资源"

我耍了个心眼,在没告诉Tommy的情况下,把那天调休。事先做好功课,了解行情,一大清早6点多就过去排队(居然还只能排到78名,太惊险了),终于买到手,花了999元。回到公司就跟老板一通讲,说明我想把准备中改款上市的轿跑,店里规划价值5000元的礼包,申请一台换成我买的球鞋。相对于礼包,这样成本更低,老板当然不会有意见,答应成交后报销,我顺手就把鞋寄存在老板处。

就这样,第二天,我给Tommy去了个电话,告诉他,他之前看中的轿跑准备中改款上市了,过两天展车、试驾车就到店,有没兴趣过来。因为,那款轿跑Tommy开起来还是挺满意的,尤其中改款增加了不少科技配置,我觉得这也是他之前一直没下定决心,想等一等的原因之一吧。

果然,Tommy说一定过来,不过要看时间,周二约了朋友打球。我马上坏坏地接了一句:"我们老板说了,到店预售的第一台车,就送T球星限量版球鞋,就是你周六没时间去排队的那双,嘿嘿,你认为如何?"

"留着留着,你一定帮我留着,第一台车车主我当定了,老刘你帮我盯着啊,我周二请假过去。被别人抢了的话,我们兄弟都没得做。"急促的语气,都能想象得到电话那头Tommy焦急又兴奋的表情。

结果,他周二到店比我还早,我先到老板办公室为他取鞋,以示重视并让他安心。接下来的过程就非常顺利了,我帮他做旧车评估,争取了个置换高价,还有些必要的赠品,Tommy反正就是笑呵呵地各种签……

其实在一年后借着酒劲,我还是跟Tommy说了实情,并说明即使他不买那个所谓的"第一台车",我还是会以个人名义把鞋原价卖给他,之所以套路他,是看不惯他磨磨唧唧。Tommy表示理解,也没感到意外,哪个商家没有促销噱头?反正买的也是自己想要的车,还白得一双限量版球鞋,大家都开心。倒是对我的一大清早就去帮忙排队买鞋,很是感动,借着这充分的理由"奖励"了我好几杯酒。

后来,Tommy还前后给我带来5个购车的朋友。

我的感悟有以下几点:

a)爱好需广泛,知识要丰富。有句话说得没错,"卖车没问题卖啥都可以",卖车就要跟客户有聊得来的共同话题,特别是情感型客户,有相同的爱好将对成交有极大的推动作用。

b)善于发现客户"至爱"。情感型客户比较外向与健谈,在天马行空的跑题之时,就要留意,他啥时候开始眉飞色舞地描述某一个领域,如能找出客户的"至爱",加以利用将会事半功倍。当然,也要注意引导回正题,毕竟至少我们得先找到适合他的车型。

c)个人也能包装稀缺资源。没必要总是依靠或等待公司的统一包装,实际上也未必适用于每个客户,只要足够了解客户,脑洞开得足够大,自己独特的想法还能收到奇效。

d）后续维系很关键。一个情感型客户的周围，就有一群志同道合的情感型客户，成功打入他的朋友圈并持续维系，无论投入成本还是精力，都远低于新开发客户，成功率还更高。

四、中奖心理，"意外"收获不放过

轮到第四组，上台的陈经理长着一副正直、忠厚的模样，亲和力很强。"大家好，现在由我代表第四组给各位做汇报（表2-6）。"

表2-6 中奖心理的简析

客户心理	中奖心理
定义	客户感觉自己获得了不可多得的额外利益
典型客户	情感型客户、友善型客户
心理场景条件	1. 客户通过非常规的方式获取了较大的额外利益 2. 客户通过较大努力获取了较大的额外利益 3. 客户通过抽奖活动获取了较大的额外利益

"关于中奖心理，我们认为是客户感觉获得了别人不大有机会拥有的较大利益，而且还不影响原有的价格谈判，就像中大奖一样，客户会为了尽快据为己有而下定购买的决心。其实，我们在做团购时惯用的订单阶梯循环抽奖手法就可以归为此类。下面我就分享一个挺有意思的经历。"

司徒先生有一辆有着7年车龄的法系A级轿车，他是送朋友过来看车的客户。他的朋友王先生是我接待的，最终成为我们品牌的车主，我和司徒先生也就在那时候加的联系方式。

其实，在王先生选车期间，我就有意无意的怂恿司徒先生做置换，因为那台老爷车，网友吐槽的各种毛病基本全部应验，什么发动机抖动报警、悬架异响，百公里油耗居然超过12升。司徒先生不置可否，不过看得出来，他对我们那款B级轿车很感兴趣，尤其是在试驾直线加速的时候，他还赞叹"现在的国产车不赖嘛，推背感很强，赶上很多合资品牌了"。

于是，接下来的日子，我不忘与司徒先生保持联系，在他陪朋友过来提车的

那天，我帮着给他做了个旧车评估。但由于司徒先生下午还要赶去谈生意，就向我初步要了个报价，便和王先生一同离开。

几次的接触和微信交流，我感觉司徒先生属于比较典型的友善型客户，人好话不多，但就真有点优柔寡断，对他那辆老车一直念念不忘，说是用的时间长了有感情，感觉我倒是夺人所爱的坏人。

一个月后，王先生给我电话预约首保，说是去了趟自驾游，跑了快5000公里，赶紧回来保养。由于关系处得不错，他向我透露，司徒刚买了新房，准备结婚了，提醒我可以加把劲，需要的话就拉他一起过来。

我连声道谢，思索片刻，觉得机不可失，要准备充分点，跟销售经理说了一个想法，让他帮忙配合。

很快到了预约首保的那天，他们俩果然如约而至。大家在等候保养的时间，开始闲聊起来。王先生显得非常兴奋，眉飞色舞地分享自驾游的一路所见，说到他那辆新SUV的时候也大赞用车感受，不忘贬低司徒的老爷车，让司徒先生一阵感到尴尬，却点头认可。

原来他们一同游玩，路上常换车，司徒先生算是对我们品牌的车进行了深度试驾。我接上王先生的话，开始把话题再次转到置换上，与司徒先生展开一轮正式报价交流。

王先生在一旁煽风点火，司徒先生显得有点心动，嘴上却说价格不错，但最近搬新家，手头比较紧，然后还把那句对老车有感情的话拿出来搪塞。于是，趁他沉默的时候，我给经理发了个信息。

经理如计划过来拍拍我肩膀，我起身与经理走到距离不远的一旁，让司徒他们能隐约地听到一些内容。没两分钟，我接过经理的一张券（图2-8），自然地夹入工具包，回到位置上，继续不露声色地与司徒交流。

说了一会儿，我打开工具包，拿出笔记本帮司徒先生算一笔账（有意无意地让他们看到露出那半张红红的券），"您的爱车现在百公里油耗12升多，就算12升吧，每天您跑业务大概100公里，每个月就是3000公里，按现在的油价每升7.5元（2018年）来算，每月得花费2700元，这没错吧？"

图2-8 设计有"获取难度"的奖品

司徒先生点点头,"嗯,差不多是这个数。"

我继续说:"如果开你看上的这台车,百公里只用 7 升,算下来只要 1575 元,就是每个月帮你省了一千多呢。咱们车省油的特点,您和王先生这一路应该深有体会吧。"

看到司徒先生不断点头,我决定趁热打铁:"您看,您是生意人,最近搬家还得用钱,肯定想给自己多留点灵活资金,我就按两成首付给您算算。上次给您评估的旧车价再添个 5000 元左右当首付,您就可以把车开走啦,然后不到 3000 元的月供,您要想,其中有将近一半是您省油省下来的呢。开上一台 B 级车去谈生意,不仅派头足,这么大的空间,跟客户坐上去也舒服啊。"

接着,我取出 PAD,点开系统,指着上面显示的库存说:"看,您喜欢的白色比较紧俏,店里现在只有一辆,这不快到国庆长假了嘛,来店买车的客户也多,我就怕给您拖不了太长时间,不然再等下次到货就要一个多月以后了。"

"价格不能再优惠了吗?"

"您是咱王哥的兄弟,就是我兄弟,所以给的价格已经是最优惠的啦。不信的话,您现在就可以打电话去其他店问问。"我故作为难地说,顺便照顾一下王先生的面子。别的店价格我清楚,其实当时价格是比较到位的,顶多就留下一个总经理优惠的空间。况且,以目前我们愉悦的聊天氛围,还有王先生对我人品的背书,司徒先生不可能做出现场问价的不礼貌行为。

司徒先生开始眉头紧锁,闭口不言,我能感受到他内心的矛盾,毕竟他今天原本并不是带着购车的目的过来的。场面突然陷入了短暂的僵局。

王先生其实是情感型客户,心里藏不住事,也许他觉得这时候正好开口:"我说小陈,你刚才是不是藏什么好东西?"他一只手指着工具包里的红色券。

我下意识地往回收了一收,尴尬地说:"这……是领导的东西。"

王先生开始不依不饶了,一个劲要我拿给他看。

几个来回,我"不情愿"地递了过去,"王哥,这是经理留给我处理一台库存车用的,司徒兄的那台可是紧俏车型。"

司徒先生往王先生这边凑了凑,看到券上价值4500元的"C牌60寸液晶电视",两眼明显放光。

"这不正好嘛,给我兄弟搬新家用,就这么定了,送给司徒,他今天就买车。"王先生说着把券一下塞到司徒的上衣兜,一脸坏笑。

"王哥,您这不为难我嘛……"我显得紧张起来。

"对对对,你送给我,今天我就买。"司徒先生终于发话了。

余下的事情就顺理成章了,我向经理申请,经理同意,司徒兴奋,王哥高兴(我送了两张转介绍的基础保养券)。而关于电视机的事情,当时是有合作方提供内部价,成本价并不高,且远低于需要申请"总经理价"的优惠幅度。

> **小结**
>
> 对于这个故事的感悟,我也说几点,对于之前刘经理说的客户维系方面,就不再重复:
>
> a)发现并提前解决客户痛点。故事中的客户打算置换购车,旧车的毛病就是最好的绿叶陪衬,不断强化本品优势,并结合客户现实生活场景加以描述,坚定客户购买产品的信心,为报价谈判打好基础。
>
> b)设计有"获取难度"的奖品。难度,就是客户需要通过自身努力、特殊关系、非常规渠道、打败对手等方式,才有可能获取的礼品、优惠等。这样的奖品,客户才会珍惜,不惜立即答应购车换取拥有的权利。当然,如果针对单个客户设计的奖品,奖品品种的挑选也需要仔细考究。

c）临门一脚的推波助澜很关键。故事中的王哥除了在过程中上演神助攻外，最后时刻主动挑起"给奖品就下单"的话题实在是画龙点睛之笔。因此，一定要关注、关爱客户同行人员（尤其是友善型客户）。如果没有，就要设定好第三方人员的进入脚本，以保证客户认为获取的奖品并非来自销售顾问的"计划内"。

五、亏欠心理，形成客户的"良心"负担

第五组，我们终于迎来了一位女性上台发言（表2-7）。

表2-7 亏欠心理的简析

客户心理	亏欠心理
定义	客户在决定购买前，承受了较大的"良心"压力
典型客户	友善型客户
心理场景条件	1. 销售顾问为客户争取利益，被领导责怪，让客户愧疚 2. 销售顾问为客户提供帮助，导致自身发生损失 3. 销售顾问尽心尽责，让客户心生怜悯（如帮助开本月第一单）

杨经理是标准的川渝美女，一副刚成年的长相，其实已经28岁，看似柔弱的身板，却透着职场干练的气质。

"大家好，我是来自四川的小杨。"话毕，一群台下二十五六岁的男性经理就在捂嘴坏笑。

杨经理微微脸红："给我们组分配的题目是'亏欠心理'。我的理解是，一些客户面对有好感的销售顾问，会对销售顾问提供的服务和帮助，不断累积在内心形成'良心'负担，最后唯有'埋单'得以缓解。就像我们到超市，热情的销售员递过来一块块试吃香肠，你吃了原味，她又给你尝一块香辣味，甚至还特意取了一大段交给你的小朋友。这时候，你很大概率就会至少拿走一包放进购物车中。同时，我们认为，友善型的客户更容易形成这种心理压力，尤其是面对弱小的女性销售顾问。"

"我举的例子比较久远，应该是在刚从实习销售转正的那个月。"

第一次见到秦先生,是在厂家组织的一场区域试驾会上。

大家知道,只要是主机厂的活动,一般都比较大方,不仅是关联试乘试驾的设施,其他为客户准备的配套福利都非常到位。就像周末免费一日游,不仅管吃管喝管玩,还能看表演、拿礼品,因此,有很多贪小便宜的非意向车主"不请自来"。虽然花的不是自己店里的钱,但是看到那些明显没有购车意向,来意非常"明确"的客户,负责接待的销售顾问都没啥好脸,还不时会出现一些小纠纷。

这不,一位老太太就在玩游戏领礼品的地方,跟负责秩序和礼品发放的STAFF(工作人员)产生了口角。我离得近,赶紧上去把STAFF拉到一边了解情况。果然,情况老套,基本上就是老太太想多占便宜,STAFF看不过眼。STAFF愤愤不平地说:"我当过三次活动兼职,三次他们都过来蹭吃蹭喝还白拿。"我捂嘴偷笑,这再正常不过了。厂家老师说过,活动本身不重要,重要的是传播,打开门宣传免费体验,就不要吝啬,把该送的都送出去,客户们开心了,自然会主动帮我们口口相传。

于是,我上前给老太太赔了不是,招呼她和她的两个4岁的双胞胎孙子在休息区坐下,拿来刚才的游戏礼品,又给三人提供免费雪糕和一些小吃,跟两个男孩分别友好击掌,并留下卡片,让老太太和宝宝们有啥事可以随时喊我。老太太突然笑嘻嘻地问我有没有结婚,我也没在意,礼貌地回答还单身就离开了。

活动结束后,一位30岁的高个男士过来找我,自称姓吴,是老太太的儿子,经常出差,现在也是刚下飞机过来接家人。他感谢我的照顾,也解释了因为去年离异,才有老太太咨询我婚姻状况的情况,然后表达歉意。我表示不会在意,互加联系方式后,目送他们开着新款A6离开。

基本明确这个家庭至少短期没有购车需求,同时,我们店经营自主品牌,与吴先生的奥迪差距过大,因此也不会对后续成交抱有期待。但毕竟我的基盘客户不多,也理解一个单亲家庭的不易,每次只要大小活动,我都会通知老太太。老太太虽已知道撮合我俩不成,却没有客气,由于离家近,很多时候还不请自来,带孙子就直奔儿童区,俨然将4S店当成自家娱乐场。我在空闲的时候,会给他们拍照,发给吴先生,如果他们玩到下班,还会顺路送他们回家。

其实，老板比较开明，也鼓励大家广交客户，增加店端人气，不用过分考虑意向。但店里却开始有风言风语，说我借活动认识大款、用公家资源谋私事、未过门就懂得伺候婆婆之类的谣言。虽说身正不怕影子斜，但给我造成了一定困扰。

让我意外的是，一个月后，吴先生带了一位王姓朋友过来找我买车。交谈非常顺利，不到半个小时就进入价格谈判环节，能想到，吴先生在背后美言的巨大作用。但毕竟是王先生自己掏钱，最终价格方面，我们还在为三千左右的异议而讨论，吴先生也不便插话。

这时，一个平时口无遮拦的销售顾问路过，笑嘻嘻地拍拍我的肩膀说："你婆婆又带着两个孙子来啦，要不要我帮忙接待啊。"

吴先生一脸愕然，而我则脸色涨得通红，心里一阵委屈，眼泪不争气地流下，向对面两人说句不好意思，就往办公室跑去。

调整情绪近十来分钟，我出来找他们俩，原位上只剩王先生，他示意吴先生在儿童区。果然，吴先生正和老太太在激动地说着什么。我没想太多，打算坐下与王先生继续聊，不想，王先生居然立即同意刚才的报价，还表示随时都可以签合同。

处理好相关手续，直到送王先生，我也没见到吴先生过来。只是收到吴先生表示歉意的信息。夕会上，销售经理特意对我的接待态度做出表扬，也侧面为我澄清谣言，并要求大家不要随便造谣传讹中伤同事。

后来通过拼凑王先生和经理向我阐释的信息才知道，王先生买我们的车，的确是受到吴先生极力推荐，最后所谓三千元的异议，也通过吴先生承诺和王先生合作的项目抵除，才会那么顺利。而在我起身离开之后，吴先生就找了那位销售顾问了解情况，还去跟经理表达对我服务的高度评价，拜托经理出面解决我的困扰……

最后，我和吴先生成为好朋友，为我带了不少客户，还邀请我参加了他的婚礼。

> **小结**
>
> 故事比较简单,有一定的偶然性,而且购车方也不是我前期服务的对象,但还是能说明一些道理:
>
> a) 用心服务要持久。服务要润物细无声一般自然,也要细水长流慢慢加码,最好能形成自己的特色,因为现在很多客户已经被各品牌的服务提高了期望值。
>
> b) 让客户"无意中"了解你付出的代价。客户可能会对你不断的付出形成习惯,需要不经意的提醒,或借助第三方,呈现你因此承受的压力和代价,加剧客户"亏欠"心理。
>
> c) 把握临门一脚的机会。不少客户会认为已决定找你购车,便已"还债",谈价时也要求诸多,找到再次"不经意"触碰客户愧疚心的方法有助于加速成交。案例中的我没有刻意安排,但有前期事实铺垫,客户没有怀疑的理由,但若要自行策划,则需谨慎,以免适得其反。

六、极端心理,让客户"难堪"顺理成章

黄经理身材健硕,阳光帅气,一看就是运动健将,他代表第六组上台发言(表2-8)。

表2-8 极端心理的简析

客户心理	极端心理
定义	客户在决定购买前,处于极度的兴奋或者焦虑状态中
典型客户	支配型客户、情感型客户
心理场景条件	1. 客户着急用车,依据测算,必须今日购买 2. 客户处于被众星捧月的状态,无法下台 3. 客户要务缠身或被亲友催促

"大家好!我们小组讨论的是极端心理,这里的意思就是,客户在亢奋或焦虑的状态下,唯有签下合同,方能缓解难以下台或紧张的状态。"

"我的分享内容,是两年前关于一位典型的支配型客户,当时我算是个小组

长吧。"

谢老是一位退休老干部，显得很有威严，说话也是声音洪亮、掷地有声。由于我们经营的自主品牌在老同事中的口碑不错，谢老希望买一台 A 级轿车做代步之用。

那天，他带着老部下徐先生来店，我们小组的一位年轻女销售顾问上前礼貌接待。没聊两句话，谢老就要销售顾问叫老总下来谈，没有任何的商量余地，声响之大，让周围不明状况的人还以为出了啥投诉事件，吓得小姑娘赶紧过来向我求助。了解到并没有怠慢客户，我稍微做了一下调整，确定谢老的视线看向这边，我做出了打电话的动作。

过了一会儿，我一溜小跑，将两位请入 VIP 洽谈间，先简单做了自我介绍。

"两位好，我叫黄宏昌，是咱店的主管，这两天总经理参加厂家的培训，不在店里，刚才电话里他特别嘱咐让我来接待您。"一般客户都不大清楚店里的架构，主管一词的职位可大可小，况且搬出老板做背书，我想应该问题不大吧。

看出谢老表情明显缓和，我把刚才的小姑娘招呼过来，让她去老板办公室拿上好的茶叶，泡上功夫茶，开始洽谈。

"两位领导请喝茶，刚才听我们小姑娘说，是咱谢老想买台轿车代步对吧。不知道您有没有什么特别需求，我给您好好介绍一下？"

"当兵的时候，小徐就是我的老部下，他来帮我挑。"谢老说。

"是的，以前我常常给谢老开车。"这位徐先生倒是挺客气，不过看得出他需要好好报答谢老的栽培，必须展现其认真负责态度的决心。他的话题从合资到国产，从逆向开发到国货自强，从发动机扭矩到风阻系数，徐先生把话题东拉西扯，口若悬河，俨然一副专业的培训讲师，就是没聊正题。我只能一边附和，一边想方设法将话题往咱品牌车型和购车需求上靠。然而聊了近一个小时，进展依旧不理想。

通过不断策略性给徐先生添水，终于让他起身上洗手间，我抓住机会跟惜字如金的谢老套套近乎："谢老，您是经常锻炼吧，身材保持那么好，不说我都看不出来您已经退休了。"

"小伙子挺有眼光，我每天早上都跑 5 公里，已经坚持 30 多年了。"

"最佩服就是有毅力的前辈，早几年我也玩健身，现在干销售就总没时间，看这小肚腩，唉，连女朋友都嫌弃。"

难得打开谢老的话匣，我赶紧顺着他的兴趣爱好、用车习惯等循序渐进地展开交流，等徐先生回来，总算有个初步的了解。正巧轮到谢老起身方便，我就有意识用一些封闭式的提问，跟徐先生把话题收一收。

"徐先生，刚才谢老说，他之前常开的车是老德系的 A 级车，我看以老人家一米八的身材坐的话，会比较憋屈。其实，咱店里的那台 B 级轿车可能比较合适，空间够大，您刚才关注的底盘、悬架和动力，这款车都不错。按您的专业判断，咱给谢老推荐这台合适吗？"

"那你详细说来听听。"谢老没在，看样子徐先生也想省省口水。

于是，我掏出老板的中华香烟借花敬佛，给徐先生点上，并取出这款车的型录，对照产品介绍和参数表，将主要卖点，往徐先生刚才描述检验好车的关键标准上凑。感觉得出，徐先生听得挺有兴趣，毕竟这等于将我们的产品用他的原话进行润色包装。同时，我也不忘提醒，我们品牌的车有多宗大客户采购历史，口碑非常不错，不用担心质量问题。

让我高兴的是，等谢老回来，徐先生真就把我的介绍，围绕实车，像一位销售顾问般六方位地复述了一遍，推荐了这款车，并顺利地进行试乘试驾。

看到两位都还挺满意，我对今天能够下单充满信心。徐先生让我按照挑选的版本报价，我不敢怠慢，赶紧拿出报价单仔细地填写，给出的价格会比销售顾问和同城店的电话报价更优惠一些，也预留了一定余地。徐先生取来看了看，向我示意需要跟谢老单独讨论一下，我知趣地起身去拿点心，余光就扫到他给谢老一阵耳语，顿时感觉事情不妙。

果然，刚取完拿来，两位就起身跟我辞别，就说还要考虑考虑再答复。眼看留不住，我只能出门送行，因为了解到两位家中都有小朋友，便为他们拿了两本车型涂鸦画册和1∶43的小车模。

这几天，我怕说错话，没敢主动问询谢老，只是在微信上常规关怀问候。对徐先生倒是一番软磨硬泡，终于让他对我说了实话。其实那天谢老对推荐的产品比较满意，徐先生建议要多家对比价格，就没有当天确定。后来，问到价格差异不大，本想一起约时间回来再跟我聊聊，不料谢老的儿子却建议选择合资品牌，意见不统一。因为谢老家里还有一台老款"阳光"车，就没着急。我感谢了徐先生的帮助，表达自主品牌就是需要像谢老和徐先生这样的人士多支持，才能茁壮成长，如果徐先生要自己买车，一定私人再赠送大礼包。

既然只差临门一脚，加上这款车的利润还可以，我绝对不能放过。守株待兔不是我的性格，思考再三，决定利用周五调休的时间去谢老跑步的公园碰碰运气。

那天一早，我全副武装，绕场三周也没见到他，本感觉希望不大，到一边休息一下，准备打道回府。结果得来全不费功夫，在湖边晨练的人群中发现了谢老的身影，他与两位老人家在一起打太极。瞥到一旁有个自动贩卖机，赶紧过去买了几瓶水。

谢老一回头发现了我，有些诧异，停下了动作，朝我尴尬地微笑点头。

"谢老好，各位老前辈好。"我连忙上前，给谢老及朋友递上水，接着说："上回您教导我要坚持锻炼，这不，我今天休假就过来跑步啦。谢老的太极打得这么好，也教教我呗。"

"我们也是瞎玩。"可能没有感受到我催单的压力，谢老的脸色缓和下来，"就是随便和老朋友过来出出汗。"向同伴打了个招呼，示意我一同向前方的石凳走去。

没等我接话，石凳方向跑来一个胖嘟嘟的小男孩，手上拿着正是我们车型的涂鸦画册，对着谢老说："爷爷爷爷，你看我画的好看吗？"

"好看好看，君君真厉害。"谢老拍拍小男孩的头坐下，"对了，这个画册就是这位黄叔叔送给你的，还不谢谢黄叔叔？"

"谢谢黄叔叔。"小男孩看上去 4 岁左右,很有礼貌。

"不用客气,君君真乖,叔叔请你喝橙汁。"我的那瓶饮料还没喝,正好递给小男孩。小男孩再次鞠躬谢谢,又到一旁继续认真涂鸦。

谢老心情不错,跟我的话也多了起来,饶有兴趣地说起他过往的一些光辉历史,现在常常接到邀请,义务去做爱国主义讲座……聊了大概二十分钟,看到两位大爷又开始舞动,我知趣地向谢老告别。走到停车场,想起行李舱里还有两本涂鸦画册,就赶忙取出悄悄给君君送去。

次日回到店里,我点开本月活动计划,看到下周末的亲子活动,顿时计上心头。我向市场经理建议增加"爱国主义"教育环节,并说明了我的想法。自主品牌本来就跟"爱国"密不可分,加上还有免费的讲师资源,经理欣然赞同。

于是,我给谢老发出邀请,希望他能参加我们的亲子活动,并给小朋友们上上课。非常幸运,谢老毫不犹豫地答应,表示会带上君君按时到场。

活动当日,谢老一身中山装,还准备了演讲幻灯片(PPT),重视程度令我感动。在他候场之时,我不失时机地带着君君去那款车上,打开电源,让他感受最新的语音控制系统。君君一会儿喊着打开天窗、打开空调,一会儿又叫着"我要听葫芦娃的故事",玩得不亦乐乎,直到他爷爷准备上台讲话,才不情愿地被我牵回现场。

谢老不愧为实力派人物,一个一个生动的故事,配合抑扬顿挫的语调,不仅小朋友们,各位家长都被深深地吸引,雷鸣般的掌声不断响起。君君在我的怀里也自豪万分,不时向旁边的小朋友炫耀:"这是我爷爷,我们全家都爱国。"

演讲完毕,店总上台与谢老合影,并赠送车模(正好就是他意向的那台),热烈的掌声再次响起,谢老在一双双崇拜的眼神注视下回位落座。这时,店总不失时机地即兴发挥,从中国汽车的发展辛酸历程,说到现在终于拥有核心技术,顺便也将我们品牌优势一一阐述,最后还不忘提出"穿李宁用华为开自主汽车就是爱国"的口号。大家的情绪都被点燃(图 2-9),谢老也不住地微笑点头,君君摆弄着大车模也非常兴奋。

图 2-9 爱国主义的话题点燃全场

不知从谁开始，台下的小朋友开始展示自己的衣服鞋子、爸爸的手机，说这些都是国产品牌。君君也不甘示弱地抬起穿着安踏的小脚，举起爷爷的 OPPO 手机加入攀比。这时候，旁边的小朋友用崇拜的眼神问君君："那你爷爷开的是哪个国产车啊，我让我爸爸也买。"

我顿时被这个神助攻感动得"泪流满面"，目光热切地看向谢老。果然，周围几十双期待的目光也跟我一样，其中还包括他的宝贝孙子。

谢老脸色微红，但反应极快，转过头来看向我："小黄，我那台轿车还没到货吗？"

我心领神会，连忙说："到了到了，下午您演讲的时候刚到，我就忘了提醒您。"

君君立马神气地回应那位小朋友："看吧，我爷爷又买国产新车了，就是这一部！"说着把手中的大车模举高高。

接下来就像炸锅一样，周围的孩子都在催促家长下单，销售顾问忙得不亦乐乎……谢老一边签着合同，一边悠悠地说："小黄，我怎么总感觉被你套路了呢？"

"我对您感谢都来不及呢，哪敢套路您。您看，我这里又让老板给您多申请了一个三千元礼包。今天多亏有您帮我们撑场面，活动才能那么成功啊！"

"别客气，帮我尽快弄好就行，我相信你。"谢老笑了笑，拍拍我肩膀，陪孙子玩去了。

结果当天开单比预想中多了十几台，老板笑得合不拢嘴。后来，谢老甚至君君，都成为我们品牌忠实的粉丝和代言人，经常参加店里的活动，还介绍了不少客户。

> **小结**
>
> 这算是我职业生涯比较自豪的一个案例，当然，其中有不少无心插柳柳成荫的幸运成分，也从中得到以下的感悟：
>
> a）让"难堪"的发生顺理成章。从客户对产品的认可，到演讲之后众人的拥戴，虽然小朋友的发声看似意外，却起到为客户坚定信心的作用。因此，前期的铺垫必须逻辑清晰，打好基础，顺水推舟则皆大欢喜，粗暴地营造"胁迫"环境，即使成交，未来也麻烦不断。
>
> b）重视随行人员。尤其是支配型客户的随行人员，大多为下属或晚辈，表现欲极强，需赞其观点、避其锋芒，服务上也不可怠慢，但也需伺机找到与实际客户单独沟通的机会。
>
> c）报价需因人而异。不同于友善型和分析型的客户，支配型客户对价格会有多个来回的谈判；支配型的客户虽然对价格敏感度不高，但我们从第一次报价就要更加谨慎，尤其是带有随从军师的客户，要避免在开头就被一票否决。

终于，六个小组都完成了分享，我简单进行了总结：

"非常感谢各位的分享，让我对销售技巧有了更加深刻的理解，我都认真地做了笔记。"

接下来，我分享了我近期在抖音上看到的一位自称"高手"的通用必杀技，描述的场景基本是这样的：

一位客户在已经充分了解和体验产品，并收到报价后，向这位高手提出要回家考虑考虑。高手回答："×总啊，我很多客户跟我说考虑一下，其实就是不要嘛，我也干了好多年销售，这点挫折是可以接受的。您看我对您也足够真诚，如果您真的不要，就告诉我因为什么吧，也好让我死心。"

客户迫于无奈，就随便说了一些问题。高手把问题逐一记录，并拿出各种数据、影像、网页加以证明，一一解决。在完成所有解答，确定客户已经认可答复，没有新问题时，高手说："那是否就可以签单呢？"

客户还是犹豫，说要跟太太商量。高手来了一句："您觉得如果嫂子不同意的话，最大的原因会是什么？"客户懵了，因为能说的问题刚才都已经问了，自己只是想多考虑下其他品牌，但是竞品的对比，在之前的介绍中，高手已经回答得滴水不漏。因此，客户在确认完承诺的优惠和礼包都已写进合同，就完成了签字。

"故事大致就是这样，'高手'的做法在于快刀斩乱麻，逼问客户的疑虑，能解决就解决，不能解决就放弃所谓的'沉默成本'。看似逻辑清晰，但现实中，也许并不是每个销售顾问都能用，或者说不是对每个客户都适用。前期良好的沟通是基础，因为稍有不慎，直接逼烦本有意向的客户，不客气地说一句'就是不想买'，或婉转地来一句'下次带太太试驾再说'，从而一去不返。"

"还有一个有意思的说法，就是放大客户的格局，不经意间，在客户原本预算之上，描绘更高端产品的使用场景和体验，使他向往拥有该产品的美好生活，最终达成客户购买更高配置车型的销售。"

"个人的看法，这种操作未尝不可，但是对于价格敏感的客户则需要格外小心。因为他们一旦购买超出自己预算的产品，在短暂的兴奋后，会对包括产品品质、售后服务等各方面要求非常苛刻，出现问题时，产生不满情绪的幅度将远超常人，如果对产品和服务没有足够的信心，最好还是别惹祸上身。"

"各位刚才分享的案例，虽然听起来，每个案例都有偶然性，不像一些培训课程上或营销工具书上的通用技巧。其实大家可以回想一下，自己接待的客户不都是一个个独立的个案吗？"

"拆分成四个客户类型，也是便于我们分辨客户更加具有哪种特征倾向，找到更加合适的应对策略。我们只要将自己所经历的和听取同僚们的案例，从中分析总结，汲取养分，形成肌肉记忆，就能游刃有余地接待各种客户。"

……

第六节
做好交车服务，提升客户转介绍

主机厂老师在销售流程培训中，一定会多次强调，普通销售顾问的兴奋点在"报价成交"环节已经到达顶峰，而客户最开心的时刻，却在"交车"环节。两者的错峰，容易造成销售顾问服务的怠慢，引起客户的不满，为后续继续来店维修、增购换购、推荐购车、口碑宣传等带来不好的影响。

以下是根据个人经验及请教多位同僚，画出的各环节客户与销售顾问大致的心理兴奋度曲线图（图2-10），以及对应的心理变化说明（表2-9）。

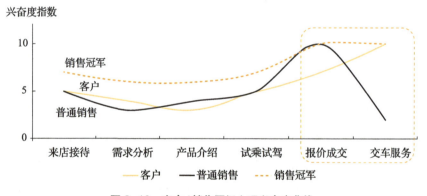

图 2-10　客户/销售顾问心理兴奋度曲线

表 2-9　客户/销售顾问心理变化说明

环节	客户	普通销售	销售冠军
来店接待	踏入目标4S店，对购车充满期待	新客户来了，不知道我能不能抓住机会	我的朋友圈又扩大了，必须拿下
需求分析	我的买车需求，真的可以解决吗	客户说的我都记下了	我要想方设法找出客户的核心需求

（续）

环节	客户	普通销售	销售冠军
产品介绍	这款车除了我说的需求，还有什么其他亮眼的地方呢	还好，我们车型都能满足客户基本需求	基本需求只是基础，核心诉求我要重点展示
试乘试驾	我想买的这个车好开么，他们说的跟实际的有没有差别	产品我有信心，对试驾专员更有信心，我准备谈价了	客户的所有产品疑虑必须全部解除，我与试驾专员配合，定能给客户最好的体验
报价成交	产品和价格都还不错，真期待能够快点拿到爱车	太不容易啦，终于成交了	YES! 又拿下一单，本月"销冠"肯定还是我
交车服务	今天就可以提车了，手续复不复杂、有没有什么惊喜、我的爱车会像试驾车一样好开吗	唉，烦死了，又要浪费大半天时间	这位客户满意了，距离下一位他带来的客户就不远了，我要做好准备，他必须是我的忠实客户

注：表中标黄底色部分，为三类人最兴奋的时刻。

从图表中可以明显发现，普通销售和销售冠军在报价成交的时候，都达到最高的兴奋点，但区别是，能够成为销售冠军的重要原因之一，是他能在"交车服务"环节保持兴奋状态，与客户再次同步。

对于为什么要让客户满意，这里就不必过多赘述。既然目的明确，那怎样才能让客户满意？

为此，我特别找到一位有10年经验的资深销售顾问小江（33岁），来共同探讨让客户满意的技巧。

小江是这家老店的第一批员工，拿销售冠军是家常便饭，重要的是他的老客户转介绍比例居然超过70%，单车利润也是远超同仁，是该店的"镇店之宝"。也就是这样一块宝，熬到两位后辈都先后当上他的领导，他却还是销售顾问。

"销售经理那点工资算啥，我每个月都比他高，嘿嘿，老师您可别告诉我老板哈。"小江冲我一笑。

"理解理解！"我竖起大拇指点赞，"今天主要是想向你请教一下交车服务。一般来说，这个令客户最兴奋的环节，却是销售顾问最懈怠的环节，想看看你这位老销售冠军，对此是怎么理解的，有什么技巧和秘诀给我们分享一下。"

"不敢不敢，我顶多班门弄斧谈谈自己的看法吧。"小江稍有脸红，"来这里之前，我在一家日系品牌公司做过两年，有幸去日本见识了真正的日式服务。许多五星级酒店都享受不到的待遇，在那里的销售店却是稀松平常，有你想象不到的各种贴心关怀、暖心惊喜、爱心照顾，因此，客户的品牌忠诚度和转介绍率都非常高。问题是，这并没有产生过多的费用，只需要多花点心思，更用心思考。"

"忠诚度和转介绍率高是什么概念，夸张点说，就是像老保险员一样，每天不用跑业务、吃吃喝喝，业绩也能蹭蹭地往上蹿。"

"销售流程七大环节，前五个环节大家都会很上心，因为不上心就怕不成交。相比其他同事，我的老客户转介绍还不错，感觉差异明显的就是您所说'交车服务'，还包括'客户维系'环节。我就根据流程顺序在几个关键点，分享一下自己的小技巧吧。"

一、预约交车及准备

当厂家反馈到车时间后，我一般会向客户至少打三次电话。

第一次电话，告知客户厂家预计的时间，并承诺会亲自认真检查，确认没问题了再预约客户的实际交车日期，确保车交到客户手里质量完好。这样做，一方面让客户感觉你认真负责，另一方面也为一些突发不确定事件留有余地，比如其他人插队等。

第二次电话，我已经确认车况，会先拿出前期的洽谈记录，试图找到可能临近的特殊日期，如客户生日、结婚纪念日、生意人的特殊吉日等，主动向客户提出建议、征求客户意见，也为后续交车仪式的布置找到主题。

第三次电话，提前一天，明确客户到店时间，说明需要携带的文件资料、缴纳的费用、大致的流程时长，在微信中发送各种资料示意图，询问同行人员，同时询问是否需要提前购买交强险，以便次日办理临时牌照；次日，预计客户临出门时，再次发送注意事项短信提醒。尽量避免因遗漏导致双方浪费时间。另外，请不要精确地将其他客户的时间预约在同一个半天内，这种看似省事的做法，造成客户投诉的风险极大。

养成良好的事前准备习惯很重要，当中就包括基础的交接单据、预备交车仪式的物件等。我习惯列一个清单，会在空闲时间对固定单据提前做成每车一份，在交车前一天会再次全部进行点检确认。

二、新车检查及增值服务

在新车到店后，我打第二次电话前会亲自进行车辆检测。检查车辆很关键（尤其是对分析型的客户），必须亲力亲为，条件允许的话，找一位空闲的售后兄弟跟着一起，对照 PDI⊖ 检测单，把它当成自家的车严格检查。解决隐患、清除瑕疵，因为这极可能就是个"雷"，轻则客户投诉，重则申请退车。

检查完毕只是基础，接下来就要开始增值服务了。对于置换的客户，我事前会记录一些旧车上的细节，对新车进行布置，如收音机频道、音响设置等。另外，我自己有一个无损音乐库，会将客户喜欢的歌曲提前复制在我们的品牌车模 U 盘上，预先插在车载 MP3 接口，并在音响打开时熄火，确保客户起动车辆就能马上听到喜欢的歌曲（图 2-11 所示的 U 盘图片仅做物品示意）。

图 2-11　汽车模型 U 盘

在预约时间前完成车辆清洁（包括洗车，但不摘内饰保护套），开入交车区，并开窗通风（这点对那些内饰气味较浓的车辆尤其重要）。

三、接待流程及使用说明

省略礼貌迎接不说，客户进店后，第一件事情不是所谓的单据交接、尾款支付等，而是第一时间让他确认车况！

跟随客户兴奋的移动轨迹，进行操作要点和卖点的再次提醒，将客户的兴奋点提前拉高。先做客户最想做的事情，就会降低对后续环节可能的抱怨机会。在这里，我会在介绍内饰的过程中，一边去除保护膜，一边当着客户的面贴上几个

⊖　PDI 指出厂前检查。

预先准备好的小纸条（如一些心形的便利贴，这是在日本学到的）。包括在遮阳板内贴上销售顾问、服务顾问、保险公司的电话，中控台上贴上音响设备的简易指引，扶手箱或杂物箱里放入简易的行车操作指南等，并在门框处贴上提示首保的透明贴。

清点车内的物品清单并确认，避免之后因客户丢失而讨要的麻烦。接下来才进行相关的手续交接和办理，你会发现过程会特别顺利，被临时要求额外赠送或质疑收费款项的机会明显降低，购买全险甚至加购汽车精品的概率升高。这就是客户在经历愉悦的验车环节后希望尽快拥有爱车，同时希望爱车更加完美的幸福心理。

四、人员介绍及交车仪式

人员介绍唯一的提醒是不要敷衍，尤其对"主导型客户"，介绍售后经理及服务顾问、保险专员必不可少，如对自店的售后车间有信心，参观一圈能提升客户的回厂信心。

交车仪式的关键：室内交车、室内交车、室内交车！重要的事情说三遍，即使没有条件的，至少有个半封闭的交车间（有顶棚）。除了能体现4S店的重视和客户的尊贵，更关键的是，太阳光下会出现"太阳纹"，特别是擦车操作不当的时候更加明显，会被客户误以为车漆"划伤"。

交车道具包括大红花、红彩带、礼炮等，各地有各地的特色，我们店特别制作的可电子显示车主名的交车钥匙可以考虑。彩蛋是行李舱的惊喜，利用气球、带字的小吊旗、加上线灯进行点缀，配合针对每个客户不同的场景设置，会让气氛瞬间极度温馨。

简单举个小案例：

客户打算在交车仪式上对女友求婚，希望我进行配合。于是我提前与他商量好脚本，布置好相关道具，并和店内一众"群演"打好招呼。

仪式前风平浪静，准备交车时，总经理和销售顾问都慢慢聚到交车区旁，这时我示意客户打开手机远程操控起动车辆。伴随清脆的起动声音，车内音响飘出悦耳的《Only you》，接着"群演"悄悄开启行李舱门，一堆气球飞出。

客户拉着一脸惊奇的女友走到车后，看到行李舱里面底部是布置成心形的电子蜡烛，中间一对情侣熊公仔和一束花，上面一行吊旗写着"××嫁给我吧！"，四周还有闪烁的线灯点缀。

接着就是客户拿起花，单膝下跪的求婚画面，"群演"们也围过来起哄"嫁给他"。女生羞涩地点头，两旁销售顾问随即扭动礼炮，掌声响起。

最后与爱车的合影之时，老板交付带有LED显示的"×× ♥ ××"的交车钥匙，同时宣布，将免费为两位提供10台婚车车队（下文会说到，并不需要什么费用），顿时让情侣二人的情绪达到了高点。

整体下来，除了情侣熊和花束需要不足100元的花费，其他交车钥匙、吊旗、电子蜡烛、线灯都是前期活动的循环利用。绝对肯定的是，经此一遭，客户未来给店里带来的售后和转介绍收益，远在百倍之上。

五、离店送别邀加群

离店送别，提醒客户各项注意事项（如最近加油站等）、预约上牌及安装精品时间等，我还有一个关键的动作，就是邀请客户加群。

截至目前，我大概累积了1000多个保有客户。根据客户的兴趣爱好，我组建了"淦饭群""出汗群""开黑群"等十几个不同特点的微信群，将每个群里转介绍最多的客户设为群主。这简直就是我御用的关键意见领袖（多为情感型客户），不仅各种聚会组织不断，还发动进行会费收取，省去我一大笔活动支出和策划烦恼。由于群主题明确，群主负责，各群的活跃度极高，我们店里的活动基本不存在冷场的可能。上文所说的婚车车队，就是我查看了淦饭群中我们的某款白色车车主有十几位，就让群主帮忙吆喝，结果立马就接龙成功，连油费都省了。

也正因如此，我的转介绍客户比例一直比较高，在2021年疫情期间，最高达到了90%。

"最后补充一句,对于交车服务,开头的自我催眠,保持与客户相当的情绪很重要。我是从日本学习回来后下决心改变,开始时每日面对繁重的工作,还去用心准备看似鸡肋的交车环节,很是痛苦。但半年工夫,就发生了明显的变化。第一,准备工作驾轻就熟,效率明显提升;第二,转介绍客户增加,省去我不少开发新客户的烦恼和时间;第三,来自各行各业的圈子人脉拓宽,为我所用,甚至在互助中节省不少营销费用。所以,我还当销售经理干啥,嘿嘿!"

"有道理,高手!"我情不自禁给他鼓起掌来……

关于交车服务,我总结的要点如下:

- 主观兴奋。憧憬做好交车将带来的美好未来,让成交时的兴奋情绪延续下去。
- 准备充分。利用清单点检,提高效率、避免纠纷,尤其是车辆的自检。
- 用心策划。借鉴日式服务,花费心思并不代表一定增加成本,却能有效提升满意度。

第七节
玩转你的客户朋友圈

一、客户维系甩手客服就是拒绝转介绍

"想象一下,在把女朋友追到手之后,把她冷落在一旁半个月不理,会有什么后果?"开始聊"客户维系"这个话题,小江给我坏坏地来了这么一句。

"嗯,话糙理不糙,果然是个大情圣!"我被逗得哈哈大笑。

"多谢老师夸奖。"小江不再开玩笑,"在过往与其他店交流的时候,我总觉得他们认为做客户维系比交车更加没动力,有些店设有400客服,直接负责客户回访,后续就基本没有销售顾问啥事了。我认为,400负责对服务效果评价的确认,这个无可厚非,但绝不能替代'客户维系',这是销售顾问责无旁贷的业务。

不然,这个环节叫'服务回访'得了,您说呢?"

"对的,我非常同意你的观点。就像你刚才举的例子,追客户的时候万分殷勤,追到手了居然还假手他人,客户当然觉得销售顾问太势利,对他不重视。客户买车认可品牌、看中车型,但更多的时候是依赖、信赖销售顾问的讲解和体现出来的诚意。就像给和尚买梳子的经典故事,能做到一等的销售顾问,卖的是自己的人品、口碑,将来无论到哪个品牌做销售,卖哪种产品,都有粉丝跟随。连'客户维系'都懒得做,无疑是一种目光短浅的低级销售。"

"我也这么认为,尤其是看到我的微信群一天天地壮大,就有满满的成就感。"

"对了,你就不怕有些客户因为一些用车时的小毛病在群里发难?"

"开始的时候担心过,觉得是一把双刃剑,但做什么事情没有风险呢?我现在是尽可能将保有客户根据共同语言细分,控制各群的人数上限,先确保万一出现负面不会传播太快。其次,群里客户也主要以吃喝玩乐的话题为主,气氛良好,顶多有人请教操作问题。而且,入群的都是我的客户,不允许群友随便拉人,我对接待过的客户还是有自信的,真有问题都会私下先沟通,毕竟买车就是基于友好信任为前提,没必要上来就让我难堪。再说了,不是你不建群,别人就不会找群,现在的客户都喜欢抱团。与其让问题发生在外部,还不如出现在自己的可控范围。"小江喝了一口水,继续说:"相比风险,好处反而不少,从已购车的客户角度,只要不是无法忍受的,4S店又爱答不理推卸责任的,别人问起用车情况,他肯定说好,毕竟是自己挑选的,不大可能在人前自我打脸,更不用说我用心经营的这些客户;从潜在客户角度来说,销售顾问则是肯定王婆卖瓜,不知道哪句真哪句假,除非周围的朋友都说好。越来越多的客户帮我主动发声,他们周边的朋友来找我购车还会少吗?"

二、一大群忠实粉丝就是这么来的

"是的,这的确是要以前期的优质服务为前提,才有底气建群。小江,你很优秀!那就再麻烦你具体说下,对客户维系环节的独特见解吧,大情圣。"对这位镇店之宝，必须挖出他压箱底的功夫。

"好的，老师，那我先从主机厂的一些个人认为不大合理的要求说起吧。"

首先，主机厂一般会要求回访频率为交车后3小时、一周、1个月、3个月、半年、一年……我个人感觉很不合理，这不让人明显感觉到你在疏远他吗？

我的操作是在交车后，再次梳理客户信息，包括联系方式、生日、行业、爱好、首保时间等，录入系统以及我的电子管理表中。不管有没有400做服务效果回访，我都至少会在预计客户到家的时候发个信息，主要问候用车情况，顺便咨询一般何时打扰比较方便，为日后的持续联系埋下伏笔。自己在朋友圈发交车照片，用@功能提醒客户。

然后，将交车照片、视频在对应群里共享（确保在首次电话回访客户到家之后，避免客户正在开车，错过群友的祝贺），热烈欢迎新车主加入。在确认客户又再次处于兴奋状态时，私信请求他在汽车之家等垂直媒体发提车贴。

如客户为转介绍购车，必须在群里@老客户，表示对他的感谢。在群里重申明面上的转介绍福利，私下另外附赠一份礼品，以体现他在我心中的特殊地位。

接下来的日子，就是放养式地在相亲相爱的车友群里互动。另外，日常的私信也会以好朋友的立场进行问候，包括提醒保养时间、生日节庆等节点祝福、天气骤变关怀、聚会活动告知等。除了首次回访，后续绝口不问用车感受，那种做法，一方面会让客户有疑虑（是否对自己的产品没信心）；另一方面，追问之下，客户被逼无奈，会挖空心思找出本来并不在意的瑕疵，当你没有合适理由解释或解答时，那就真变成问题了。

但在适当的时候，我会根据客户的专长或专业范围，找出简单的请求稍微"麻烦一下"客户，这才更像朋友间的互助，会更加促进相互感情。这也为未来客户找我，在我的专业范围"帮助"他或他的朋友选车、购车、争取福利，找到合理的借口。

另外，毕竟自己的精力没办法同时应付大量客户，因此群主的选择非常关键，前提必须是关系最铁的死忠粉，性格开朗讲义气，一般是情感型客户居多。我的每个群，基本都是转介绍最多的客户做群主。对于群的日常维护，有以下建议：

1）必有群规。条款由群主设定，内容不在多，除拒绝谣言拒绝黄赌毒之类，也可根据群特色加入奖惩条款，其一为适当规范发言，避免被封；其二也是让群友意识到此"群"非"乌合之群"，提高互动积极性。

2）仅为本人成交客户。因无法辨别群友拉人是否为竞品或其他欲行不轨之人，同时也避免单群人数过多不易管理，加群仅为本人的交车客户。

3）在群里发信息切忌太功利。善用群主帮你发声，每周店端活动在自己朋友圈公布即可，转介绍政策若无更新，通过每次新客户加入时再次提醒会更加自然且有效。

4）鼓动群里自发小聚不断。增进感情，在朋友圈积极发布活动照片，并@其他群友，提升凝聚力；店里大型保客活动鼓动参加，加深品牌忠诚，但频率不用过高，现在生活节奏快，容易造成客户负担，多次拒绝可能形成习惯。

5）分级对待。根据活跃度，将客户进行分级，对长期寡言的客户，可私信多交流。不轻易流失一个保有客户。

6）牢牢把握各群主及意见领袖是关键。

……

与小江交流"客户维系"，他的主要心得都集中在客户微信群的维护。毕竟，相比打电话还要过于在意拨打时间、客户对接听问题时没有缓冲时间容易拒绝等弊端，微信联系就更加自由和方便，我也比较推崇这样的沟通方式。

要让七大流程形成闭环，客户维系就不能忽略。试想，你的大部分新客户都由老客户介绍进店，那"接待客户"环节还用为"破冰"烦恼吗？同时，在老客户的背书下，后续步骤也更加顺理成章。

早年我在华东4S店出差时，也听过一个真实案例，说是一位50多岁的老客户，每周必来店里免费洗车、中午蹭工作餐，偶尔还会因饭菜口味和分量问题，找销售经理投诉。每个销售顾问都非常反感，销售经理倒是没有在意，一直笑脸相迎。持续大半年后，该客户居然给店里转介绍了五位客户购车。当中免费的服务与转介绍是否互为因果关系不用纠结，但保不准你的某位保有客户，也拥有这样大的能量呢？

最后，再补充几点个人看法：

- 维系客户建议以微信为主、电话为辅，但打电话切记保证脸部表情与语气同步，因为电话那头能"看"见。
- 把客户当作"上帝"，将疏远双方距离，建议以对待异地恋女友的心态对待客户，做到平时常交流，空闲可小聚，有困难互助，维持长久的好朋友关系。
- 如有客户投诉，不可做甩手掌柜，丢给售后置之不理，必须亲自全程跟进，必要时先向领导报备，展示站在客户立场争取利益的姿态。切记，被成功消除抱怨的客户，比其他客户忠诚度更高。
- "禀赋效应"决定了客户在购车后对自己的选择评价远高于购买前，想方设法将这种正向情绪长期保持，就能源源不断地带来转介绍订单。

―――― 本章结语 ――――

记得日本有一个"消灭天才销售员"的说法，大概的意思就是，将客户类型、性格等进行定义细分，有针对性的配套技巧，完全固化的销售操作流程，只要来店客户是真有需求，无论哪一位销售顾问接待都可以成交。虽然讲得有点偏激，但前提所说的，需要对客户类型、性格细分定义去寻找应对技巧，则十分在理。

这需要理论的储备和结合实战经验的沉淀，懂得观察客户，活用技巧，甄别不同类型进行针对性的推荐，达成销售也就水到渠成了。因此，建议大家在接受营销类型的培训熏陶之余，多找些消费心理学的书籍充电，联系自己在与客户沟通交流的点滴，会找到很强的关联性。

另外，再次告诫大家，销售产品的同时也是在推销自己。所谓山水有相逢，请勿为了眼前利益，使用杀鸡取卵的套路，否则不仅会伤害到品牌，还可能影响自己的职业生涯。

懂心理
才懂汽车销售

可复制的汽车销售力

第三章　策划运营篇

如果将实战篇比作 4S 店销售顾问的"武功切磋",进入策划运营篇,那就是讨论销售/市场经理的"阵法排布"。由于这两个岗位业务关联紧密,部分规模小的店会将市场经理设在销售经理管理架构之下,或由销售经理兼职市场经理。

既然这时候的您已经晋级到经理级别,我们就来看看销售经理与市场经理的岗位职责分别是什么。

综合网络相关信息,找到了如下相对全面的介绍(表 3-1)。

表 3-1　销售经理与市场经理的岗位职责对比

对比项	销售经理	市场经理
基础工作	1)主持销售部工作全面开展与管理 2)负责对销售部人员招聘、面试、管理,建立绩效制度并考核,并进行业务能力及素质培训 3)部门制度及工作标准的制定和完善 4)负责市场信息的收集、整理、分析,预测市场动态,制订销售计划和策略	1)主持市场部工作全面开展与管理 2)负责对市场部人员招聘、面试、管理,建立绩效制度并考核,并进行业务能力及素质培训 3)部门制度及工作标准的制定和完善 4)分析市场,对趋势与变化进行预估,监测竞品市场活动
关联工作	5)配合市场部进行推广、展示、促销等营销活动	5)负责主机厂、大区、区域协力会安排的广告宣传(广宣)与活动执行,自店的广宣与活动的策划与实施
其他工作	6)大客户、二级网络、水平事业的管理 7)月度销售目标达成情况分析报告,对销售的进销存管理 8)负责处理客户抱怨、投诉及其他临时突发事件,提升客户满意度 9)转达及解读上级、主机厂新政,并严格督促执行 10)完成其他上级交代的临时任务	6)监督公司市场活动产生的潜客信息建档情况,跟踪确认客户数据的真实性和完整性 7)调查客户对市场活动的满意度,及时分析活动有效性和投入产出比 8)根据主机厂、大区、上级要求,拟订市场活动年度、季度、月度计划,并上报 9)维护地方媒体关系,处理舆情

从繁杂的工作内容可见，当个经理有多不容易。我在培训茶歇期间，与那些刚从销售顾问升上来的经理们闲聊，他们都直呼老板是"大忽悠"，早知道继续做个无忧无虑的小销售多惬意。销售经理收入没涨多少，心可是得操碎。"骄横跋扈"的销售冠军得供着，屡教不懂又有玻璃心的"小白"得哄着，还要伺候那些莫名其妙的空降关系户；市场经理也是，做活动累得要死要活的不说，还有主机厂、大区、媒体等一群大神，每个都不能得罪……唉，还是以前一个人省心。

经理职责当中的基础工作，主要考验的是管理能力；而其他工作方面，更加包罗万象，涉及公关应变、任务分解、政策解读、成效把控等。但是真正与"销售漏斗"关系最大的，同时也是销售经理和市场经理之间关联最大的部分，就是第5条，这正是对应"销售漏斗"的开口工作。对于销售漏斗，由于业内没有统一的模型，我就自己凭感觉与经验画了一个，如图3-1所示。

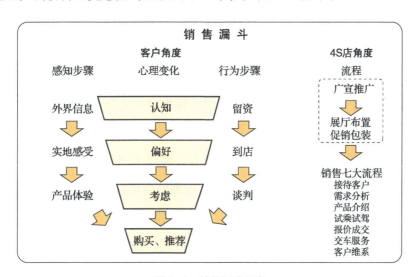

图3-1　销售漏斗示意

众所周知，基本每个销售行业，都会用经典的"销售漏斗"去规划营销行动步骤，评价营销环节质量。从图3-1可见，客户从认知、偏好到考虑过程，需要获取来自外界的信息，感兴趣的话，到店实际感受，认为产品和服务不错，才开始与4S店展开谈判。漏斗代表着每一层级的转化过程，一方面，开口越大，往下漏的就越多，这是量的问题；另一方面，客户接收信息和感受效果越理想，转化率越高，这是质的问题。因此，漏斗上端的效果是最终达成销售的基础。而这部分工作，也就是虚框内的广宣推广、展厅布置、促销包装等，是销售经理、市场经理最核心的工作之一（更多的应该是市场领域）。

那么接下来，我们还是聚焦到这三方面，看看有什么主机厂例行培训之外，可以实现"销售漏斗"开口的更多量、更高质的技巧。

展开技巧描述前，先做一个简单的提示：无论是销售经理还是市场经理，建议都要养成数据分析的好习惯。

在销售经理职责中有一条："负责市场信息的收集、整理、分析，预测市场动态，制订销售计划和策略。"市场经理中也有一条类似的说法："分析市场，对趋势与变化进行预估，监测竞品市场活动。"

无论从主机厂的4S店运营手册，还是招聘网站上的销售/市场岗位职责，都有对市场数据分析的说法。我相信各位经理会不定期地观看一些市场报告，让下属提供一些分析报表，但事实上，有多少经理会定期进行主动分析、了解数据分析的意义所在甚至自己动手处理数据？

同时，仅有部分主机厂，会在适当的时候提供一些分析报告供店端参考，但一方面内容的大部分篇幅是对全国市场，因为中国地大物博，不可能对区域有深入分析；另一方面，提供的报告，多数带有目的性（用于营造乐观形势、提振销售信心、鼓舞团队士气等），报喜不报忧，展现的角度存在一定的片面性。

数据分析是经营决策的基础，若仅基于自店数据，无异于井底之蛙，看不到差距和趋势。建议向主机厂申请每月的上险数据，自行分析。当中有细分到上险每辆车（除用户资料外）的关联信息，包括车型级别、价格、派系、品牌、省份、城市、县区等，可以根据不同的分析方法进行组合。宏观来说，有助于把握市场形势、了解市场容量、找准自身定位，为决策提供依据；从微观来说，能够圈定核心竞品、发现市场机会、做出准确判断等。如果分析得当，还有额外惊喜。比如，你在经营某自主品牌，看到下属某县区销量增长较快，但相对周边地区的派系份额，自主比例明显偏弱，证明潜力较大，就可以针对性重点开发。

关于4S店的数据分析完全可以开一门课程，介绍如何积累和获取数据进行组合分析，提供相关的手法，说明相关分析背后的作用和意义。如果本书能有幸被主机厂领导阅读，对店端展开培训，甚至设计固定模板，更新数据源即可获得结果呈现，将对店端能力与终端提升有极大帮助。

第一节
广宣推广就要聚焦精准高效

广宣推广，说白了就是通过各种形式的媒介，向大众传递品牌/车型信息，提高知名度和美誉度，为客户提供来店的理由。可以通过媒体宣传，与消费者互动，包括户外、电视、报纸、杂志、广播、网络、新媒体等。也可以自行策划，主动出击，像外拓活动、地推扫街、商场展示等，还有现在常被提起的异业联盟。

一般来说，主机厂都会给予一定比例的区域投放和活动费用，但面对种类广泛的媒介，只是杯水车薪。4S店就更加在意投入产出，像不能立竿见影，或难以衡量效果的投放，预算肯定少之又少。

在有限的资源做到效能最大化，"聚焦、精准、高效"是原则。那么接下来，我们对几个大类粗略讨论一下，看看不同媒体的特点、成效、性价比。

一、户外媒体

户外媒体，也就是公交、地铁、机场、楼宇、电梯、大牌。无论社会怎么变化，它们都会长期存在，顶多是从印刷转向数字，甚至未来的全息等。投放这类媒体，会在其所在的特定场所内，长期刺激同一批人群，强迫式地在脑海里形成信息印记。这对于起步阶段的品牌作用比较明显，但费用较高。一般情况下，作为新品投放、新店宣传或新市场开拓使用比较合适，也最好能说服主机厂补贴投放。

不过，作为二级网络下沉的利器，乡镇"刷墙"倒是必须重视的。有位二级网络经理提供的经验有两点，首先口号必须是朗朗上口，通俗诙谐的，比如"××在你手，全村跟你走""东风吹、战鼓擂，我开××我怕谁"，让人觉得有意思，还会二次传播；其次是找准合适的点位，租一个季度，顶多半年，多数时候新广告替换的频率并不高，到期后也懒得去刷白，所以有很大概率能多吃更长时间的"免费午餐"。

二、电影、电视媒体

这里分两种，一是影视剧的植入，这不可能是4S店能够承受的，但如果主机厂正巧有，那必须做好承接，将效能最大化；二是在电视广告投放，虽然在影响力大的电视台投放广告，4S店会比较吃力，但某些低级别城市电视台，会屏蔽原本热门电视频道的广告，替换为本地广告，费用相对较低。但近年能老老实实坐在电视机前的客户开始大幅减少，性价比高不高，则需要结合当地受众情况而定。

三、报纸、杂志

在网络、智能手机未全面铺开的时代，纸媒是人们接收信息的重要工具。而今，虽然传统纸媒的影响力在下降，但却更加聚焦。尤其是对应政府采购方面，提前了解相关单位内常见的地方纸媒，针对投放或者夹带内页，效果也不错。

四、广播电台

这是遭受冲击相对较小的传统媒体，毕竟依然有较多的受众有听新闻、听直播节目、了解即时路况等需求。尤其目前广播电台也随着网络时代变化不断转型，知名主播在各种媒体露脸，影响力也在扩大。在车内视觉观看受限的环境下，收听几乎是驾驶人唯一安全地接收信息的途径。"中国之声"这类电台的费用不是4S店能够考虑的，但找到有影响力的地方电台，并与其加强相互合作关系，在店庆、上市、车展等重要活动做预告宣传，也是可供考虑的选择。

五、搜索引擎

这几乎是每日必用的媒介，是我们获取精确信息的首要工具。投放费用的规则也直接，关键词谁给的价高谁的排名就会靠前，按点击量收费。对于热门的关键词，如"奔驰""宝马"这类品牌词，4S店那点预算无疑是往大海中扔小石头。有位资深的市场经理以某度为例子，给出了以下技巧：

1）提高质量度。质量度反映的是网友对于关键词以及关键词创意的认可程度，包括点击率、内容的质量（是否有用、有趣、创新等）、该账号的表现（账号内其他关键词的表现等）等。在同一排名上，质量度越高，需要点击价格就可以越低。

2）精确关键词。打个比方，网友在搜索"游侠"的时候，既有一款游戏，也有一家汽车企业，如果为其加上一个注释，比如，您是美国费城"游侠汽车"的经销商，关键词为"费城游侠"会更精确一些。这里仅做举例，未有任何褒贬意思。

3）关键词的选择。选择一些人们熟悉的字眼，但其他基本不会采用的，如谐音词等。大家可以尝试以"城市名"+"品牌"汽车，比如"××未来汽车"、"××传奇汽车"，就可以看到不同的结果。这里涉及每个品牌的投放策略差异，就不做深入说明，各位看官理解就好。

六、垂直媒体

我们熟悉的汽车之家、易车等，是4S店网销线索的主要来源渠道。不同主机厂也会通过"年框谈判"给予4S店相对优惠的采购价格，也有不同比例的费用补贴。除了点位投放外，当中的论坛部分则会对口碑维护和宣传推广产生至关重要的作用。

七、社交媒体

微信、抖音、微博等，已经成为人们生活、娱乐的必备工具。对于投放，可以花费很高，也能免费运营。特别是抖音、快手等短视频，成就了很多品牌和产品迅速变成网红的神话，特别是快消品。社交媒体也基本是目前4S店最重要的营销推广阵地之一。

八、商超外拓

进入存量市场，还一味只想着坐店营销的4S店，无疑是自寻死路。于是，商超展示、外拓地推等被视为获取线索和客流的积极手段。理论上，客流大的商超获取留资的机会可观，但费用也更"可观"，像各地的万达中庭等，没有主机厂的支援，单店承担很吃力。因此，更多会采用社区展、各种集市地推、县乡巡游等相对低成本的外拓方式。成功与否，与前期的分析、选址、策划密不可分。

九、异业联盟

诸多主机厂看似光鲜的跨行合作，其实当中多数都是单方面支付"广告费"的纯粹交易行为。但有意思的是，作为相对弱势的4S店，却更容易促成纯粹的异业合作，达到扩大影响范围、降低运营成本、带来额外流量、提高市场竞争力等效果。最主要的是费用更低，甚至免费。

必须声明，媒介操作并不是我的强项，因此，以上多数花大钱的部分，我不敢在此班门弄斧。但正如整天苦思冥想，如何将一块钱当十块钱花的市场经理一样，我也比较喜欢研究这些廉价、免费却高效的技巧。接下来，我尝试从客户心理角度，聚焦低投入高产出的短视频、外拓、异业联盟三类推广，找到一些少花钱甚至不花钱，还能事半功倍的做法。

第二节
如何提升抖音号关注度？

在短视频火爆的当下，抖音、快手等头部媒体已经成为大众消遣娱乐、分享生活等的必备工具，自然也成为重要的营销推广媒介。特别是疫情严重的 2020 年，短视频平台成为大家"宅家苦中作乐"的热门 App，也是各大商家争相比拼的战场。

关于相关规则，包括上热门的条件，完播率、点赞率、留言率、转发率这些关键参数等，包括账号的设立，如何进行拍摄的手法，在负责任的主机厂培训资料中应有涉及。既然目标是在抖音让更多人了解和关注品牌、产品，乃至为 4S 店引入更多的客流，那么我们接下来就着重研究一下，如何提升关注的技巧。

一、大小号

一般来说，主机厂不定期都会发布各类车型或活动的视频，需要 4S 店配合宣传扩散，频率也越来越高。若 4S 店抖音号完全只发布这类视频，基本不会引起太多的关注，还与原有店端拍摄视频的风格不搭。

若不想每次都结合本店人设重新编辑，建议另外建个小号，用于发布店端特色的内容，可以相互导流。在小号慢慢火起来后，反哺大号。比如，大号的定位就是发布厂家视频、店端活动、车型讲解、服务呈现等相对正式的内容；小号则是 4S 店趣事、才艺展示、段子演绎等更容易吸引眼球的视频，形成有效互补。这样就不会让自己辛苦策划和拍摄的成果，因当中间隔不搭调作品，让部分客户感觉不连贯，打消翻看的念头，尤其是处女座的客户（我不会告诉你我就是处女座的）。

二、傍大 V

近一年来，有一位"机车美女"在抖音上迅速蹿红，不到一年的时间，粉丝已经过千万。这位美女在抖音上的成功原因，我觉得姣好的面容和魔鬼身材，只是很小的或者说是最基础的因素，她与多位千万级粉丝大咖的频繁互动，应该才是最关键的原因。

粉丝不存在"专一"的说法，喜欢张学友，不妨碍他也爱听郭富城的歌，能关注美食达人，同样也可能爱看健身、游戏、美容类的视频。而且，几位头部大咖，如某哥、王×锤、×LOGO、沙×等（这几位分别是汽车大咖、象棋高手、高端消费体验员、影视明星），经常相互出现在对方的视频中，甚至分别是以不同角度进行拍摄，让人同时看完几家的视频后有身临其境的感觉。而且，他们相互在对方的置顶评论中互动，引导观众互粉。近一个月，我是眼见有三个乒乓球类的账号，每次视频在得到上述象棋高手"王×锤"在评论区的互动后，粉丝从30多万迅速涨到200多万。而他们四人的共同点，就是隐藏高手的实力，向路人挑战。

因此，4S店自有的人脉，各种活动邀请的嘉宾、媒体、KOL⊖、网红等，都是可以作为账号导流的源头。邀请大V上传活动视频并@4S店，4S店的视频@大V；邀请大V在评论中互动置顶；参与到大V活动，拍摄视频等。除了涨粉外，大V还可为4S店背书，在客户心中营造的"权威心理"，对提升自店品牌实力也有较大的帮助。

三、导异业

与傍大V类似，4S店在展开异业合作过程中，也别忘记互关与互动，最好能不定期进行人员、场地的互换拍摄，达到共同涨粉的效果。

举个例子，吃完广州酒家的午饭，来广汽本田的4S店买雅阁，顺便喝一杯喜茶，这样的客户消费场景，相信以上三家都希望看到。

四、蹭热度

有段时间里，某新能源汽车品牌遭遇"刹车门"事件，上了热搜榜首。后来，仅看各种评论类的、测试类的、翻拍类的、段子类的视频层出不穷，吃瓜群众看得也是不亦乐乎，这就迎合了客户的"看热闹心理"。

热点事件会引发人们的关注、转告、评论，如果脚本设计理想，形成系列章

⊖ KOL指关键意见领袖。

节，让看客"关注不迷路"的目的就达到了。

还有另类的一个例子，邯郸某高端品牌的 4S 店，在一年多前遭遇一次公关事件，大致是该店女老总与客户相互对骂的事件，当时造成不大不小的负面影响。但现在，在抖音搜索上，已基本没有该事件的视频，而该店的粉丝量却涨到 10 万 + 的水平。

五、定人设

曾经同行介绍给我看一个商丘某自主品牌的 4S 店账号。该账号从 2019 年 9 月开始一口气更新一个连续 6 集的作品，可能感觉不温不火，有点泄气，接下来的近半年都没有动作。直到 2020 年 2 月，可能由于疫情，大家都比较空闲，该店重新开始用心运营，两个月时间，在没有外力的助推下，粉丝量从几百一路上升，突破 10 万大关，多个视频拥有上万的点赞量。

该店明确了演员人设，让每位"演员"都有鲜明的特征。常听错优惠幅度给极低报价的"耳背妹妹"，专业人肉演绎汽车性能的"壮壮"，喜欢整蛊销售顾问的"矿总"……账号围绕着 4S 店的日常业务以及当下市场情况（疫情下的惨淡），全部由店内人员策划并演绎多个不同系列，让观看者欲罢不能。

而另外一家同样在 2021 年突破 10 万粉丝的同品牌店，主要的演员却只是一位模特身材的美女。涨粉效果虽然明显，但有两个问题，第一，观众多数在讨论美女的长相，而非剧情或 4S 店；第二，若该美女离职，该账号的热度将直线下滑（该店有少数的几个无美女拍摄的视频，点赞量未超过 50）。

因此，建议 4S 店为团队每人打造不同的人设，包括包装过的外形、特长、标志动作、声音（方言）、才艺、风格等，并搭配独有背景音乐、专属口头禅或开场白、结束语等加深品牌属性印记。这种视频以略带夸张的剧情，演绎贴近生活的日常，利用观众的"共鸣心理"，引发更多的关注乃至分享。

对于用美女吸粉做法也并无完全否定的态度，如果店内就有现成的资源，当然不能浪费，比如戴上口罩拍摄，营造"犹抱琵琶半遮面"的神秘感，一方面避免观众审美疲劳；另一方面还能吸引更多客户到店一睹芳容，岂不乐哉。

六、会创新

常刷抖音的小伙伴，会经常看到相同的脚本，被许多不同的账号翻拍。如果偶尔因为蹭热度还可以理解，不过长期抄袭将可能丢失自己好不容易沉淀的风格。但一直保证完全自创，专业团队都会灵感枯竭，何况业余人员。

这里提出几点建议：第一，可以尝试从情感类或生活类的网络小说中找到灵感，推出系列作品，并利用类似美剧式结尾带来悬念；第二，蹭热度的复制也要将自身原有的风格进行传承，最好能加上一些意外、反转、新奇的元素，如上面所说的新能源车"刹车门"的段子式翻拍基本千篇一律，但其中一个视频，却是用非该品牌的车，故意贴上该品牌标识（LOGO），然后用来防止"碰瓷"，相当于一条视频包含两个大梗，很有意思；第三，可以看看海外版的短视频App，不同文化背景下的作品将使你的思路豁然开朗。这样，通过不断创新，满足更多粉丝的"追剧心理"，提高账号的吸引力和粉丝黏度。

七、稳频率

上面说到的商丘4S店账号，据说最高峰已经达到30多万粉丝，在单店账号中绝对算得上中上水平。但该账号从2020年9月后基本处于断更状态（据说是团队整体跳槽，天哪！），后续要么直接转发厂家视频，或者偶尔来几个自创作品，但质感已经大不如前。点赞量从之前的每条至少4位数，到后期突破20个都困难（怀疑都是自己人捧场），粉丝也降到了只有10万，评论互动更是少之又少，让人感到非常惋惜。这里不去评论该店人员跳槽的问题，从频率的角度看，到底多长时间更新一次比较合适？我特别对十几个粉丝量过10万的4S店账号进行统计。

（1）起步阶段

即零到一万的粉丝量时，基本1.3天左右一条，频率快、时长短，但"梗"非常有趣或打动人，主要体现在主角的"金句"。有位网红大咖在教学中说到，起步阶段用"7"秒短视频、热门文案和火爆的背景音乐，既能聚焦重点，也能提高完播率，容易上热播。

（2）到达三五万粉丝量

大致在 2~3 天一条，内容开始丰富，多使用系列片、故事线等方式呈现，时长也在 1 分钟以上，符合各演员人设的才艺、表情、动作等，演技成分在脚本的基础上开始展现；关键在于开头的精彩瞬间吸引观看，以及结尾的反转或悬念让观众感到意犹未尽。

（3）到达 10 万 + 的账号

10 万 + 的账号运营会开始有所不同，部分会延续之前的频率和内容风格，有的为了丰富题材会出圈，与更多的各界 KOL、异业联合共同商议脚本，注重产出品质，大致 3~5 天呈现一条，当中的空白期，会穿插一些前期视频的花絮进行点缀，也有很好的效果。暂未发现，目前运行正常的优质账号，更新频率会长于一周。

八、勤种草

疫情之下，直播带货瞬间大热，一时间，没当过主播卖产品，都不敢说自己是合格的销售。不过，相比各种快消品直播动辄上万的销量，至少目前，我没有发现哪个汽车品牌能够依靠直播实现现场大卖。毕竟相比于价值低的快消商品，购车试错成本过高，即使对比价值更高的楼盘，其"地段"这一排他性优势就能精确定位当地刚需客户，拉到仅讨论价格、优惠的范畴，而购车，客户需要考虑和影响决策的因素非常多，加上各路大咖不厌其烦地为汽车销售"套路"现身说法，将普罗大众培养得更加"理性"与"谨慎"。

因此，种草才应该是 4S 店运营抖音账号的首要目的。不经意间，在日常视频中，通过有趣的剧情，将优惠幅度（类似上述耳背的销售顾问）、参数配置（人肉演绎车辆性能的壮壮）等信息传递，再通过阶段直播，为即将到来的线下活动预热，并在直播间中限时赠送到店领取的福利，实现线下的有效导流。

> **小结**
>
> 没有哪个平台能长久不衰,但短视频平台作为时下的风口,专家预测,至少能持续3~5年的火爆。在运用本节内容掌握从客户心理角度出发的技巧外,了解平台本身的一些套路规则也非常重要。
>
> 比如,企业认证账号发布营销内容会被打压;12:00—13:00为日间活跃高峰期,18:00—23:00为夜间活跃高峰期,适合发布;重视完播、点赞、评论、转发率,视频发出要求全员行动,争取更高流量池才有机会上热播。

第三节 这样做,能让外拓事半功倍

4S店如何开展外拓活动,在主机厂培训教材中会提供详细说明。外拓活动事前需要了解目标地点合适的人流时段,策划时需要设定鼓舞士气的内促政策,明确目标后进行表单管理;事中严格按分工计划执行并记录;事后复盘,总结改善。但经常会发现,接受同样的教育,不同城市的店,或者同城不同店,效果都明显参差不齐。下面以社区定展为例,看看优秀的4S店会有哪些不同的做法。

一、明确品牌定位

本篇开头部分有提及数据分析的重要性,通过战败分析及区域市场数据,能把握核心竞品;通过保有客户信息,了解主要的客群特征及地理分布;通过置换车型,了解主要升级购买的来源车型;如果有资源,跟车管所的朋友聊一聊,会有很大收获,至于问什么,你懂的……这些基础信息的合集,能够合理校正主机厂下发的品牌及各车型的定位信息,是策划各项推广活动的信息基础。

二、找准目标场地

场地的挑选对活动的成效起到决定性作用。

建议步骤：一是明确本次活动的主销车型；二是根据主销车型保有客户及竞品信息，圈定社区所处地理位置的大致范围；三是挑选范围内的几个社区，与物业主管从投放社区灯箱电梯广告为话题起点，展开深入交流，尽可能获取更多信息（总户数、空置率、年龄比例、社区人群活跃时段、社区汽车总量及品牌明细、历史活动案例等），并对周边商铺进行实地考察；四是从中选取客群目标契合度与性价比最高的社区，必要时与商铺展开异业联合的沟通。

三、花心思选礼品

常常发现 4S 店对礼品的选择非常随意，划一条价格线，上淘宝一搜完事。比如留资礼，就一个特点——便宜。要想到，"蚊子腿也是肉"，与其为送而送，不经大脑地随意挑选廉价礼品，还不如折现给销售顾问买红牛来得实用。

在这里没有提倡大家买贵的想法，建议从目的出发，结合客户心理，再考虑礼品的选取。就拿留资礼为例，我们的目的是希望得到更多的留资信息，同时让更多的人知道我们的品牌。那么首先，留资礼就要满足客户"想要"的需求，走过路过，会被吸引驻足，产生愿意用电话号码换取免费礼品的想法；其次，留资礼要比较"耐用"，如果礼品用一下就坏了，那就缩短了客户接触礼品上我们预留信息的时间；再次，留资礼还要保证客户"不丢"，部分礼品即使"耐用"，也会因为"玩腻了"被丢弃，也就宣布失去"提示"客户的功能。

这里举几个相对理想又实惠的例子供参考，如"3D 木质机器人拼图模型""便携螺丝刀套装""手摇式充电器"，如图 3-2 所示，批发定制价格都在 2 元左右，这些是在阿里巴巴平台搜索到的示例图片。要在礼品合适的位置打上 4S 店的信息，在客户长期使用或观赏中持续被露出。

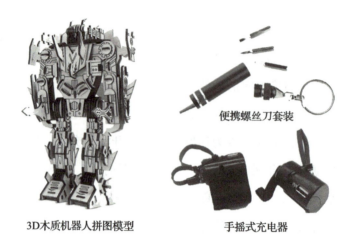

3D木质机器人拼图模型　　　手摇式充电器

图 3-2　礼品示例

四、用心设计单页

根据不同场景或目的，如定展、外拓、车展等，负责任的经理需会设计不同宣传单页（DM 单），确保活动信息的有效传递。以下是来自一位资深市场经理的经验之谈：

（1）突出关键

现实中，一般客户对随机获取的宣传单页，视觉停留的时间基本不超过 3 秒。将最关键的信息，通过最吸引客户的方式呈现是需首要考虑的问题。这与活动主题关系密切，无论开业酬宾、岁末促销、活动预热，直接的方式就是将关键词句适当包装、润色，并加粗、放大、改色以及更换夸张字体，并在周边加上特效点缀，以突出需要客户关注的视觉重点（效果就像网页上的标题党，让人深恶痛绝，却又忍不住点击观看一样）。切忌多种"关键"信息并存（有些市场经理恨不得把每个车型的卖点都加粗放大），多重点就是没重点，即使客户礼貌地接过，也会在扫了一眼后感觉眼花缭乱而丢弃。

（2）合理排版

与关键词同样重要的是排版，关键词第一时间让人对主题注意，而排版则是吸引眼球继续在宣传单页上停留更长的时间。关键词与核心内容一般在中间或偏上的位置。理论上，让人舒适的阅读方式是从上至下、从左至右、从大到小，实在需要圆弧式呈现，也尽量以顺时针为方向。

切勿标新立异地挑战人们惯有的阅读习惯，我就见过不少沾沾自喜后被现实打脸的案例。

（3）内容精炼

再次强调明确我们发宣传单页的目的，不是介绍公司，不是培训产品，只是为了吸引客户留资，勾起客户到店的兴趣。

建议以下面几点为原则，一是能用图的尽量不用文字；二是能分段的尽量别用一条长句；三是能当面或到店详细说明的尽量不要展示。

另外，内容逻辑非常关键，也就是让人们先看什么再看什么。这里建议可以套用客户购买逻辑的"五个问题"来规划，请看表3-2。

表3-2 宣传单页展示内容的逻辑顺序

序号	客户问题	DM展示	备注
1	为什么要买你们品牌	品牌荣誉、奖状、销量排行、口碑、KOL感言……	展示最能打动老百姓的理由，建议不超过3个
2	你们品牌的车有什么卖点	本次活动的主销车型（不超过三个）的关键卖点，突出优势数据	展示关系老百姓最大痛点的优势之处，建议在1~3个
3	为什么我现在要买	展示活动主题，含优惠力度和活动时间段	这是最吸引人的地方，如限时优惠、限量大礼，需要重点放大加粗+图片
4	到哪可以买到	展示4S店地理位置、联系方式	配上以店为中心，包含该社区的地图展示，以及到店方式
5	为什么要到你们店买	4S店荣誉展示，包括主机厂、当地协会、知名媒体等授予的奖状……	4S店实力背书，如全国十佳服务店、××地区诚信经营企业，突出专业、诚信与优质服务，提升客户购买信心

以上内容是宣传单页给客户展现的逻辑顺序，同时也是最大限度的内容范围，可做适当的删减调整（如在每张宣传单页都装订上销售顾问的名片，背面就有地图显示，在宣传单页中就不用重复展示），但不建议添加。

（4）设计实用

下面展示两张风格差距较大的房产销售宣传单页，如图3-3所示，图片来自楼盘宣传单页拍摄，仅做风格对比，请各位看官细品。

要知道，宣传单页是用目标人群想看的方式，呈现我们想让他们看到的内容。宣传单页不是艺术品，不需要客户以欣赏的目光去观看，怎么实用怎么来。还有一位老师的说法更加直接，"一张成功的宣传单页设计，就是让非目标客户不接，目标客户留下"。

a）示例一　　　　　　　　　b）示例二

图3-3　不同设计风格的楼盘宣传单页

（5）增加彩蛋

虽然上面说到，主要希望的是让目标客户留下宣传单页，但如果拿了宣传单页的非目标客户，打消了原本打算丢弃的念头，那就增加继续传播的机会。性格测试、星座讲解、棋盘小游戏等是常用的方式。

某店别出心裁地印上几道与汽车相关的智力题，客户可以通过扫码留资，关注店端公众号就能获取答案，并有相关到店礼，效果不错。

至于宣传单页的设计美感的问题，属于艺术表现范畴，就不再赘述。

五、有展示有互动

既然外拓就是要留资,与其四处找客户,不如吸引客户围过来。因此,除了物料展架,展车及互动也需要重视。

(1)展车方面

常规的做法是摆放主销车型,建议对展车进一步包装,考虑使用涂鸦、车贴、改装车等形式,增加外观吸引力。内饰可以使用时下流行的"轻改装"套件进行装饰(安装极其方便),体现时尚潮流气息,还有机会增加汽车用品的销售机会。

(2)互动方面

除了有主机厂支援,大多4S店是不愿多花演绎费用的。建议店内备有2~3套可爱的人偶套装(熊本熊、皮卡丘等),现场可以有多种方式,如发传单、拍抖音、与小朋友互动,甚至上演人偶"互动",都很容易引发围观。

另外,积极通过区域向主机厂申请篷车资源,能进一步丰富互动手段,闲时大屏播放宣传视频,兼职主持人阶段性通过大屏和舞台开展互动游戏、介绍活动信息、进行有奖问答等。

六、合理规划时段

我在自家小区门口就见过一家4S店失败的社区展。

一个周末,我早上八点多出门,三五个销售顾问满脸微笑地积极给寥寥无几的居民发传单,下午四五点回来,这些人全部面无表情地躲在篷房下玩手机……这不是销售顾问的懒惰,而是策划人没有提前规划的失误。

在踩点阶段,对目标社区包括但不限于物管、商铺服务员、保安、流动小贩等进行调查,了解不同时段的人流情况,最好能亲自蹲点。根据这些基础信息,分时段展开工作,例如,在人流稀少的时候,预留少量新人就地发单,经验丰富的销售顾问可对周边商铺展开合作洽谈(转介绍、活动支持等);人流多的时候全员集中现场,阶段互动表演;社区停车场,业主车辆基本回归后,安排人员对目标车型(有置换潜力的车型)放置宣传物(如"停车请多关照"的硬纸片,背面可打上自店的联系方式及免费评估并领取好礼的信息)。

在客户更愿意接受的时间，以客户更乐于接受的方式，传递客户更感兴趣的信息，能够提升活动成效，事半功倍。

> 不难发现，以上六点都与前期准备密切相关。强烈建议各位销售/市场经理不要偷懒，对于每次外拓，物料、展品、政策、礼品、分工、互动、KPI（关键绩效指标）等都要针对目标做专属策划。你会发现，完善的前期准备就是团队的"鸡血"，在合适的时间，用合适的工具，做合适的事情，一切按部就班，将高效提升销售顾问的积极性和成就感，促进良性循环。
>
> 磨刀不误砍柴工，打没有准备的仗，再精良的部队也会败下阵来。

第四节
异业联盟还能这么玩

异业联盟大家并不陌生。

百度百科上的定义：异业联盟（Horizontal Alliances）这个名词，如果从英文字面上的原意来解释应为"水平结合"。顾名思义，指产业间并非上下游的垂直关系，而是双方具有共同行销互惠目的的水平式合作关系。凭借着彼此的品牌形象与名气来拉拢更多面向族群的客源，借此来创造出双赢的市场利益。

异业联盟，可以是不同行业、不同层次的商业主体的联合，也可以是同行业各层次不同商业主体间的联合。联盟的商业主体之间，既存在竞争，又存在合作。合作共赢，是异业联盟各商业主体的共同目标。

相信每位有想法的4S店销售/市场经理，都尝试过异业合作。最常见并有效的做法，就是与店端周边的商户开始，比如茶叶市场、红木家具城、餐饮、酒店、娱乐场等。一方面能够通过合作方增加来店客流，在促销活动中，也能有低折扣甚至免费的礼品来源；另一方面，店端的保客活动，也可以有更多丰富的活动选择，比如，去红木家具厂参观，听红木知识讲座，能够大概率产生销售机会，合作方自然非常积极配合，甚至连店端的交通、食宿、物料等活动费用都节省了。对于客户，能在4S店领到礼物，去家具厂长见识，还能享受实惠的出厂价格。这绝对是实现三方共赢的好办法。

因此，主机厂培训教材中，也多有此类案例展示，基本为类似上述来自"不同行业"的合作，而鲜有"同行业不同层次"的联合。毕竟不同行业的谈判，由于不涉及相互竞争，达成协议的成功率高，成效也不差。

我们梳理一下，对于4S店来说，"同行业不同层次"有哪些？像汽车美容/维修店、二手车行等就是最典型的对象。对于汽车美容/维修店来说，本来就是跟4S店在抢售后生意，利用地理优势和价格优势，在保养维护和简易维修领域分一杯羹；而二手车行，做的是收、卖二手车的业务，比如相同价格，客户在这里能买到更高档的车，与4S店竞争关系更加直接。

正因如此，这些同行的"客户资源"才对4S店最为精确、最有价值。下面将讲述一个与汽车美容/维修店异业联盟的策划案，源自我爱思考的上司"靓哥"几年前的想法，后续由本人制作成指引推广，在部分不怕麻烦、认真执行的4S店中获得成功。其中，关于美容店老板的商谈话术是核心，尝试把该老板当成客户，利用互惠、占便宜、害怕损失等心理，达成联盟协议。

该方案的核心想法，就是将4S店原本业务量较少的（美容打蜡等）、不挣钱的（洗车等）以及大多属于外包的项目（贴太阳膜等），作为筹码，换取目标汽车美容店的潜在置换的客户资源。

首先是前期准备部分。

第一步，外拓的前期分析，找出自店保有客户相对集中的几个区域；第二步，在目标区域中，勘察汽车美容店，对客流量、饱和度、便利性、店面档次、设施功能等进行综合评估对比；第三步，准备相关需要合作店展示的物料，包括但不限于横幅、易拉宝、海报、桌卡、吊旗、桌贴、宣传单页等；第四步，明确相关推广礼品及销售政策（图3-4），如赠送印有店端广告的纸巾盒，设计"推荐客户的购买礼券"，以及转介绍、置换客户、新客户等政策。

对合作方推荐客户的奖励政策（示例）					
序号	客户来源	推荐项目	积分奖励标准	备注
1		新车新购	1000 分 / 辆	/
2	汽车美容店	保有增购	1000 分 / 辆	/
3	专业洗车店	以旧换新	2000 分 / 辆	任何品牌置换本 4S 店车型
4	维修保养店	品牌车维修	产值分 *10%	按产值 1 元 =1 分计
5		参与活动	10 分 / 批	响应本 4S 店发起的活动

说明：1 分 =1 元，每月一次按总分兑换等值油卡或现金

本 4S 店推荐业务给合作单位的效益分析（示例）					
序号	客户来源	推荐项目	计算方式	网点对外结算价	成本预估	本 4S 店推荐话术
1		车辆精洗	次	25 元 / 次	15 元 / 次	××网点洗车 20 元（本 4S 店承担每月 2 次费用）
2	本 4S 店推荐	内饰翻新	车	面议	结算价 50%	
3		全车打蜡	车	150 元 / 车	60 元 / 车	××网点打 88 折
4		贴膜改色	车	面议	结算价 80%	

将较少在店内直接作业的业务，与美容店合作，分成具体与网点讨论

图 3-4　同行业的异业联盟政策示例

前期准备完成，接下来上门洽谈，以下介绍模拟话术。

一、引起注意

Q：×总（汽车美容店店总），您好！我是××4S店的销售经理，听朋友说，贵店的车辆美容等生意做得很好。

A：还凑合，你有事吗？

Q：今天拜访您，是有个合作的想法。简单来说，是想把在贵店周边3公里范围内，我们店的保有车主推荐给贵店，通过双方合作，能为您带来更多的业务和收益。能否耽误您10分钟时间，介绍我们的合作计划？

A：我现在很忙，现在没空，下次再谈！（争取双方交换名片，约好下次洽谈时间）

Q：好啊！有更多生意做当然好，过来喝杯茶吧。

A：……

二、挑起兴趣

Q：其实，早前我就是从美容店出来的，虽然看上去 4S 店和你们好像存在竞争关系，但研究了一下，还真有可以异业合作的机会。可能每个月能给您这里增加 2 万元甚至更多的收益。

A：真的吗？说来听听。

Q：我先给您算一笔账吧。对了，您方便透露一下，贵店上个月的来厂台次，还有店里饱和状态的台次是多少吗？

A：我们 3 月共有 721 台来厂，满负荷的话，接待 1000 台应该可以应付得来吧。

Q：了解，我们 4S 店现在一共保有 2000 台的客户，在贵店 3 公里范围的客户大概有 80 个左右，我可以把他们推荐给你们做美容打蜡等业务；同时我们店平均每月能卖 150 台车，对于在你们店周围的新车用户，贴膜业务也可以介绍给你们。因此，保守估计每月给你增加 30 台左右的来厂，单台平均 500 元的业务，也至少有 15000 元了吧。这还不算洗车业务呢。

A：有点意思……

三、持续加码

Q：更有意思的还在后面。您刚才说，上月 721 台的来店，有多少车是 12 万元以下的？其中车龄在 3 年以上的有多少？

A：我查下系统看看……有 355 台是 12 万元以下的车，车龄 3 年以上大概 150 台的样子吧。

Q：我手头上现在有一些券，免费提供给您，您可以卖给这 150 个车主，1 张 20 元，只要他们开车到我们 4S 店里做一个免费二手车评估，我们就送他一箱红牛。这样客户有实惠，成功率很高，你们也能有收益。开开口，一个月就能多挣两三千元。而且，如果真的产生了置换业务，我们每台车会返还您2000元。按3%来算也有4~5台,那又多了10000元的收益了。

A:这个点子看起来不错。

Q:当然,对于贵店其他的来厂客户,如果他们有增购或者介绍其他客户购车的需求,您也可以把这个券卖给他,等于20元抵用300元的购车款。同样,成功购车,我们也会给您每台1000元的返利。还能带来多少收益,就看您的人脉了。另外,为了保证您的收益,这片区域的美容店,我现在只找您聊了这件事,如果您同意合作,我不会在周围再找第二家,您认为如何?

A:OK,那有什么我们要配合的?……

四、协议达成

Q:我们提供车型型录、宣传单张、易拉宝、台卡这些物料给贵店,希望在前台和客户休息区进行摆放,露出相关信息。

A:行,能否对我的店员进行有关培训?

Q:这必须有,在合作开展之前一周我们安排1~2次的上门培训,讲解我们品牌的车型产品知识、推荐业务的收费标准、客户消费券的使用登记和结算方法、双方具体业务对接联系人的联系方式。另外,我建议贵店从异业联盟收益中拿出30%~50%来作为员工提成,不知您能不能支持?

A:好的,在你们培训时,我也对员工宣布奖励标准,对员工强调开口率。

Q:谢谢×总的配合,建议每周、每月我们双方都交换推荐业务数据,相关报表格式我会提供给您,请安排前台人员如期填写,谢谢!

A:好的!

Q:我们合作愉快!

备注:以上话术仅作为合作方案、沟通逻辑以及效益测算的展示,具体要结合实际调整。

这里对三个大家可能产生的疑问做出解答。

第一、券为什么要让客户花钱，而不是赠送？

答：一，太容易得来的不珍惜，可能转手就丢，同时，市面上充斥太多太多的免费套路和骗局，客户有一定的担忧；二，客户认为，既然已经掏过钱，获取券中承诺的免费检测和礼品是理所应当（虽然礼品价值远高于支付价格），购券后到店兑换率至少在九成以上，毕竟花了钱；三，掏钱也是筛选的过程，不可否认，有不少是冲着礼品到店，但真正有计划置换，或被券勾起想要置换念头的车主，礼品就是一个助推剂，坚定他前往4S店评估的决心。

第二、为什么是介绍12万元以下3年以上车龄的车主？

答：车型价格，是根据4S店主要的置换二手车平均价格而定，12万元只是示例；二手车数据显示，新车到达3~5年车龄，转让比例最高。选取更加精确的目标客户，成功概率将大大提升。

第三、对于这项合作，我们客户的保养甚至维修的业务不就流失了吗？

答：肯定会有风险，但即使我们不去推荐，也不能阻止客户光顾其周边美容维修店，同时，我们也应该有以下对策：

1）对保有客户，除了说明4S店的专业性外，必须重复强调保修期内到外部美容维修店进行保养、维修业务，将不能享受厂家的质保。

2）新购车用户，尽可能推销延保产品，将客户进一步绑定。

3）建议使用会员积分制，使客户每次在店里消费，都能有所增值，循环消费；或以储值方式，如预存3000元送200元，预存5000元送500元等分级办理会员消费卡。保证客户长期的留店消费。

4）不定期开展车主讲堂，讲述在外部美容维修店进行维修保养的风险性。

小结

无论是哪种形式的异业联盟，实现各自利益扩大化是最终目的。以下几点是成败的关键：

1）挑选能形成优势互补、带来增量、扩大影响等切实好处的目标对象。

可以打开脑洞，不仅限于以实现销售为目的的联合宣传、客流互导，资源共享也有很大的发挥空间。客户乃至双方员工都可以享受内部折扣的购房、购车、购物、餐饮休闲服务等，能打造4S店全方位的影响力，为店端实力背书，同时提升员工和客户的忠诚度。

2）找到共享、互惠的平衡点。不仅要找到对方能够为我所用的"资源"，也要发掘自身能够吸引对方用于交换或共享的"本钱"。当然，双方为对方的投入诚意也决定了合作深度。

3）制定合理的规则、通过相互协议约束。与非同行合作的协议相对简单，只要让对方尝到合作产生的甜头，后续将主动积极地配合。但同行合作，即使对方获取利益，也很难避免其为了一己私利瞒报、截流等违反协议的行为。事前的条款和检核工具等手段的约定就显得非常重要。

第五节
一个"网红"展厅的养成

其实，本节主要讲的是展厅布置，说成"网红"有点夸张，不过，展厅布置的目的不就是吸引客户眼球、延长驻留时间吗？打造一个有格调有温度有话题的看车空间，对销售自然是有正向的促进作用。

有的看官可能会说，现在4S店本来就是按照主机厂的建店标准设置，配以阶段性的"展厅布置规范要求"，还有结合统一活动的物料制作指引，不按标准做还可能被扣罚，能自我发挥的空间非常有限。

的确如此，因此，我特地找来一位"网红示范店"的资深市场经理钟先生，探讨展厅布置的技巧所在。

"前提必须以品牌调性为基础，包括风格和色调等。在此之上，任何以助销为目的的想法都不为过。不要害怕'挑战权威'，一不小心还会被作为'示范店'

进行全网推广。"钟经理开场就一副胜利者的姿态,"而且一些有意思的东西,厂家即使想到,也不大方便使用官方统一标准,你懂的。"

"这我能理解,尤其是国企背景的主机厂,有点争议的领域都不大敢触碰。"我点点头说:"既然如此,你这大设计师是怎样打脸厂家,还让别人给你颁奖的?"

"不敢不敢,就是有点小想法,最重要的是有一位设计师朋友给出了很多好点子。"

"是吗?确实,找设计师是个好主意。"我环顾了一下四周,"我最佩服你的,就是居然敢在800平方米左右的展厅内,只摆放6台车。你不会不知道,咱品牌可是有11款车型啊。"

"这样吧,领导,我找两张图,您看看有什么感觉。"钟经理一边说,一边拿起Pad搜索了起来。没一会儿,他靠过来,左右切换着两张图片。如图3-5所示,图片来自百度搜索,仅做风格对比。

图3-5 不同定位与风格的销售场所

"直接点说,如果作为消费者,您身处这两个展厅中的哪一个,会更有'勇气'开口讲价?"钟经理狡黠地坏笑。

"第一张展示的是奢侈品店吧,第二张应该就是服装批发市场。这两张图对比感太强了,不过道理确实如此,还真没见过去奢侈品店讨价还价的。你就别卖关子了,具体说说你的观点。"

"好的,那我就班门弄斧啦。"钟经理把Pad放在桌面上,坐直了身子,认真地开始描述。

我觉得，对大部分客户来说，汽车就是奢侈品。而奢侈品的价值，并不只是仅看商品材质和用料，或者是像汽车一样的参数、配置成本，还应该包括品质、工艺、品牌这些内在价值，最重要的是体验感。而体验感，除了汽车本身为客户带来驾驶感受，关键是品牌赋予的价值感受。这就是为什么奢侈品总在说"百年历史、工匠精神、皇室专属"等。如果没有这些氛围体验，就像把价格上万元的LV产品混入大卖场（图3-5右图）中，客户是绝对不会感受到它的高价值。

现在网络发达、信息泛滥，很多客户来店之前都在汽车之家、易车等垂直媒体，把我们的产品和竞品的参数、配置、价格对比得明明白白。来4S店而不去汽车大卖场、不找资源公司的理由，一为安心，二为服务，三为体验。一台展车，合理的展示面积大概是30平方米以上，但卖场可能只有15~18平方米，展示效果与服装批发市场无异，体验感受缺失，让客户来店就充满砍价的欲望。

展厅布置，就是营造品牌价值氛围，衬托出产品的"奢侈品"地位，让客户在体验实车之前，先体验品牌为其带来进入"奢侈品商店"的感受。接下来，我就以我们店的展厅为基础，谈谈个人的一些看法：

一、展车区贵在精，不在多

目前，展厅中的6台展车，基本想法如下：

1）本品产品线较长，但真正销售占比90%以上的车型也就是那3款左右，这些必须展示之外，然后确保SUV、MPV、轿车至少一款，再预留一个新车展位就足够了，基本上就是6~7款。减少展车能释放展厅空间，也能降低店端库存度。

2）重点多了就没有重点，为新车展位和热销车展位进行重点的情境化专区布置（两车需要在店内拉开明显距离，如入门处和内部靠墙位），除帐篷、球包等场景化布置的展品外，考虑采用一些组合型多变展柜，内含灯箱、电子屏、电视，一次投入重复使用，每次仅需更替画面，高档、简约、时尚，还能根据不同场景、活动变化组合使用（图3-6）。

图 3-6　多变展柜示例

3）新车展位设置入门第一视角，体现该车是现阶段重点推广的明星车型，同时新车的设计感更符合时下审美，更具吸引力；而热销展车已被大家熟识，可放置里侧靠墙处，利用墙面能有更丰富的发挥，彰显"镇店之宝"的地位。

4）其他展车建议预留 40 平方米的独立展示空间（最低不少于 30 平方米），除参数牌外，不建议使用车顶牌、地贴、堆头、彩带等。这些物料不仅让人有"此车甩卖"的感觉，还很瞬间降低展厅档次（团购活动临时布置除外）。

5）未展示车型确保试驾车车况良好，客户需要时，就直接上车体验。

6）洽谈区与展车区相融，便于沟通过程中销售顾问的随时实车讲解，客户的重复静态观察，也加速其拥有爱车的急切心情。

7）用品展示柜与展车区过于接近，容易成为"用品赠送柜"，需要慎重考虑摆放位置。

整体要让客户感觉，展厅里的每一款车都是精品，新车、热销车更是精品中的精品。

二、品牌体验区"说人话不说官话"

主机厂提供的素材，多为某某领导接见、获得 ×× 奖项、大事件历程、各种英文简写的先进科技技术等。这里并不是建议通盘否定，而是需要合理挑选提炼，重新包装，从客户视角进行规划。

联想一下，展车区，只能基本满足客户对目标车型表面信息的了解。何谓表面信息，比如，知道车辆带有 ESP（车身稳定系统），但可能不知道这是来自博世的最新 9.1 版本及其带来的全新优势；闻过车内没有异味，但可能不知道该车型的严苛用料和工艺，VOC 有害物质的排放只有国标的十分之一；听说过这款车质量口碑不错，但可能不知道厂家精细化生产和品控的数百道工序、每款车型都是五星碰撞的成绩、单车型有过百万车主的背书等。

同时，展示品牌也不能仅是车型品牌，4S 店的品牌也是品牌，因为竞争对手不仅是竞品，还有同城店。需要以客户进店后的思维为思考逻辑，分析并寻找合适的展示内容和表现形式。

1. 这个品牌是否可靠，有什么可以 / 值得炫耀的地方？

分析：客户希望对目标品牌有更深入的了解，一方面坚定购买信心，另一方面也为后续在向朋友炫耀自己英明决定找到合适的理由。

展示内容：有底蕴的合资品牌以老照片 + 文字的形式，陈述品牌故事和光辉历史，让客户期待购买后拥有同等的地位感；有些自主品牌喜欢流水账式述说成立至今的各种工厂、研究所落成，或者收购一个国外只剩下标识（Logo）的品牌去包装底蕴，这更容易让身处网络时代的民众提不起兴趣甚至反感。建议简述品牌理念后，将历次获得公认显著成绩的节点展现出来，将更有吸引力。如某车型上市三月销量突破万台、四年累计过百万用户、连续获得政府 / 军队的年度大单、某知名赛事或盛会的指定用车、公信力较强的非营利机构奖项等。

建议形式：时间轴的形式，每个重要节点使用大图呈现，配以简要文字说明，并将关键文字、数字突出表示。

2. 这个品牌的车，质量到底如何？

分析：如果说上一个问题是考虑面子问题，那现在就是为里子考虑。客户当然不希望爱车经常入厂修理，又怕 4S 店说的只是"王婆卖瓜自卖自夸"的夸大其词。可以从三方面进行内容考虑：客观公知、KOL 背书、用户信任。用客户可证实、可查询的客观事实打消疑虑。

展示内容： 部分内容如累计销量、年度大单等或许已融入上述时间轴的内容中。在这里，添加部分零件的世界级供应商、豪车同款配置、中保研、中汽研的碰撞成绩，交通事故车主安全的真实案例，会更有说服力。

建议形式： 考虑以某款热销整车大图为基础，将各部位用导线加以描述，如同牛肉餐馆"庖丁解牛"般的讲解，比较直观。如厂家可以提供切割车展示，就必须不惜代价争取，在各部位粘贴相关说明（如高强度钢、零件品牌等），让客户更加直观地感受，更加令人信服。

3. 他说的技术，真有那么牛吗？

分析： 技术的展示，也就是给用户带来科技感、先进感，并在用车过程中能起到实质作用。某些品牌的做法，是在背景板或异形展架中呈现一系列英文简写，再辅以各种看上去很专业的参数和图片介绍，让人"不明觉厉"，却并不能理解具体好处在哪，更谈不上向友人转述。

展示内容： 建议展示内容部分，必须挑选用户能轻易感知的，最好是与解决目标客户主要痛点密切相关的。

建议形式： 有条件的 4S 店可参考新势力品牌，从整体内外装潢的色彩搭配、声光电的渲染等就弥漫着满满的科技感，但不仅只是氛围衬托。比如，一些品牌先进的模块化平台，可以用蓝色灯带构造一棵"科技树"，每一个终端都呈现技术带来的现实效果，给客户直观的视觉冲击。简单的做法可以嵌入一台电视，循环播放厂家提供的用车场景化视频（切忌使用长篇大论的专业讲解）。复杂一些，利用互动屏幕，甚至厂家提供的体验设备进行实感操作，会将相关信息深刻植入客户印象中（东风日产在 2018 年为重点 4S 店提供的"极智飞车"就是比较奢侈的做法，效果极佳）。

4. 本市好像还有几家店，在这家店买靠谱吗？

分析： 这本应是店端最不受限制，也最能够自我发挥的部分，被很多 4S 店忽略的，大多仅简单地将厂家、媒体、当地所获奖项用展柜陈列。却未曾想到，这是体现本店差异化优势的重要阵地。对规模相对偏小、地理位置相对偏远的 4S 店，为客户找到在本店购买的理由，显得尤为重要。

展示内容：以本店为例，将照片墙的形式分为三类：

第一类是交车照片，展现每位客户在本店拥有爱车的喜悦之心和我们的专业之处；第二类是活动照片，展现保有车主各种游乐和获得大奖的愉悦心情，以及本店与车主们形成的家庭氛围；第三类是履行社会责任照片，展现店端独立或与车主一同献爱心的每个瞬间，体现出本店的责任感与信誉度。三类照片多用趣味的抓拍，组成三个爱心图形，并在下方标注店端短视频平台二维码，便于客户进一步了解感受。相关奖项以及一些感谢锦旗等固然重要，个人觉得在 VIP 洽谈间放置更为合适（在此处理客户投诉更有说服底气）。

建议形式：照片墙是传统有效做法，如有条件，在中央嵌入电视，循环播放相关视频，效果更佳。

三、休闲区的设置有多大必要性？

这里说的休闲区，可以是儿童游乐、吧台、游戏等功能之一或综合一体的区域。在车型丰富且店面较小的 4S 店，休闲区基本被忽略，认为是既费钱又占地方的存在。

不设置休闲区对 4S 店的销量有多大损失，这个说不上，但用心设置的休闲区，不仅能提升客户的驻店时长和满意度，还有可能增加客户的购车意愿，助力成交。

以本店为例，儿童游乐部分其实比较常规化，无异味的彩色拼图泡沫垫，外围一圈充气围栏保护，内部主要是各种充气汽车模型、塑料木马、中型拼图积木等安全性较高的儿童玩具，外加一些与车型相关的异形手举牌，吸引客户家长与小朋友拍照。常见的滑滑梯、波波池，个人不建议摆放，一方面容易让小朋友过于兴奋，影响展厅其他客户；另一方面，滑滑梯有一定踩踏的安全隐患，波波池的球容易出圈四处滚动。原则就是，能让小朋友安静且和谐地在儿童区玩耍，不要让准备下单付款的客户分心。

游戏部分，除了少数主机厂有专门相关的软件，或厂家在某游戏中植入，需要特定布置外，大多是移植赛车游戏、3D体感游戏，甚至街机游戏等。这些没有对错，只要与整体风格协调，对客户而言就是加分项，也可以作为店头活动的互动器材。

重点说下吧台。部分品牌的建店标准中，会有对吧台的要求，而实际呈现出来，也就只是一个"吧台"，台下放置着预备向洽谈客户提供的"三种"饮料，功能其实与小推车无异。做得好些的，会设置个咖啡吧台，提供现磨咖啡，体现品牌的欧系风格。但能够长期坚持的并不是多数，最后仅沦为装饰、摆设，或在某些活动、特殊接待时使用。

最初本店老板也在犹豫是否弄个吧台，倒不是因为钱的事，主要是处女座的他觉得要么不弄，要弄就得弄出点名堂来。于是留下一笔费用让我和销售经理思考。现在吧台的位置，原本只临时布置了几个沙发和绿植。

2021年某天，我偶然在"喜马拉雅"中听到铃木敏文的《零售的哲学》，当中的几个说法让我突然来了些灵感：

- 消费者会在工作日去7-11店购买7-Premium系列的配菜，到了周末则选择7-Gold系列的高品质产品等。7-Gold品质卓越，不过定价也不便宜。但是消费者却会通过"今天是难得的周末""这是对努力了一周的自己的奖励"等的心理暗示，使购买行为合理化。
- 人们既有从众心理，又有标新立异、追求与众不同的自我意识。因此当流行达到某个数量级后，人们就会渐渐厌倦，把目光投向新的目标。
- 董事们每天的午餐大多是鳗鱼、寿司以及著名饭店的外送便当等高档食物。这些食物口味虽然出类拔萃，可是天天这么吃依然让人感到腻。这段经历让我们充分体验到了"越美味的东西越容易生腻"的道理。因此，我们正式向市面推出了全新口味的"黄金面包"，面包的定价高出常规的50%以上，也是过去PB产品（自有品牌商品）价格的两倍，营业额却超出预期1.5倍。

客户难得利用休息时间来一趟 4S 店，打算购买汽车这一"奢侈品"来犒劳自己，何尝不是有同样的心理呢？因此，要想办法让客户有更多"高品质""有价值"的体验，使客户到店"不虚此行"，购车感受"与众不同"。

我找上太太（就职某五星级酒店行政经理，与我们店也有一些异业合作），与他们的米其林星级面包师进行了充分的交流沟通。讨论了一个多小时，我还拉上了设计师朋友加入，越聊越兴奋，终于有个成形的方案构想。

首要考虑的是格调。我们的品牌虽然是自主品牌的，但带有意大利血统，只要说到意大利，就能延展出很多高端话题。

接着是，吧台提供什么？

咖啡！米其林大师提供三个分别以"M""L""P"字头的意大利咖啡品牌及供应商，口味独特有风味，有底蕴只是国内不出名，重要的是进价不贵，市面上还不易买到。有活动时，酒店可以派专业咖啡师来调配，甚至与客户培训交流，价格好说。

点心！我按每日到店和活动日人数大致估算了采购量，并向酒店承诺尽可能将集团店都拉进来集采。大家依据目标成本，共同挑选了近 10 款意式布丁、奶酪酥、曲奇等特色品种。

雪糕！我太太作为吃货，认为雪糕易于长时间保存，且"意式咖啡冰激凌"也是特色之一。

吧台设计呢？

大家在热烈讨论的同时，我的设计师朋友一边倾听，一边在自己的 PAD 上摆弄着设计软件。他认为，常规的意式咖啡吧台，以棕色为主色调，容易让展厅感觉偏暗，也让氛围向经典和传统靠拢，与本品的科技时尚冲突。建议可以出挑地使用蓝白配搭（他展示了一家韩国境内的蓝色格调意式咖啡吧），配上灯带和简约的造型，演绎传承与创新的味道。

总觉得少点什么？

这时，我想到 7-11 店的"黄金面包"，向米其林大师请教，有没有一款外面买不到的新款轻奢点心？大师说："我们团队会经常研发一些新型口味，当中也有一些用高端食材和独特配方产品，不一定销售，可能会在特殊场合供应。比如这款提拉米苏，除了奶酪、芝士、手指饼干等的选择和搭配讲究，我们还别出心裁地在内部不固定的位置加了三颗不同口味的流心，就是你不知道哪一口哪一块就能有一个意外的享受。所以，我们这个提拉米苏取名为'lucky cake'，6寸，计划对外标价999，寓意长久的运气。不过跟其他类似糕点相比，这属于品种储备，拿出来展示，并未考虑销量问题。"

经过将日常点心和 lucky cake 的采购频率和数量商讨，成功把该品种的单个采购价降为百元以内，并可添加我们品牌的 Logo 元素。另外，酒店端也配合进行限量供应（反正本来就没有销售计划），我们店将其作为每位订车客户的非卖品赠送礼。

设计师这时也提出在吧台中央镂空嵌入一块透明冰柜，突出"lucky cake"的特殊地位……

在以上建议获得老板同意，按设计方案制作完成后，我们和酒店方米其林大师一起，并邀请当地网红在店端进行了一场意式甜品鉴赏会，咖啡、点心、雪糕等美食，还有鉴赏课程和自制培训，最重要的是为特邀保客和新订客户赠送了"lucky cake"，并宣布了其在本店的专属性和在酒店的限量供应。车主们获取专属提拉米苏，各种细品慢咽、朋友圈自拍炫耀；在场网红从"不情愿"的车主那里分得一杯羹，夸张的愉悦表情和赞美之词，迅速通过直播和短视频传播开来。

就这样，通过这次事件，我们店一不小心成为了"网红店"。迫于保客希望重复享受的"压力"之下，老板将原有只针对订车客户的活动范围，拓宽至来店消费满一定金额或提供转介绍的保客，后续又增加了积分消费兑换……为此还意外地收获了每月 300 多辆的平均来厂（大多是同城同品牌其他店的客户）。

四、其他方面

除展车区、品牌体验区、休闲区外，在不改变硬件结构的情况下，其他能够自我发挥的地方并不多，以下就碎片化地提供一些个人想法。

上面介绍的技巧，可能会让某些低级别城市的 4S 店，担心过于豪华的氛围会让消费水平不高的本地人望而却步。

其实不然，比如同一群人，在国内可能有乱扔垃圾的坏习惯，当他们去到某个对垃圾控制有严格要求的国度旅游，面对洁净的街道，可能这个坏习惯就会不治而愈；又或者到一些相对落后的发展中国家，看到周边脏乱的路面，乱扔的行为可能会更加无所顾忌。

也就是说，你所认为的低端人士品位，会随着环境而迅速变化，况且，网络信息的发达和人们对美好生活的追求，哪个有能力购车的客户会不在意自己的消费体验呢？你先入为主地认为他喜欢乱（低）扔（档）垃（消）圾（费），而放松要求、降低标准，他可能会更肆无忌惮地随（专）地（注）吐（砍）痰（价）。

即使存在对"高端"氛围免疫、一心只对价格敏感的客户，我们也可以通过展厅的可变性布置，打造促销氛围浓厚的场景，利用团购会的形式阶段性集中消化。

（1）巧妙使用绿植，画龙点睛

绿植在4S店常规的使用，一般出现在洽谈桌作为台花，以及展厅四角、区域间隔断等处，如盆栽、圣诞树。除此之外，在一个以节油环保，尤其是新能源汽车品牌的展厅内，可以有更多的发挥空间。以下为部分网络图片示例（图3-7）：

图3-7 不同形式与造型的绿植应用

自然色彩的丰富，能舒缓客户的心理压力，同时潜移默化地形成对品牌车型环保节能的印象。关于是否使用假植物，以及植物品种，请根据是否容易打理和保持时间长短决定，具体的布置，相信园艺师会有更好的针对性建议。

（2）展厅背景音乐，你用心了吗？

除了部分的豪华品牌，还真没感受到有几家4S店在展厅背景音乐上下功夫。举个不恰当的例子，网络上说，美国的一家养猪场，通过播放音乐，使猪减少生病概率，年产量也得到大幅度的提高；加拿大奶牛农场，通过播放不同的音乐，产奶量和口味也有所不同，配合不同环境播放合适的音乐，奶牛产奶量会提高3%；日本的顶级和牛，从小开始，除了喝啤酒、按摩等特殊服务，听音乐也是必备的环节。

动物尚且如此，作为情感丰富的人类就更加明显了。我们会发现，商场、酒店、餐厅、酒吧、茶馆等消费场所，基本都会有背景音乐，而且风格不同，这必然是经过思考和挑选的结果。音乐能使人放松、让人兴奋、提振情绪、心情愉悦，还能在一定程度影响心理变化。

曾有传言，1932年，一首名为《黑色星期五》的纯音乐诞生于法国，在其被禁的前13年里，听过的人没一个能笑得出来，很多人患上精神分裂、抑郁症等，自杀的人竟数以百计……

上述的例子有点说偏了，不过大部分汽车人对不同场景有不同的音乐匹配才更加和谐应该还是认可的。我曾听说，英国兰斯特大学心理学家诺斯博士，做了一个有关"超市音乐"的研究。他发现不同的顾客在不同的音乐背景下的购物欲望差异非常大。诺斯博士选择了一家大型的超市，在酒品货价上摆放数量相等、价格相等、知名度相似、口味接近且档次相同的法国和德国的葡萄酒。一般来讲，顾客选购哪种葡萄酒是根据自己的消费习惯和经验而定的。但是实验的有趣之处在于，当超市长时间播放法国风情的音乐时，法国的葡萄酒比德国的葡萄酒销售量高出5倍，而当超市大放德国啤酒节音乐时，德国的葡萄酒销量反过来比法国的高出1倍来。由此可以看出，顾客的购买行为更倾向于与音乐相"协调一致"的产酒地……

总而言之，背景音乐作为促进销售的"催化剂"，希望引起同仁们的重视。下面结合参观 4S 店的情况，给出一些建议：

- 音量切忌过大。尤其是汽车城内的 4S 店，希望加大音量吸引路过客户，就像还原蹦迪现场的感觉，播放的音乐震耳欲聋……音量超过限度那就不是音乐，而是噪声，会使客户心情烦乱，注意力分散，面对面都要吼着说话，还怎么交流？
- 不要单曲循环。就像我有次入住某家五星级酒店，大堂音乐就是《Geisha》（有点东方古典风格的电音歌曲），非常悦耳，让人心情愉悦。我还特别用了酷狗识曲将它收录。但连住两天，只要下楼就听到这个音乐，开始令我抓狂、烦躁，终于忍不住向大堂经理投诉，要求更换。
- 不同时段有讲究。有些店喜欢用抖音热门打天下，一周七天就是一堆流行背景音乐打包播放，这不可取。建议早上播放相对清新自然的音乐，让客户精神振奋，销售顾问也能充满朝气；中午播放愉悦休闲的歌曲，消除疲劳；下午特别是 4 点左右，专家认为这是做事最为果断和高效的时候，可以播放旋律较快的音乐，促进交易达成。
- 曲风必须得当。所选音乐要与品牌调性呼应，让客户更加容易将情绪带入。反之，我们在法拉利店中播放《最炫民族风》，可以想象一下不忍直视的展厅事故现场。简单来说，就是选取与目标群体契合的音乐，包括年龄、阶层、喜好等，引发客户情感共鸣，缓解进入新环境的戒备心理。
- 不同场景的音乐选择。品鉴活动，选择与品牌背景相符的高雅音乐，客户在品味中将鉴赏艺术品的心理带入到实车上，更容易发现闪光点；促销团购活动，选择节奏快的歌曲，配合主持人抑扬顿挫的呐喊，丰厚的礼品、限时限量的政策等，共同促成客户快速下单的决心；节日庆典，欢快通俗的音乐，让客户迅速融入喜悦气氛……现在酷狗、苹果 iTunes Store 等音乐商店，还有网络上一些专业商用音乐平台，会有场景音乐的打包系列，可以从中找到灵感。

（3）你给展厅喷香水了吗？

反正我去过的4S店，除了部分豪华品牌，95%以上基本都只能与室外享受同样的空气味道，顶多在洗手间点上盘香除臭。4S店也要喷香水吗？会不会太吹毛求疵。

大家入住五星级酒店时，是不是都能嗅到淡淡的清香。是的，每个大牌连锁酒店大堂，都会喷洒符合自身品牌调性、主题的特别调配的独特香水。这是体现定位、彰显品位、展现格调的姿态，也有着对贵客光临的尊重，达到吸引新客长驻、老客留恋的目的。比如威斯汀的"白茶芳香"，与其"个性化、直觉灵动、焕发活力"的核心价值观相呼应，帮助高端目标客群舒缓压力、放松心情；福朋喜来登春日清新的"风车味"，也是与目标客群（30~40岁的商务人士）崇尚的简约、自由相匹配。

欧洲研究机构的一项研究结果表明，人们回想一年前的气味准确度为65%，然而回忆三个月前看过的照片，准确度仅为50%。可见，"嗅觉记忆"比"视觉记忆"的效果更持久、突出。

这是因为，气味与人类脑部的海马体有着密切的联系，海马体作为形成记忆的重要组成部分，促使人们闻到一种气味而回忆起与这气味有关的场景回忆。因此，不光是酒店，面包店的烤芝士味、星巴克的咖啡香、影院的爆米花香、洗衣店淡淡的消毒水味，这些有想法的商家，都会通过独特的气味向客户传递品牌联想信号，有很强的带入感。据说，新加坡某影院上映《查理和巧克力工厂》的时候，让放映厅弥漫浓郁的巧克力香味，结果让观众们都很开心，并有很强烈的购买巧克力的欲望，影院旁的巧克力瞬间大卖。

因此，合理地利用香水，具有彰显品牌格调、触发场景联想、制造品牌差异、影响购买心情、形成本店记忆等多种作用，还在一定程度上掩饰了部分汽车内饰气味。

如果真要下决心挑选，请不要简单地买一瓶香格里拉酒店同款了事。要知道，不同展厅面积、不同装修色调、不同品牌调性、不同目标客群、不同地理位置，都要结合考虑，方能挑选与调制合理的专用展厅香水配方。比如，海洋气息的香水味，容易让人联想到宽阔的空间，对于面积相对较小的展厅比较适用。最后让专业的人做专业的事，比如我们战略合作方高卓斯香薰，他们国际香氛师团队能根据不同的品牌定位与价值观调配独有的香薰方案，将空间格调显著提升。

温馨提示一下，即使您不认可展厅喷香水的说法，但至少保证不能有异味，尤其是洗手间。

小结

花心思布置展厅，为的就是打造更适合购车氛围的环境。有突出的话题（比如"lucky cake"）吸引客户关注；有舒适的环境（空间感、绿植、音乐、香薰等），让客户愿意长时间逗留；有符合客户思考逻辑的内容呈现，能潜移默化地感受品牌、感受产品、感受店端服务……"网红"展厅将激发更多客户的猎奇心理，不断提升来店量。

围绕视觉、听觉、触觉、味觉、嗅觉五感，为客户营造流连忘返的空间，不仅为促进销售带来积极作用，也为销售团队提振信心、提升品牌归属感产生莫大帮助。

第六节
你确定会策划促销活动吗？

周周有活动、月月有主题；一周一小搞，每月一大搞……销售/市场经理总是在不断的重复中砥砺前行。过于频繁的促销活动会让客户把不准该如何选择参加，也让销售顾问缺乏邀约积极性，因此，给予促销活动充分的"蓄水时间"很重要。

如果你的老板也认同这个观点，那恭喜你，请务必花心思将真正需要收割的促销活动精心策划好，因为这将是决定本月销售目标达成的重要节点。

完整的活动方案包含策划阶段的前期调研、方案设计、执行计划、广宣投放等，准备阶段的打鸡血、话术培训、客户邀约、流程彩排，执行时的物料布置、流程把控、环节应变等,厂家培训课程有详细说明,销售/市场经理也驾轻就熟,但最实用的技巧其实是"按部就班",毕竟培训所讲是经验浓缩的精华,却总有丢三落四、贪图省事,以致成效差强人意。

本节所述,也是以主机厂教材为基础,对客户心理产生影响的几个环节进行重点说明(广宣预热前文已有呈现,打鸡血及培训属于对内激励,这些就不再赘述),希望为销售/市场经理带来一些启发。

一、车型包装

即使没有团购会,在日常也应该包装"诱饵"车型(具体作用在第二章第二节的需求分析中有详细说明)。但不知为何,我见到大多的团购会,并没有为活动的"主角"做包装,仅仅对不同车型设定赠礼和降价政策,这样将直接影响活动空窗期的销售,要么坚持原有价格,客户观望;要么持续原有优惠,被新老客户质疑诚信。

因此,针对促销活动的车型包装非常有必要。而在此之前,我们需要通过一个类似图3-8的象限图,对现有车型进行梳理,分析不同产品能够吸引客户购买心理的主要理由,确定不同的包装方向。

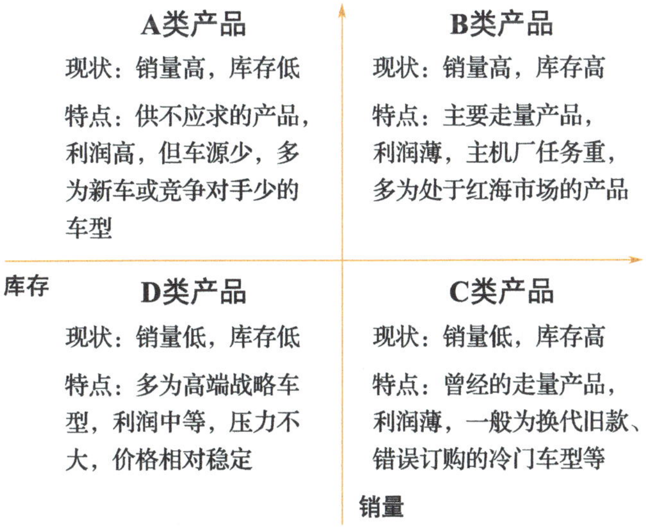

	A类产品	B类产品
	现状:销量高,库存低	现状:销量高,库存高
	特点:供不应求的产品,利润高,但车源少,多为新车或竞争对手少的车型	特点:主要走量产品,利润薄,主机厂任务重,多为处于红海市场的产品
库存	D类产品	C类产品
	现状:销量低,库存低	现状:销量低,库存高
	特点:多为高端战略车型,利润中等,压力不大,价格相对稳定	特点:曾经的走量产品,利润薄,一般为换代旧款、错误订购的冷门车型等

图3-8 销量/库存象限图

下面,我们探讨一下,对于四类产品有什么包装技巧。

(1)对于 A 类产品

A 类产品属于流量明星,就像在国内"埃尔法"对于丰田而言,需求高,由于供应问题,绝对销量不会太高,但利润丰厚。不管是不是考虑买它的人,进店都会过来瞧两眼。一般,A 类产品所处细分市场不会太大,可"增配"的空间就会比较大。

既然它吸引人,那就加大它的表现力,就拿埃尔法来说,可增加星空顶、后排大电视、大包围等豪华配置打造一台旗舰车型。它的地位就是"站台明星",不用刻意考虑为其增加促销政策,顶多为了表现"诚意",在这台旗舰车型的"标价"上做出一个限时限量的优惠。

团购会主题,可以以此车型的揭幕作为噱头进行预热,提升活动的话题性。毕竟对于此类产品,主要考虑的不是对客促销量,而是问主机厂要车源。切忌杀鸡取卵,牺牲长期利润。

(2)对于 B 类产品

B 类产品属于走量车型,是主机厂为提高市场占有率、提升市场影响力的主力车型,也是 4S 店能够享受更多政策(包括 A 类产品车源)的任务基础。同时,4S 店也能从中获得更多的支援,这是需要充分利用的。

在给出建议前,先分享一个小故事。《牛奶可乐经济学》一书中,有个"为什么家电零售商总会在冰箱上敲出凹痕?"的案例。

制造商在运输过程中,会出现部分商品的损伤,但并不回厂维修而是降价供应给零售商。而零售商却在特卖会前夕,人为创造出更多不影响使用和表面美观的损伤产品,利用"瑕疵"做出分隔价格敏感客户的完美门槛,让降价有更合理的说法,从而获得更多犹豫客户的订单。

这里必须强调的是,本文没有怂恿各位拿起榔头向新车挥舞。当中的重点,是要为团购会的"特价"找到让现场打算购买和不在现场的未来客户有合适的说服自己的理由,以确保活动后,4S 店依然能够在价格是否恢复上有更多的选择余地，而不影响诚信。

降价，本来就是"杀敌一万自损八千"，透支未来利润的不得已的做法，需要谨慎使用。而不在日常成交必须拉到团购会上的客户，与上述案例"特卖会"中的客户一样，多为价格敏感类型的。这两者之间的矛盾解决技巧，就是我们需要思考的将B类产品包装成"特价车"的理由。

在这里温馨提示一下，"特价车"可以广告，但特价的理由并不在宣传范围，仅可存在于销售顾问对客户的口述中。一方面能制造神秘感和稀缺性，吸引客户尽快下单；另一方面，也减少不必要，其实也不存在的"麻烦"。

同时，在日常销售中，我们也可以适当地利用类似"瑕疵"，制造出"诱饵"（第二章第二节中需求分析的案例），让客户专注于在本品牌车型"特价和完美"中挑选，而忽略对竞品的考虑。要相信，日常能忍受小缺陷的客户并不多，尤其是那些"处女座"（比如我），对新车的瑕疵会有如鲠在喉的感觉。

（3）对于C类产品

C类产品就比较尴尬。可能有曾经的辉煌，而今处于生命周期的末端，产品力不足，却又要限期清库，为新车让路。

坏消息是不能大幅降价，不然会影响新车上市的定价，促销手段受限；好消息是不进行大幅降价，我们的品牌和价格体系会更加稳定。这时候，"五周年纪念版""百万客户尊享版""五星品质专享版"就应运而生了。

第一，冠名上，五周年、百万客户、五星品质等，这些都是为此类产品的光辉历史再次潜移默化的向客户进行提示与传递。就像我们喜欢到人多的饭店就餐，客户也希望购买的产品有更好的质量口碑，有更多人认可。说句难听的，如果出现问题，还更容易抱团取暖。

第二，加装内容围绕一个字"炫"。这并不是要把车的外观内饰改装得多夸张，而是通过长期销售该产品，对此类客户感知的"魅力配置"进行加装。类似我们到了商场，对于某些高价物品，虽然喜欢，但即使有能力也不会购买的产品，却意外地拥有了，会很开心。给客户有更多向朋友"炫"的资本，以弥补或削弱其可能因为购买"老款"的心理落差，如抬头显示（HUD）、迎宾下射灯、后排显示屏等。

要知道，精明的客户在看到不断降价的车，会同时担心其多年之后的二手车保值问题。切勿把C类产品当作清完即止的大甩卖处理品。

（4）对于D类产品

这是被4S店誉为"鸡肋"的车型，既然库存不高，顶多适当象征性地做出一些礼品赠送或让利即可，不用过于耗费心思琢磨政策。

如果展台足够大，勉为其难地留一个展位，刷刷存在感，为彰显品牌的高端地位做点贡献也是可以的。

二、游戏设置

促销活动的游戏形式多样，在展厅内、租酒店、外拓定展也各不相同。我们可以简单地按参与游戏的人数规模进行分类：

1）参与人数最多的。此类活动多需要借助屏幕，利用游戏小程序，观众扫码参与，配以节奏感强的音乐，迅速让气氛火热起来。比如赛车游戏、抢红包游戏等，每个观众通过晃动各自的手机，争取更高的奖励。这类游戏最大的好处就是全员参与，适合在预热、破冰阶段，以及活动中期感觉活跃感下降时重燃热情。在户外活动中，能获得更多的路人驻足，活动气氛迅速升温。

2）参与人数较多的。多为"组团PK"项目的规则类游戏，这时候考验的不仅是个人实力，也与团队的协作或平均实力相关。为避免实力相差过于悬殊，影响参与热情，也影响观赏效果，建议通过前期的客户基础数据（年龄、身高、体重、性别等）进行座位安排或分组。至于具体项目，可以参考各种综艺节目，选择趣味性、观赏性强的，既简单实用，又容易引起共鸣。此类游戏适合在团购政策发布后进行，奖品宜与购车关联（如专用汽车用品等），输赢皆有区分档次，激发参与热情，也促使选手尽快下单。

3）参与人数较少的。类似"踩气球""双人答题PK""密封柜抢钱"等，竞技性强，获胜者在欢呼声中脱颖而出，有较高的荣誉感。关于参赛者，强烈建议销售顾问在台下配合，提前站在犹豫不决未下单的客户旁怂恿，获得同意后立即示意主持人挑选。而关联奖品，则设置以代金券为上，让此类价格敏感型客户获取了与其他客户比较，拥有绝对"更便宜"的独享机会，放弃继续谈价的想法。如密封柜抢钱游戏，柜中放置的建议有部分10、20、50、100面额的人民币（数量递减），但更多为购车抵扣券，如100、200、500等，色彩、大小与真实人民币相近。参与者在限定的时间内，抓取漫天飞舞的人民币或抵扣券，不断变换身形的滑稽动作，也提升了现场欢乐的气氛。温馨提示：第二、第三类游戏，如果场地较大、观众较多，从活跃现场的目的考虑，建议进行直播投屏，效果更佳。

了解不同游戏类型的同时，我们需要同步思考游戏的作用。根据活动目的，在不同时段挑选合适的项目，并安排相关人员配合等，才不会陷入为做而做，事倍功半。

- 让现场气氛保持热度。这是众所周知，也是最基础的作用。活动需要的就是尽快解除现场观众的拘谨状态，让外拓周边路人迅速围观，并长期保持现场火热的气氛，所有在场者处于持续亢奋的状态，方能循序渐进地把控节奏，以"羊群效应"促进签单。
- 成为活动流程的节拍器。活动流程相对固定，但游戏可以视情况而定。流程中领导感言、车型介绍等相对乏味的环节后，可以根据各类活动不同的特性，挑选合适的项目，重燃现场激情。
- 让优惠与赠送理由充分。在"车型包装"部分，特别强调，尽量避免或减少促销活动对后续销售价格的影响。将价格优惠作为游戏的奖励赠送出去，将更容易对未来客户解释价格回收的理由，也堵住了早前购买客户优惠不足的抱怨之口。
- 让客户对游戏奖券更加珍惜。相对直接给予价格优惠，通过努力和竞技获取的奖励价值更高，这给了客户必须使用的理由，因为"这是我用汗水换来的""这是实力更高的人才配拥有的"。联想一下，在我们小时候，老师为表现好的同学衣服上贴的"小红花"，也有异曲同工之妙。

因此，游戏尤其在促销活动中是不可或缺的催化剂和润滑剂，其优先程度远比演绎类环节要高。前期根据活动主题，合理规划正常及应急游戏项目，是促销活动顺利开展，乃至销售目标达成的有效保障。

三、礼品与发放

进入促销活动现场，最吸引眼球的莫过于"礼品山"，大到电视机、电冰箱、洗衣机，小到电饭煲、电磁炉、吹风筒……简直就是大型家电的展览会现场。对销售/市场经理而言，礼品也是再常规不过，完全就是看菜下饭嘛，老板和大区给多少促销费用，就买什么档次的礼品，各家差异不大，似乎也没有什么特别的套路。

接下来，我们从几个维度进行分析，尝试找到用更小的代价发挥礼品更大作用的技巧。

（1）礼品赠送对象分析

礼品赠送对象范围从小到大是：订车客户、邀请到场客户、包含围观的在场所有人员。

首先是订车客户。为何要对已经"上钩的鱼儿"投食？就是希望还没订车的客户加快下订速度。对于下订客户，每轮都有重复抽奖的惯例，早下手就有更多的获奖机会。此类面向订车客户独享的抽奖礼品，其"价值感"必须是整场最高，充满对未订客户的强大诱惑力。

其次是邀请到场客户。这类客户能享受的礼物主要有三类：第一为到场礼，人手一份；第二为游戏礼，参加各环节中游戏优胜者的礼品；第三为随机礼，由主持人控制，在需要瞬间点燃气氛时使用，往客户群中随机抛洒、简易问答的礼品。此类礼物一方面用于调节现场氛围、吸引邀约到场客户继续驻留；另一方面，尤其是在有路人的外场，也成为围栏外的观看者羡慕的理由，促使其有参与其中的想法。

最后是围观人员（除邀约到场和4S店人员之外的）。在常规的促销活动中，围观人员能拿到的礼品主要是在扫大屏幕二维码的摇一摇红包中分一杯残羹。但有想法的4S店会在随机抛洒礼品的环节，"不经意"地将部分小公仔扔到场外；又或者，在现场设置"发朋友圈领礼品"，集齐不同环节的现场照片转发社交平台，就能获取纪念品等活动，达到展现4S店亲民的品牌形象与实力，提升更多人群对品牌的喜好度，扩大活动传播范围影响力等目的。

综上，我们通过不同主题的活动属性，分析对不同对象准备礼品的目的，才能合理地将有限的费用、资源用到点子上。

（2）礼品来源分析

礼品的来源？这还用说吗？难道还有不花钱的礼品？

诚然，天下没有免费的午餐，基本不可能有完全不花钱的礼品来源。但我们只要打开脑洞，就有可能获取意想不到的惊喜。比如：

1）区域费用买单。只要有信心、有底气、敢承诺，通过主机厂负责本店的巡回员，向大区索要活动费用支持，对赌上相应的订单关键业绩指标（KPI），不仅礼品费用有出处，政策方面还可能得到额外收获。其中，目标设定必须有挑战，比预测数略有上浮，这样才能让"金主"上钩，但不能过分夸张，明显无法达成。毕竟，微弱差距还是比较容易被"宽容"的，而差得太远，让相关人士下不来台，那只能是"共输"。

2）异业联盟支援。早年认识的一位市场经理朋友，他在异业联盟领域的成就让我佩服得五体投地。此君有一神族队友"淦饭"群，群内是他长期积累的各行各业"资源"人士。包括他自己在内，大家在聚会和日常群内交流，就不断地主动贡献与求助。以此君为中心举例，他能够获取的，比如旅行社在淡季"高价值"的内部线路、某新开饭店的赠菜券、某电器城的预备清库产品等；他能够付出的，包括关联活动的联名广告、店头阶段提供展销区域，或为需求大奖的单位提供特价车等。通过互助，就促销活动而言，活动礼品能够选择的范围广阔，采购成本低（获取清库产品或用自有资源置换）。

3）广告投放赠送。经济增速放缓，车市销售严峻，广告投放不计回报的土豪行为越来越少。不少高高在上的媒体也走下圣坛，平易近人地主动交流。为确保投放单价的稳定和投放总量的保证，投放赠送礼品是最基本的。还有承诺线索，为活动演绎、直播网红、物料等提供支持，甚至直接打包活动执行，并与你商议成交底线。部分4S店也尝试邀请多家媒体进行投放+活动的比稿，获得更具性价比的活动策划与执行。

因此，千万别向我哭诉抠门的老板让你难为无米之炊，换个思路，草船借箭才是你存在价值的最好体现。

（3）礼品挑选建议

无论谁出钱，或者找异业拿特价，都涉及礼品的挑选问题。既然有投入，就要有义务将产出、回报最大化，这才是合格、专业的商业行为。以下几个建议，供大家参考：

1）留下专属印记。无论任何礼品，只要能拓印上"品牌/4S店"信息，请不厌其烦地加上。让礼品在离开你的时候，为"娘家"的传播做出更大的贡献。

2）尽量拥有前瞻性。此类多属于关联在店消费的用车必需品，如赠送"购车次年的交强险"，能捆绑续保及维修；赠送多次机油，确保客户持续来店保养。

3）利于长期持有。外拓礼品时应具有"耐用"和"不丢"的特点，也就是让礼品能够更长时间地持续向所有见到它的客户提示它的出处。当然，品质保障是基础，如果不过关，一方面，不利于保存；另一方面，客户会直接与品牌关联，产生厌恶之情，适得其反。十几年前的车展上，某品牌因赞助过美国职业篮球联赛（NBA），在现场有留资赠送印有球星的塑料鼠标垫。拿到该礼品的我，对当年那股塑料恶臭仍记忆犹新，想起都会吐……嗯，这就是他们品牌新车内饰那股味道的传承。

4）两者相近取其大。如果在功能相仿或档次相近的品种上纠结，那就选择体积大的。因为，体积大能够吸引四周嫉妒的眼球；大，利于拍摄素材；大，在心理学上，属于更有"价值"内涵的存在。

5）价值感要高，但不是标价虚高。既然是促销活动，礼品价值感必须给力，才能对得起团购大促的噱头。而价值感并不是自作聪明、随便号称的高价。网络信息发达的当下，你要硬是把京东标价 500 的电饭锅说成价值 1000 元，将在淘宝就能搜索到不足 300 元的副厂皮质脚垫号称价值 800 元，这就是赤裸裸地自曝"奸商"嘴脸，让人质疑 4S 店的诚信，客户自然会用脚投票。

6）尽可能信息不对称。要想付出少，又能感知高价值，这就是最好的方式。比如，采用原厂的用品及周边，客户只有从 4S 店这唯一的渠道获取，在相对副厂更有质量保障的背书下，更高的标价也是可以理解的；或者，从异业联盟中获得准备新款切换前特价清库的旧款货物，如大尺寸电视等，在一定期限内（新款未上前）的标价，依旧能够维持原有的价值水平，但采购价更低。

能达到双赢效果，我们又何乐不为呢？

（4）礼品发放技巧

普惠性的福利，就像入场签到礼，只能让到场客户在短暂的兴奋后感到理所当然。关于确保礼品/奖品的价值感上文已有说明，那么，除了伴手礼外，如何将其余物品的赠送让客户产生额外惊喜，提升收获的期待，减少事后退订的现象，在发放形式上就要认真考量。

简单来说，活动在于折腾，礼品依托流程上的游戏、问答、互动、抽奖送到客户手上，核心的目的就是让客户"没订下订、订了不退"。具体的环节设置，大家应该驾轻就熟，以下几项原则，建议作为前提把握：

1）根据主要客群策划。投其所好，如"80 后"的灌篮高手、"90 后"的小霸王学习机游戏、"95/00 后"的二次元 cosplay（角色扮演），都是容易形成共鸣的元素。通过物料、装饰进行环节包装后，客户看到自己儿时擅长的领域，参与度和带入感自然更高，在体验的过程中感受更大的成就感，收获的赠品更有价值感，并期待参与未来的店头活动，为日后的保客营销打下良好基础。

2）所有礼品不白送。小到扫码摇一摇红包，需要花力气；大到终极大奖，凭运气；或者互动游戏赢"盲盒"，靠实力。我们可以将发放方式设置得更有趣味，但绝不白送，不轻易获得的礼品才更珍惜。而且，针对少部分已下订却未中奖的客户，建议由销售顾问一对一承诺，在另外场合赠送订车答谢礼，以稳定因"嫉妒"获奖者产生情绪，而可能产生退订的想法，也有意外得利的惊喜。不少4S店为贪图方便，习惯将答谢礼直接在活动后直接公布发放，统一采用大巴将人、货运走。这种操作，无论该礼品价值高低，都容易引发活动期间中奖或未中奖的客户的不满情绪。

3）早下订更划算。下订方可抽大奖，中奖还能重复抽，从始至终向现场客户营造"越快出手越多礼"的氛围，这是惯用的策略。但毕竟客户意向程度不一，面对部分仍对车型政策犹豫，面对大奖又"坐怀不乱"的客户，这里就需要尽快通过游戏等手段，让其意外获取与购车关联的礼品（如密封柜抢钱中的代金券），痛快地加入抽奖大队伍中。

4）制造热销氛围，预留惊喜后手。促使犹豫的客户尽快下定决心，除了上述的游戏手段，我们还可以适当增加客户焦虑，比如阶段播报订单进程、特价车剩余台数、限时限量订购等；也可以在过程中插入对高价值的原厂用品和周边产品的零元拍卖，让全场沉浸在"买买买"的火热环境中。最后，若感觉还能为达成目标拼一把时，预留的惊喜大奖就可以亮出。此招需要销售经理从销售顾问处实时了解剩余可能成交的客户数量，感觉有把握时启动。先是厂家领导在主持人邀请下上台做活动总结，却"意外"提出，如果还有 X 个客户下订（X 大于挑战目标的剩余值 Y），就加码一轮抽奖大礼。主持人在台上鼓动全场起哄，销售顾问在目标客户旁适时"出卖"意向客户所在位置，同时，预埋的"气氛托"率先站起，为"大局"考虑下订（填补 X-Y 的空缺），从而带动那些真实客户在周边已订车客户的劝说下、远处客户的欢呼声中签单，成为大家眼中的"英雄"。

四、执行细节

说完车型包装、游戏及礼品设置，关于一些活动前、中、后细节的注意事项，也给各位做个温馨提醒。

1）我们需要通过购门票的筛选，确保到场的多数为高意向客户，更容易形成羊群效应，提高活动成交率。在确定目标邀约对象已经充分理解促销活动信息，仍不愿购票后，可基本将其归入 A 类或更低的级别。放弃花 100 元左右就能获得阶段的最大优惠，更有机会抽大奖的活动，要么是仍处在与竞品的初期对比中，要么是暂无购车计划，需要销售顾问后续跟踪。因此，请勿为凑人数降低购票金额，甚至让其免费参加。

2）每个销售顾问邀约客户数要平均，建议上限不超过 5 组，避免影响接待服务效果，也容易发生被其他销售顾问抢单，引发内讧。同时，过重的接待任务，也不利于销售顾问及时根据活动过程需要配合与应变。

3）根据客户意向级别进行座位排序。最高意向在前，低意向在后，形成正向带动效果；反之，如果低意向客户的消极心态成为前排主流氛围，高意向客户也会开始犹豫。若活动在非展厅进行（如酒店），也可以将高意向客户位置靠向会场出口区域，尤其在后期，一群已下订的客户，周围一堆获奖礼品，就像门神一样挡住想要中途离场的客户。

4）地点如果在展厅，在布置和流程等方面就需要更下功夫。另外，在汽车城内的 4S 店，则需提前了解竞品店的活动安排，避免撞期影响客流效果。

5）如另选其他地点，则需提前保密，避免客户自驾前往，以防提前退场难以控制活动节奏。挑选地点需要有话题性、趣味性等可供后续传播的属性，如五星级酒店（能彰显实力和对活动的重视程度）、度假村（描绘用车场景、丰富户外游戏，还能加入试驾环节）等。

6）做戏做全套。政策宣读必须由"厂家领导"宣读，方有"厂家直供、内部政策"的味道。大区经理、战区经理、巡回员、来店出差人员……实在找不到，普通话标准或带有车产地的外地口音、形象端庄的临时演员也行。

7）给足老客户面子。除了邀请老车主上台发表购车感言和用车体会，必须为其颁发物质奖励，并连带他介绍的客户也有相应礼品。这种示范效应，对提高老客户黏性、增加新客户好感度、助力犹豫客户下决心签单有显著效果，还能不断提升店端的转介绍率。

8）主持人非常关键！部分店为节省费用，让培训讲师兼职；财大气粗的店，直接邀请电视台主持人担任。事实上，促销活动主持人的核心优势是控场能力，非常考验根据现场情况的即兴应变，要善于与观众频繁互动，甚至带有点"痞"气。这与电视台主持人的形象端庄、言语正式的风格完全相反（更不用说不是主持专业的培训讲师了）。主持人使用不当，将注定举办一场沉闷且单向交流的活动。曾经调查过数十家4S店，无论任何品牌，专业主持和业余主持之间的差距，能影响30%~70%的活动成效。在利润差距面前，专业主持的费用根本不值一提。既然每月都有至少一场大型活动，建议4S店有长期固定的合作主持人，达到让其熟悉品牌、热爱本店、与销售顾问配合默契等目的，确保每次活动的基础成效。

9）一般情况下，在场订车的客户基本都能中奖。活动在客户并没有支付全额车款或贷款首付时送出奖品，就是利用"失去比得到对心灵冲击更大"的心理。但保不齐就是有客户感觉拿的奖比别人小了，回去想想觉得是在现场太冲动了，而回店退订。我们需要提前为客户"失去"的代价加码，比如活动中订车必送开光"财神"。

10）后期传播很重要。出色的市场经理会充分利用活动素材，成为4S店品牌宣传，车型热销支撑，让没到场的客户对未来活动更加期待。因此，过程素材要丰富，排队下订、游戏互动、礼品堆头、大奖颁发等，展现人头攒动、气氛火爆、车型大卖的照片、视频越多越好，当然，记录收获满满的大合影自然必不可少。有想法的4S店，会不失时机地利用店内短视频团队，或直接聘请本地网红，在活动前期协助预热招募卖券，活动过程直播互动，带动更多关注，活动后发布剪辑短视频持续发酵。

11）漏网之鱼不放过。总有一些客户因或真或假的理由错过现场，却心系活动来电咨询，还有一些直播过程产生的高意向客户，虽然他们无法享受现场抽奖，但促销政策仍是"当天有效"。因此，切不可让这些由活动感染的热情熄灭，请销售顾问在活动后立即联系，带上合同与"剩余奖品"主动上门。

最后，促销活动涉及的对内管理也是决定成败的关键，包括有刺激性的内促政策、激活战败客户、交叉核实邀约客户确保到场真实性、事前的培训与"打鸡血"、事后的总结与激励等，这些活动的基础内容，在主机厂的培训教材中都会详细说明，这里也再次强烈建议，请别嫌麻烦，严格执行才是成功的捷径。

第七节
相信我，车展销售依然重要

每次车展前，我都喜欢给 4S 店同仁们分享一段个人理解：

"4S 店自己组织的活动，像是个人演唱会；车展，就像《同一首歌》或春晚。举办个人演唱会，需要自行宣传、独立推广，名气小的，上座率都难以保证；《同一首歌》自带大 IP 光环，一呼百应，你要做的就是尽可能地脱颖而出，成为'最靓的仔'，让其他'歌手'化作绿叶陪衬。因此，千万要珍惜车展机会，不放过每个收集到的客户信息，难不成你还认为在外拓因为礼品吸引而留资的路人，会比来看车展的客户意向级别高？"

有些同行可能会说，现在的车展太难做了，展馆内的订单还不如展厅，不参加也罢。我认为，这句话只对了 70%。

首先，车展越来越难是真的，客户更加精明，信息也基本透明，加上近期车市的平台期，竞争加剧……但瘦死的骆驼比马大，一年 1~3 次的地方大型车展，作为固定的盛会，号召力依旧存在，甚至影响往后一个月的意向客户线索质量，因此再难也得参加。

其次，展馆内的订单不如展厅。这是很多地方存在的事实，却不该用来作为判断车展是否值得参加的依据。展台的空间有限，销售顾问的人手有限，客户逛馆的时间有限，能够当即成交的概率不可能太高。聪明的销售店会更加着重把未谈妥的客户，以提供更详细说明、试乘试驾等理由，尽可能地往展厅引导，避免客户被车展竞品干扰。理论上,一个经营正常的销售店,车展当月的销售比例,在车展期间总订单与非车展时间订单的比例,至少为5:5;而在车展期间,展台和展厅的订单比例却是3:7,甚至更少。但当月总订单的客户线索来源,却至少80%以上源自车展,这就是车展的重要性。

本节将从车展主担店的角度,探讨如何唱好《同一首歌》。

一、车展前期（N-45—N-2日）准备

充足的准备是成功的一半,身为主担店,需要担负的责任将更加艰巨。对公,包括展位挑选、方案策划、展馆投放等,对私,店内的活动及展前安排,也需要操心。

1. 对公方面

1）展位挑选是首要考虑的问题。从客户角度出发,一个车展60~90个品牌参展,还有一堆凑热闹要展位的媒体、零部件、银行、汽车模型等,即使观众走马观花,也跑到腿软。目标明确的高意向客户基本就是只集中选择几个展馆观看。所处展馆偏僻,所在展位太深,将错失大批观展客户。这里做几点挑选原则建议：

第一,大馆优先,展位位于主要通道、人流集中,位置醒目、面朝主人流方向。

第二,竞品为伍,选择竞品集中的主体馆。比如自主品牌,可选择与攀比竞品日系,或吉利、哈弗、传祺等主流自主品牌相邻,且展位间距2米以上,切勿选择人流虽大,但定位差距太大的豪华品牌区。

第三,避免异形,场地尺寸和高度等需要规整,满足厂家展具要求；展位内避免出现立柱,不然将对展车摆放、演绎互动、展具观感、展台空间造成较大影响与不便。

明确展位目标,就得抓住厂家车展负责人（对于大型活动主办方,主机厂人

士更有说服力),尽快与主办方展开沟通。建议在 N-45[1] 日左右提出需求为佳,过早商谈因主流竞品未确定,难以找到贴靠的合理位置;过晚申请可能已无理想展位。

2)方案策划,一般涉及目标设定、促销政策、宣传计划、展台布置、演绎互动等。

其"目标设定"是后续确定项目规模和档次的前提(可因此申请相关协会或区域费用),需要主担店分析市场现状,结合历史数据,与兄弟店共同商讨,找到挑战目标和费用支持的共识,并向上级申请。

促销政策的制定必须由主机厂区域人员主导,毕竟多店的日常促销包装各异,优惠幅度亦有不同。统一报价口径是必须的,但最关键的是制定行之有效的处罚条例,让现场各店都能心无旁骛地一致对外。不然轻则容易出现客户流失,重则发生销售顾问间的口角甚至打架现象。同时,多在礼品上下功夫,也是能够尽量规避难以统一价格优惠的矛盾,依据当地客户的特殊喜好下功夫,可能会有奇效。比如在长沙的一次展会上,某品牌订车送自动麻将机就很受欢迎。

针对车展共同的宣传计划,除了尽可能争取主办方免费的资源露出外,为避免众口难调,可以挑选一家媒体统筹打包负责,获取不仅仅是展前预热,还有展中专访、客户引流甚至招募"看车团"组团看车,展后亦有相关后续报道。

展台布置才是主担店能力的考验。在厂家搭建固定展具之外,都是可以发挥的空间。而目的有两个,就是吸引更多客户光临,以及更长时间的停留。前文说过我那位喜欢思考的上司"靓哥",就曾分享过一个他的成功案例。当年他在担任一个小众品牌区域经理时,就打造了一个"××不谈价,优惠玩出来"的展台主题。由于车型较少,600平方米的展台只放了4台展车,其余都是各种游戏设备,客户全部通关后根据成绩计算优惠幅度,现场火爆异常。客户就像手游升级打怪兽一样停不下来,并对最终获得的积分奖励十分珍惜。该做法比较剑走偏锋,可能主流品牌在参考使用时会相对谨慎。其实,除了游戏设备,还可以结合

---

[1] N代表车展首日,N-45代表车展前45天,以此类推。

更多物料的组合，包括改装车展示、新车氛围区的布置、咖啡/雪糕吧台、儿童游乐区等。核心就是找到合适的主题进行布局策划，分清楚哪些是将远处客户吸引到展台、哪些是能让客户来了就不想走的。设计的主题可以是来自厂家的新车发布、系列活动，也可以是时下热点，如二次元、国潮风等。其他的促销型物料，大家轻车熟路，就不再赘述，仅简单介绍下设计的原则，即给客户今日订车的理由：第一，机会难得，体现有厂家支持的优惠、历史最低等；第二，从众心理，在不在现场的人都在买（订车风云榜、几百万用户信赖等物料）；第三，紧迫感受，包括展示特价车剩余台数、限时抢购、礼品送完即止等。

演绎互动相对简单，只要把控主题思路，交给有丰富经验的运营公司策划执行（包括上面的展台布置也可以由其建议），主担店剩下的核心工作就在于评价和把关。而这里重点提醒的是把握所有演绎人员的素质（主要是舞蹈和模特）。职业素养是基础，但更重要的是身材和颜值，毕竟其作用说白了就是吸引眼球的花瓶，不过可悲的是，我到过很多地方车展，至少50%的展台，演绎人员的外形都不达标。而且绝大多数已经不能归类为审美不同的因素了。这里面除了节省费用外，就是把关不力。因此，强烈建议主担店负责人必须亲自面试（叫上两三位同事共同投票），首先是身材匀称（身高在173~178厘米、不用过分追求前凸后翘）；其次是颜值，是甜美可人还是高冷御姐，可以根据不同品牌调性进行区别挑选，但妖艳风格的请谨慎选择；再次是短视频平台粉丝量，能为品牌带来额外流量。请务必有宁缺毋滥的底线，实在认为费用有限，以身材为主，颜值的缺陷可以拿特制花纹的口罩进行遮掩，还能营造朦胧的神秘感，并配以独特的服装与饰品。见过某些品牌展台使用多名相貌在普通人颜值之下的，以及身材局部异常"庞大"的演绎人员，果然后期就见到不少媒体负面调侃的报道，让地方客户对该品牌的印象下滑。

3）展馆投放需要单独说明，希望引起各位重视。

首先，向厂家"晓之以理动之以情"地说明该车展的区域影响力，对提升当地品牌知名度的重要性，争取到足够的广宣支持。一般只要上规模的车展，展馆投放动辄五位数以上，由4S店承担会比较吃力。

其次，除非你的品牌财大气粗，本段剩余内容可以完全忽略（铺天盖地的露出给观众带来的强烈冲击效果是必然的）。不然，囊中羞涩的我们就需要考虑性价比更高的精准投放，哪些是同价点位效果更好，哪些是效果不错投入较低。以下建议供您参考：

参考一：相对一晃而过的展馆大牌，以下点位客户路过或停留的时间更长，有类似电梯框架一样强迫视觉的作用，且费用更低（图3-9）。

a）入馆主干道的一排吊旗
（观众进馆必经之路）

b）场馆间的大幅落地画
（出来透气、吸烟人士驻留）

c）户外休息区
（避免嘈杂的休息交流区域）

图3-9 强迫视觉的高性价比点位

参考二：图3-10所示是某车展上，一个展位位于"E3"馆的品牌的点位挑选分析。

结合历史参展经验，根据实地考察用心分析，会有发现新大陆的感觉。同时，也可以打听来展馆必经之路的投放价格，比如主干道的道旗、人行天桥的横幅等，说不定有意外惊喜。

最后，同样关键的就是画面设计。与"外拓"宣传单页设计思路对比，突出主题的想法有所类似却更甚，优秀的展馆投放画面中几乎"只有主题"。宣传单页用主题吸引你别扔，然后继续观看单页中的其他信息；但大多数观众对展馆画面都是一扫而过，能让人快速记住你想传递的信息，并勾起前往展台观看的欲望，这就成功了。总有些"会过日子"的厂商，觉得内容单薄会太浪费，对不起高昂的投放费用，于是，什么全车系图、品牌＋车型广告语口号（slogan），就差没把配置表搬上画面……再好的点位也被糟蹋了。

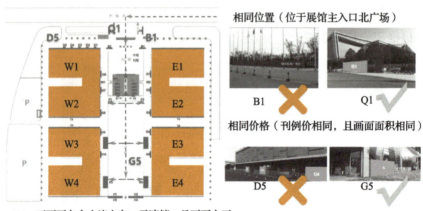

B1：正面面向主人流方向，无遮挡，且画面方正
Q1：背靠人流方向，前方被旗杆遮挡，且为长条形画面
B1比Q1刊例价贵一倍，但通过现场分析对比，相同位置，Q1实际展现效果优于B1
D5：人流较小，且广告点位密集（D1-D5，5个画面）
G5：位于E3馆（本品牌展位）入口，且正面面向必经人流
虽然两个广告位价格相同，但G5的曝光度明显高于D5

图 3-10 相同位置/相同价格的选择思路

展馆位置！展馆位置！展馆位置！重要的事情说三遍，这是每张图必须展示且突出展示的重点，再吸引人的画面，观众找不到地儿也是白搭。其他内容建议仅突出一个重点即可，可以是预备解开某新车发布神秘图片、热销车型直击痛点的卖点示意图、本次参展具备强大吸引力的主题（如"吃喝玩乐在××，亿元红包等你抢"）等。对于"直降×万元"类型的赤裸裸降价促销口号，则需要谨慎，虽然具有短期刺激作用，但对品牌保值等方面的伤害也同样巨大，还有可能招来展前新购车客户投诉的风险。

2. 对私方面

1）提前1个月开始对"车展钜惠提前享"的团购活动进行宣传，将所有潜客通知到位；提前一两周左右，将所有潜客通过团购会收割一次；制作用于社交平台的宣传视频、图片，提示车展倒计时，并同时承诺展前到店优惠一致，买贵补差价。尽量将所有能在车展前完成下订的客户招募到店成交。

2）提早进入"展前清潜客"的备战状态，安排邀约话术，例如，"早买车早享受，我们确保优惠一样，车展人挤人还不安全，大好的五一/十一假期，带着家人驾车郊游不是更香吗？" N-30日开始详解促销政策思路，告知销售顾问已申请"买贵补差"的备用金，这一点很关键，这不仅是让后续的客户放心，更重要的是提前让销售顾问在展前谈价能放开手脚，拥有无后顾之忧的信心。

3）提前2~3天，我们必须再次电话邀约潜客到店洽谈，尽量减少其到车展与竞品对比的机会。面对一定要去车展的客户，提供门票是最后一招，在上面签上销售顾问的名字，按门票价提供给客户，承诺来展台捧场可退还，并可抵500元购车款（仅示例，可根据财力调整抵扣力度或换成购车用品券）。始终保证你与客户有一根"细绳"系着，相互关联，保留继续沟通联系的理由和借口。

4）在车展期间，厂家为区域投放的网络、电台、社区类的户外（如小区灯箱、电梯框架等）发布车展邀约信息外，进一步到相关区域展开外拓。唯一目的，就是借车展钜惠机会难得，承诺优惠提前同步，邀约到店，展前成交。

5）线上推广不能停，特别是时下热门的短视频，让提前面试成功、面容姣好、粉丝较多的演绎人员拍摄一些预热短视频，甚至在展前团购会上邀请其到店参与活动。

二、车展中期（N-2日—车展结束）执行

迈入车展现场，就像进入拼刺刀的战场，同城店如同盟军一般，"和"则一致对外抢夺更多蛋糕，"分"则溃不成军自相残杀，个个都吃不饱。主担店作为牵头人、协调者，确保联盟齐心、团结，不仅是维护大家的利益，也在保护自身的利益。

1. 对公方面

1）N-2日的展前会议，厂家总部人员、大区人员、各参展4S店、执行公司

各方必须派代表参加。确认方案，让各方对前期宣传、展台布置、演绎互动、费用明细等已执行和未执行项目做最终确认，避免后期纠纷；明确分工，将各店需要配合事项逐一落实到人，如服装、各家展车、车用充电器等；统一政策，确定"盟军"统一报价口径及优惠底线，并再次重申严格的违规处罚条例。

2）N-1日的入场彩排，拉上厂家人员一同对照方案验收，对于货不对板的人和物，要及时更换调整。

3）开展后每日晨会，最重要的事情就是鼓舞士气。没有真金白银的打鸡血就是耍流氓，因此在厂家人员或值班总经理激情澎湃的演讲后，必须对前一天达成者的奖金，以"现金"的形式颁发，形成你争我赶的争先氛围。各店独自的工作布置，用预发红包的形式让销售顾问主动认领当日任务，进一步将团队狼性激发。主担店在会后还需对前日夕会须整改项到位情况进行确认，将严谨的态度带给执行方。

4）"盟军"夕会，各店仅派代表参加，主要通报成绩、总结经验及时调整不足。与晨会以正能量的激励氛围不同，夕会不需要一团和气，特别是当日违规的行为，必须利用厂家领导"狐假虎威"，将问题明确暴露，彻底解除店间不和因素的隐患。同时，根据当日业绩，对比竞品，提出是否追加促销手段的建议，如加大政策、增加互动集客（人偶、小丑、不倒翁）等。

5）随机应变的销售政策。派遣人员（各店轮班或外聘）调查核心竞品促销、优惠幅度，每天早晨1次，建议在人流稀少的10:30前完成收集，11:00前与各店及大区完成是否调整现有政策的商讨，并及时宣贯给销售顾问。

6）"小蜜蜂"（移动兼职促销人员）仅发传单的时代已经过去，能拉客户才是硬道理。因此，小蜜蜂必须有绩效。没有规则，无异于怂恿偷懒。逛一逛展馆就能看到，那些眼中有火追着客户几条街、上竞品展台拉客户的小蜜蜂，绝对不仅是职业道德的驱使；如果发现你的小蜜蜂在户外过道，拿着手举牌遮阳，聚众闲聊，别急着责备，亡羊补牢地制定合适的提成规则才是当务之急。以带到展台客户数提成，设定阶梯式奖励，如成交后更有额外奖励。优秀小蜜蜂在晨会中也要统一表彰及颁发奖金。另外，小蜜蜂手举牌的制作，建议根据场馆允许范围，越大越好，内容与投放广告画面类似，突出客户来展位的一句话理由及展位位置，并留有到场领礼品的"二维码"。人流大的时段巡游宣传，人流少的时段分散引导。最后，对于小蜜蜂的服装，采用空姐制服、游戏装扮、二次元等，也是吸引眼球锦上添花的做法。

7）充分利用展台资源，促进引流及传播。让演绎人员利用展台车型、特色布置、互动设施等，在空闲时间策划脚本，进行短视频拍摄，争取更大的曝光效果。另外，在场内互动设施遇冷时，及时让面容姣好的多位演绎人员及时补位，获得大批异性客户的围观，并引发在"小姐姐"面前展现个人实力的竞争氛围，迅速形成排队长龙。互动游戏设备的挑选，建议把握几个原则："有一定挑战，能激起斗性""有观赏性，能吸引围观""30秒~1分钟不会等候太长"，如网红接棒棒的"眼疾手快"、篮球机设备等，如图3-11中所示。

图3-11 部分高效互动游戏设备示例

8）保持良好的洽谈区环境。饮料零食备齐、及时清洁清理、放置鲜花绿植之外，杜绝异味是最容易被忽视的。近年环保搭建的普及，油漆、胶水等装修类异味已鲜有发现。问题主要来源就是用餐和吸烟，尤其是后者，必须用制度严格控制己方人员，并提前教会礼仪劝阻话术，在客户主动吸烟时上前礼貌制止（销售顾问会不好意思开口），比如"先生，不好意思，这里吸烟会被主办方拉电闸哦，麻烦您配合一下，谢谢！"。为其他客户营造舒适的洽谈环境，而非加速其离开的决心。

2. 对私方面

1）销售顾问的派遣。一方面，车展销售很累很磨人，却是锻炼新人快速成长的最好平台，源源不断的接待机会，试错成本相对较低。同时，新人的勤奋和执行力会给销售团队带来更多正向的活力气息。另一方面，车展与展厅接待相比，成交率虽然偏低，却是未来至少一个月以上的客户基盘积累，真正有想法的销售冠军态度绝对是积极的。反而，部分已习惯在店头挑客户的"老油条"不但不情愿，还容易在展台传递负能量和消极情绪。因此，建议车展现场是销冠与新人互补为主的搭配，并阶段性地进行展台 / 展厅的轮换。

2）珍惜每一条线索。车展通过互动游戏、派发礼品、免费 Wi-Fi 验证等方式收集的客户信息，对公要求执行公司每天两次导出（下午 14:00、闭馆后），平均分配给到各参展 4S 店。这时，请立即安排店内电销人员马上跟进，以简单话术判断真实性，确定客户还在现场的交还展台销售顾问，其他给转由展厅销售顾问跟踪。确保当晚 10:00 前将所有线索回访完毕，全部邀约次日到店。

3）规定展台接待客户的回访频率。建议 H 级客户 1~2 小时联系，确认客户位置，及时作出应对；A 级客户必须当天内联系，尽可能邀约次日到店赏车、试驾；B、C 级客户可以次日联系，时刻把握其心理动态。

4）为销售顾问准备工具备用。要知道，即使高考这样的人生大事，也会有忘带准考证、不拿签字笔的考生，因此不用期待在你多次提醒下，每次全员都能记得。基本的销售工具表单、计算器、签字笔、润喉糖等，必须备足，亲自带到现场。

5）每日分析集客情况，视意向客户的积累程度，可考虑在车展中段进行一次店端的夜间闭馆活动，消化一波，避免夜长梦多。

6）关于销售顾问的车展销售技巧非常重要，在展前需要充分培训和演练，将单独说明，详见下文"车展销售技巧"。

三、车展销售技巧

在《同一首歌》现场，你可能只有一首、顶多两首歌的表演安排，同样，车展上的品牌琳琅满目，别幻想客户有心思多次光临贵展台，你也仅有一到两次说服他的机会。因此，车展销售对比展厅有着截然不同的区别，这也是我需要另开一篇专门说明的原因。

不差钱的做法，可找专业的咨询公司，承担展前培训、展中全程跟踪指导等服务。与同期相比，无论从团队精神面貌，乃至最终订单成交，的确会带来相对明显提升。但多数咨询公司仅能对效果预估，不可能给予量的承诺。毕竟是六位数左右的费用，主担店难以计算投入产出效果，没有大金主的支持不敢贸然尝试。

那么以下内容，供相对囊中羞涩的大家参考，希望在销售/市场经理对销售顾问培训车展的接待与谈判时，得到一些帮助和启发。

1. 事前准备

工具包是贴身武器，没有空手上战场的士兵，因此，别等着公司现场供给，提前至少一天就要准备充分，次日出发前再次检查。工具包里装着车型资料、合同、按揭、用品清单、预算单、计算器、1盒名片、3支笔（1支自己写、1支备用、1支临时借人）等。如果竞品信息不熟悉，也可以带上"作弊纸"偷瞄。别留有小瑕疵给谈判过程造成不必要的麻烦。

仪表整理，战斗前的充分休息很有必要，再浓的妆也掩饰不了颓废的精神状态。展期每晚回访电话在22：00前结束（再晚对客户也不尊重），严禁其他娱乐节目，尽量23：00左右休息。次日的妆容仪表整洁为主，淡妆即可，因展台灯光照射，女生如有汗水，溶解后的妆容会影响接待形象。另外，润喉糖必不可少，公司可以统一准备，也可为销售顾问自备自己信赖的品种报销，在嘈杂的环境下吼一天，保护嗓子是基础。

谈价的准备，梳理、收集所有可用来讨价还价的项目和幅度，包括但不限于，现金优惠、赠送精品、保险按揭、延保服务、售后工时、转介绍优惠、二手车折价、交车时间、付款时间等，必要时列出清单随时翻看。在谈价环节，这不仅仅是对客户出让的筹码，也是用来替换的条件（相关手法详见价格商谈部分）。

2. 甄别客户

车展销售与展厅最大的不同就在于"速战速决"，在无谓的人身上浪费时间，就像在战场上对着蚂蚁开枪。因此，首先我们要懂得甄别客户，才能避免对牛弹琴的无用功。下面，我们尝试用三步法进行筛选和鉴别。

第一步：观察特征。表3-3及表3-4分别列举部分"非购车客户"与"疑似购车客户"的特征，可用于初步的观察判断。

表3-3 "非购车客户"的特征说明

类型	特征	关键词
非购车客户	各种大袋子装资料，收获礼品丰富，部分年纪较大	收废品
	"长枪短炮"，专业摄影服装，拍车、拍模特	媒体或摄影爱好者
	拿着一张大表，一边看一边记录，还不时拿出尺子测量	调研人员
	双手背后，目光发散不聚焦，在各展台走马观花，遇到表演会驻足观看	闲逛者
	年纪较轻，上来就直奔互动游戏拿礼品的，不少还穿着别的品牌制服	竞品兼职

注：判断非购车客户不代表完全视而不见，在闲时提供相应帮助，或对方提问时礼貌回应，展现的是基本的品牌礼仪，但也要注意利用话术及时抽身。

表3-4 "疑似购车客户"的特征说明

类型	特征	理由
疑似购车客户	一家老小，老人看孩子，夫妻看车	放弃假期来逛车展，不太可能只为了拿礼物看表演
	结伴而行，在一台车上观察仔细，不停交流	大概率是选车带参谋的
	一人独行，时而看车，时而倾听一旁介绍，手上还有竞品宣传单	正在做对比的客户
	先找前台要宣传单，询问车型位置，直奔目标对照观看的	网上了解过，过来"三现"主义
	之前到过店的，或重复到展台的客户	理由无需解释。销售顾问要培养人脸识别的记忆能力，这是销冠的必备技能

当然，以上不能概括所有客户，尤其对于疑似购车客户及无法识别的人员，我们需要进一步甄别。

第二步：灵魂三问。首先是开场白。既然要争分夺秒，每一句话术的选择都别随意，开场白一句"您好，您是来看车吗？"比"您好，有什么可以帮到您？"更加直接有效地让双方尽快切入主题。然后，我们进入封闭式的"灵魂三问"（表3-5）。

表3-5 车展销售开场三问

次序	问题	分析
第一问	您之前了解过我们的车吗？	·前提：理论上，高意向客户，会对目标车型在网络上提前查询 ·回答：没有。可能意向级别不高，只是过来逛车展的，也可能是购车意向高，我们产品本不在考虑范围，临时被吸引入场。但两者大概率不能靠短时间打动 ·回答：有。恭喜你，我们的车至少是他的关注范围
第二问	您到过我们店里看车吗？	·回答：没有。要么他是刚有购车想法，借车展综合看看；要么他去过别的竞品店，我们的产品属于他的边缘选项 ·回答：有。不管是哪家店，我们的品牌在他的考虑范围基本没跑了
第三问	您看没看中哪一款配置？	·回答：没有。证明他的可能还在对比阶段，当天下订的可能较小 ·回答：有。大概率就是目标明确，奔着车展钜惠来了

三个问题之后，我们已经心里有底，如果三者都回答有，请立即邀约进入洽谈室。

第三步：信息判断。可能在你还没提以上问题，客户就向你咨询或透露以下信息（表3-6），也极大可能是高意向客户。

表3-6 代表高意向客户的表现

客户咨询/透露信息	理由
从外地过来	有很大一部分客户，都有从地级市往省会城市，或县乡往市中心购买大宗物品的习惯，感觉更加安心。难得来一趟，就得有收获，没几个大老远跑来就是为了感受车展氛围的
了解报价后质疑价格差异的	证明其前期已正式征询过，目标比较明确，只要价格合适，当天下订概率较大

（续）

客户咨询/透露信息	理由
对产品挑毛病的	证明已经深度关注我们产品，从网络、周边等各种渠道了解使用情况。挑刺是好事，因为客户若感觉问题不能接受就不会过来咨询了。而原因无非有二，其一，获得正面解释，坚定购买信念；其二，作为压价的理由之一
问贷款手续、车型颜色、到车时间、现有二手车处理等细节信息	当天能购买，基本没跑了，你当天没拿下绝对要找自己的问题

并肩进入洽谈室的路上，聪明的销售顾问会补上一句："这次车展优惠力度非常大，还有厂家补贴，机会非常难得，您今天是否考虑订车？"

绝大多数的客户只要愿意跟着进去，都会回答："那就看你价格合不合适啦，价格合适就订嘛。"

这句提问的目的在于，一方面向客户明确，我带你进洽谈室，就是为了促成签单，而不是单纯讲解员；另一方面，也为客户心理埋下一个隐形的包袱，潜意识里，价格合适就买的承诺已经给出，后续谈判只要达成协议，下订就是顺理成章、必须履行的程序。

当然，也有些例外的，比如客户说"买车肯定要多比下嘛，哪能说订就订"，其实这样还算实诚；有的表面说今天能订，却是在洽谈室内绕圈圈的大忽悠。对付这两类客户，我们在发现后，尽快完成车型介绍，留下好印象，要么在对方提出高额优惠的时候，果断拒绝，礼貌送客；要么在对方提出再看看的时候，不予挽留。

在实施"三步法"过程中，判断属于意向偏低的客户，尤其在人流活跃的时段，更应该尽早结束交流，但必须留下联系方式。"现场太吵，要不您留个电话，看您方便的时候我们再聊？""您留个联系方式吧，我们约时间试驾，有更多优惠的时候我优先通知您。"切记必须后续跟踪，不要把低级别客户和非客户弄混淆。

3. 需求确定

回到接待阶段，在甄别和判断客户级别的同时，明确客户需求是必须的，这是双方进入谈判的前提。理论上，高意向客户对车型基本没有太大异议，来到展台后，销售顾问也是在目标车型旁与其交流。

"这款车质量到底怎样？"

"这款车有什么优势啊？"

大多信息基本在网上已有了解，客户的提问，是想再次坚定自己将该车型纳入选择范围的理由。然而，车展嘈杂让人心烦躁，客户没有闲工夫听你高谈阔论，拥挤的现场也不允许你施展六方位介绍神功。

首先，一句话车型"定位"开场直接打动客户。把主机厂高大上广告宣传定位语放在一边，结合观察客户特征，自己换位思考，这款车到底什么卖点最让人动心。比如，面对三口之家，"您的眼光真好，××就是这个级别里最健康的车"；面对时尚青年，"这就是一部最酷的性能家轿，百公里加速还不用 5 秒"；面对小白领，"这绝对是我见过性价比最高的车"……略带夸张的开头，直接让客户期待你要怎么"编"。

接下来的介绍依旧不能拖沓，3 分钟是极限。话术要描述带入生活场景的卖点，优先讲述客户能够现场观察和体验的，如内部空间、座椅折叠、语音控制、离地间隙等；其次是有明确标识的，如动力性能、制动距离等参数，以独有的或最优的为佳。

介绍完车型，即使到了洽谈区，还是有不少优柔寡断的客户对车型细节迟迟无法确定，比如在两个版本上举棋不定，或是拿不准颜色、内饰等。

这时候，建议利用前面沟通的一些细节，用封闭式的总结，引导客户做出符合情理的决定。比如："我看太太对展车的那块智能大屏很感兴趣，小朋友也玩得好开心，要不我们就定这一款豪华版配置吧？正好店里有一台白色现车，再晚的话可能就要等厂家发货了。"

4. 谈判原则

各种性格的客户都有，每次的谈判过程也大不相同，但违反以下的"五不"原则，将很有可能造成失败。

第一，谁先让步谁先死。

网上有说法"谁先让价谁先死"，这点我不认同。在车展上，高意向客户就是奔着价格优惠而来，销售顾问如果直接一副官腔报出"指导价"，有脾气的客户可能觉得没诚意，掉头就走；即使不走，由于心理价位差距太大，在后续讨价还价中，销售顾问对每次的幅度把握也十分困难，过程也会十分拖沓。

正确的做法是，按商量的统一口径报出价格（该价格其实也是有杀伤力的），并解释优惠构成，说出机会难逢的理由，从一开始就让客户感受到诚意满满，降低客户对进一步优惠的期望值，然后坐等反应。

很多销售顾问过于着急，担心统一报价吸引力不够，或者希望在与同僚竞争中偷步，上来就做出自己权限的大幅让步甚至报出底价。这就犯了大忌，一方面将自己陷入谈价空间极少的窘境，即使成交也基本没有利润；另一方面如果其他的销售顾问接待过，容易引起相互矛盾，并让客户质疑你们品牌价格混乱，诚信不足。

而客户对统一报价的还价，不论真假，至少为谈价双方设定了可以进一步交流的区间基础。销售顾问有了参照，才方便做出后续应对。

第二，不能答应客户的第一个请求。

最近刷抖音，也发现不少类似搞笑的梗，一个人去买家具，问老板这套真皮沙发多少钱？老板说：原价两万元，不过现在搞活动，能便宜点。客户问：那五千元卖不卖。老板说卖。客户说让价那么大那么爽快，肯定有猫腻，不买了。老板说你重新问下吧。客户说五千元卖不。老板说不行，顶多送你个抱枕。客户说，这就嘛，质量好的怎么可能让价那么多？我买了……

这是笑话，讲得比较夸张，但却十分在理。想一想，我们去逛超市，面对大幅打折的货品，是不是下意识地认真看看，到底是"雕牌"还是"周住牌"，或者临近过期了。

一般客户第一次的还价，幅度都会相对较大，明显低于自己的心理价位。如果马上被认可了，至少有两种反应，要么认为这车有问题，是不是处理品，是不是有什么套路没发现；要么觉得自己太亏了，后面肯定找理由继续要求更多。

第三，不主动邀请下订者必败。

真的遇到不少勤奋的"小绵羊"，勤勤恳恳辛苦一整天，客户是接待了不少，也聊得不错，就是没有当天成交的。一问之下，原因就是羞于开口"逼单"，觉得在强迫客户。

车展是竞品的集中地，不要觉得你的产品棒、优惠大、服务好，客户就不会移情别恋。要知道谈恋爱也有一说，"要主动出击，不然优秀的霸道总裁也抵不过渣男的花言巧语"。

从客户的角度思考，反正车展还有好几天，你的政策也不是今天就没，我多看几个品牌对比一下那才更稳妥。结果逛着逛着，被竞品的一剂猛药迷惑，束手就擒了，留下的是你的后悔莫及。

第四，不给承诺不让步。

不要认为善意的让步会感动对方。恰恰相反，没有条件的让步会让客户更加肆无忌惮、咄咄逼人，不但继续在其他领域做出要求，也不同意自己额外需要付出的条件。

就像一场拳赛，在客户眼中，销售顾问产品知识专业，谈判经验丰富，必然是一场势均力敌的对抗。结果你直接上来送上大脸挨打，还祈求对方能够礼尚往来？

因此，在客户提出车展优惠不够、增加赠送用品等要求时，不用着急回复，一定要他给出相应的承诺：

"这个优惠幅度太大了，那今天不能只收您订金，得把首付刷了，不然我没法给老板交代啊。"

"您也知道我们基本就没有利润了，这个大包围真的送不了，您真想要，我去看看能不能用您那台大电视的礼品换一下。"

能让客户认为，他所争取的优惠已经无限接近临界点，距离成交就不远了。

第五，接待时间不超过 30 分钟。

最长也不能超过 1 小时，理论上车展的高意向客户都为优惠而来，花在成交谈判以外的时间都是浪费生命。利用谈判技巧，必要时拉上领导，给足客户谈价获胜的感受，完成下订。

客户依旧犹豫不决的，留下联系方式后，礼貌送离，继续下一个接待，但勿忘后续回访。例如在展台车前交流已经超过 5 分钟，两次邀请进入洽谈室都遭拒绝时，证明客户至少是仍在对比挑选中，今天下订的概率较低，请果断放弃，可后期跟进。

因为，接待时间越长，销售顾问的谈判地位越处于劣势。同时也不断错失后续客户的洽谈机会，还容易加重自身焦虑情绪。山东某车展女销售顾问接待客户一天，客户最终不肯下订，顿时失控痛哭，而同店男销售们群起殴打客户；无独有偶，某次车展 B 字头的合资品牌展台上，也是因接待时间过长，客户一天到晚的砍价却没有买单，导致销售顾问顿时倒地，口吐白沫，被 120 急救拉走……（图 3-12 所示为某大 V 在微博中发布的内容。）

图 3-12　某地车展上销售顾问紧急送医院的微博说明

为了更高效地接待客户，也为了心疼我们辛苦的销售顾问兄弟姐妹们，请务必提醒注意。

5. 谈判技巧

过程越曲折，越能增加最终获胜的成就感。就像 2006 年的男篮世锦赛，王仕鹏将中国队送入复赛的绝命三分。没有打输就回家的包袱，没有前期的比分胶着，没有最后 5.8 秒还落后 2 分的绝境，这个球的价值感也不会被津津乐道十几年。

谈判的最理想状态，就是客户有一招绝杀的胜利快感，销售顾问暗自窃喜。让客户用低于自身感知价值的价格购买产品，获得满足感，这才是真正的双赢。

1）首先，我们要先卸下客户不合理的报价基准。当客户对统一报价提出第一次还价时，我们别着急进一步商谈，必须先获取客户所报价格的信息渠道来源。客户会有意夸大幅度，但还是会基于一个参照条件，不可能对 10 万元的车上来就要求做出 4 万元的优惠。

"您这个要价太夸张啦，我们从来都没做过，您是从哪里看到的啊？"

可能是网上一些黑店（某个超一线城市常有这些直降数万元的套路购车），可能是来自于资源公司的报价，可能是外地店的综合优惠，甚至是打听到朋友购买的一些处理特价车辆价格。

以上的所有可能性，我想大家都能轻松合理地说服客户，在这里只是想强调，卸下客户心里这些不合理的参考基准，才能消除他对不合理报价的期待，从而将节奏掌握到自己手里。

2）然后，谈价策略可以采用阿克曼议价法。美国的阿克曼发明了一套很有意思的六步议价法，虽然是针对买方，但我将角色置换，并做调整后，感觉非常适合在车展上使用（表 3-7）。

表 3-7 六步议价法

步骤	说明
第一步，设定目标优惠幅度	这个可以因人而异，范围是统一报价和底价之间，你认为客户能成交接受的最少值。比如是报价 13 万元、底价 12.5 万元，你认为 3000 元可以完成成交

（续）

步骤	说明
第二步，第一次让出幅度的50%	在你报完统一价后，客户认为优惠不够，你的第一次让价为1500元
第三步，计算出后几次可能的降幅，让出幅度的25%、15%、7%	准备好后几次的出让幅度，分别是750元、450元、210元
第四步，在让价的时候换位思考，尽量说"做不到"，与对方抵抗	不随便让价，用政策幅度已经很大、机会难得、车源紧张、赠品快没了等说法加剧客户焦虑心态，并获得对方一定的承诺或条件，如今日下订、刷首付、保险要在我们这买等
第五步，给出最终让价的时候，不用整数	比如是上面的210元，甚至可以称作208元，然后说"我的权限就只剩下208元了，自己贴2元凑够210元吧"
第六步，在最后的数字上，抛出非金钱的条件，显示已到底线	给出210元的时候，说"虽然210元不多，但已经是我的极限，既然这样也不差这一点了，赠送的那个普通地毯，我自己只有一套真皮地毯的权限，就帮您也换了吧，如果您还不满意，我也没办法了"

简单再拓展解释一下，总体而言，就是不断地减少出让的幅度，让客户感觉越发接近"成本价"。经过几轮交换条件（条件项目在销售准备环节已有说明，可以是出让，也可以是收回），不让客户赢得轻松，最终他才有更多胜利的快感。

在这过程中，不会那么一帆风顺的按步骤情节发展，比如对客户提出较大的让价要求时，立即表现惊讶的态度，或者回应更为夸张的要求，"您这样的要价，是准备要订10台吗？吓死我啦！"，让客户觉得不好意思。

遇到一些不得不动用"向领导申请"这一招时，必须拿到订金和身份证，作为向领导申请时证明客户的诚意和真实性。并在时间差的间隙快速拟订合同，签上自己的姓名，在回到现场时，客户只需签名确认即可，减少让其有思考反悔的时间。

适当的时候，要立场坚定绝不松口，降低客户对大幅优惠的期望值。如果客户要求太过分且同样不肯调整，应该意向不高，需要果断放弃。

3）最后，还有几个细节要点和建议供大家参考。一般情况，中午12:00—13:30，下午16:00—17:00，据经验统计，都是客户下订的高产期。因此，中午需要错开多段吃饭时间，最少分3批，避免漏接；而下午这个临近闭馆的时段，又属于大家最为疲劳和松懈的时间，但这时候来的大部分都是回头客，必须及时发现，咬牙坚持，热情接待。

谈判过程尽量不提竞品，遇到对比竞品价格，可以首先说明这没有直接可比性，展现我们产品的压倒性优势，并考虑使用一些非常规手法。某同行有个损招，他先前已了解竞品本次优惠5千元，于是告知客户，虽然我们比报价只优惠3千元，但这里的优惠都是实在价。不会像别人故意报高价，再来个更大优惠。据了解，他们现在优惠5千元，而且还有3千元故意不放出来，你去要要试试，绝对不能同意。这样，客户即使去了也不大容易被那个竞品拿下。

如果谈判不成，留下信息，闲时回访，尽量往展厅邀约试乘试驾，避开车展。在客户离开展台前，再次提醒"选车基本要素"，比如闻闻内饰气味、看看底盘通过性、是否五星碰撞等（其实是本品的优势所在），让他在逛竞品时不自觉地当作衡量标准，增加回头率。同时，记得留下对其的承诺，如"来找我肯定给您申请最优惠价格"等，作为下次回访的借口。对于明显是前往竞品展台的客户，可在30分钟左右再次回访一下，了解进度和骚扰竞品谈判进程，理由可以天马行空，例如"您好像有个充电宝落在我们这了"……

在次日回访当天未成交的高意向客户时，可以用一些借口来解释当时预留未放的优惠，如"昨天没成交挺可惜的，不过今天我了解到一个厂家领导要过来，每天预留了10台签批特价权，只能是车展客户，正好您昨天留了联系方式，算有资格，我刚才已经帮您留一个，不过要您过来展厅一趟，厂家领导签批才行。您看是上午还是下午合适？"

6. 逼单技巧

大家应该记得在执行篇的"报价成交"中，我曾对"逼单"的做法持保留意见。对此，再次不厌其烦地"婆妈"一下，想在车展购车的大多就是价格敏感型客户，该了解该对比的事情已经非常清楚，说白了就是为车展跳楼价而来。

在聊得比较愉快，也谈得差不多的后半段，如果客户依旧没有表露签单想法，适时地抛出"逼单"话术，会有意想不到的效果。

"这位哥，您看我也被您折磨大半天了，要是还不买，我就阴魂不散地天天找人给您打电话骚扰。"——开玩笑型。

"聊了那么久，看您也不是差这几百块钱的，我能给早就让给您啦。不过，这次政策这么优惠，只是车展上才有的，恢复之后那就是几千块的事情啦。"——强调稀缺。

"您想想，您现在要么天天挤公交满身臭汗，要么骑电驴风里来雨里去，一家人还要担心您的安全问题。您也是个顾家敬老的人，特别是现在疫情反复，全家开车出门才放心啊。早一天买早一天享受，全家人的健康能用这些小钱衡量吗？而且现在价格已经是今年最优惠啦。"——场景化的刺激。

"唉，果然'包租公的嘴，骗人的鬼'，我今天接待了好几个像您一样的有好几栋楼可收租的大老板，嘴上说得好好的，上趟厕所就过来签单，转过头就跟我们店那个小美女用一样的价格成交了。您不会也这样吧，那我可就伤心了。"——调皮激将法。

"老板，咱品牌的车质量可靠，您是知道的，不然也不会上市当月就月销破万。您看一眼外头那个订车风云榜，这只是第二天啊，就写得密密麻麻了。大部分人的价格还没我给您的优惠呢。对了，我再帮您看看，给您送的那个大电视还有没有货了……嗯，就剩两台。"——从众心理诱导。

"我知道您是生意人，资金周转很重要。这样吧，今天您就只交个1千元诚意金，我去给领导说下，把这个政策给您留下来。您这个月内哪天过来补齐车款都行，还是享受我们今天谈的价格。实在周转不过来，到时退给您也行。"——降低客户心理压力。

以上列举了一些技巧话术，当然还有更多例如"装可怜""找权威"等，需要大家在日常实战和交流中积累、训练，形成条件反射，就能及时根据环境变化随机应变。

四、车展后期

有影响力的地方车展，短则5天，长则10天，一般都在7天左右。好不容易结束，犒劳辛苦了整个展期的兄弟们是必须的。不过，狂欢一晚就好，因为战斗仍在继续，还有以下工作建议尽快开展：

1."废品回收"

这是作为主担店最大的好处之一。现场众多的促销物料、互动道具、剩余物资等，除一些属于租用的归还执行公司，相对值钱的需要上交区域协力会，其余都可以打包用于后续活动使用。

毕竟车展费用相对单店活动充足，相关用料都更加精良，能够重复利用，既能支持环保、勤俭节约，效果还很不错。

2. 长尾宣传

车展期间是前后一两个月的销量峰值，但长尾效应不可忽视。车展上火爆的围观场面、帅气的特装车辆、温馨的场景布置，配上热销数据，是持续提升品牌知名度、好感度的良好素材。

同时，传播中夹带后续活动的邀约，也能刺激因故未观展的客户到店赏车的欲望。

3. 周末团购

首先，车展结束次日，价格立即回收，所有本周到店客户，皆以展前优惠告知，体现诚信态度。

其次，告知销售顾问周末团购预设的对外口径，比如是车展目标未达成，为补量而限时延续厂家车展政策。

再次，邀请范围以车展集客为主，告知仅有车展上的留资才能申请厂家补贴，体现专属性和稀缺性（人数不足时，本周内的高意向客户也可邀请参加）。

最后，不建议对外公布团购活动信息，体现活动神秘感和有限的资格范围，提升到场客户的优越感。

> **小结**
>
> 可能是因为我有从事车展管理四年多的经验，包括多年作为区域督导以参与者的身份接触车展，总希望跟大家多说两句，所以一不小心就啰嗦了这么多。虽然近年车展成效确有下滑，但仍需重视。最后总结来说就三段话，展前清空潜客，展中速战速决，展后再次收割。
>
> 本节部分内容的灵感和启发，源自早几年听过的一场车展培训（来自上海卓盟国际咨询公司的培训课程），觉得很有收获，在此饮水思源，感谢授课解惑之恩，并向预算充沛、希望通过车展大展拳脚的同仁们推荐。

第八节
学会向用品要利润

大概在2006年前后吧，我还在某日系品牌就职时，主动制作了一份针对4S店的纯正用品培训教材PPT。后期被人告知，不知道被哪位同仁共享到百度百科上，而且收费观看。自己倒没有什么"维权"的想法，看到不少网友愿意付费下载，反觉得有点被认可的愉悦感。后来的三五年间，陆续一批主流合资品牌主机厂的同类PPT也出现在网上，当发现内容有70%以上的相似度，甚至图片都照搬不换，我就开始怀疑，莫非主机厂第一个编写用品培训教材的就是我？

不过正如开头所述，本书希望分享的是主机厂培训教材之外的销售技巧，况且相比早年用品市场所处的环境、背景，现在已有翻天覆地的变化，将15年前的冷饭再怎么翻炒也难上台面。与时俱进，根据时下客户群体的消费心理，将汽车用品真正能够发挥"促进整车销售、创造更大收益"的作用，才是这里应该探讨的话题。

一、架构设置

汽车用品在4S店里的架构设置五花八门，最高地位的有总经理直管的经理级别，更多的是挂靠销售部、售后部，由零部件经理兼职，小部分的甚至直接外包。这很容易理解，整车利润极低甚至倒挂的当下，在大多老板的心目中，汽车用品基本就是个补窟窿的工具之一，希望能通过报高价赠送缓解客户的购车杀价。干这种脏活累活的岗位，能被重视才怪。

佛山某日系品牌4S店，2020年销售整车1100台左右，疫情影响之下，同比2019年略有下滑，整车销售利润大概在小几百万元，属于中等水平。但可怕的是汽车用品销售额高达1500多万元（其中赠送、特装按成本价计算），每月贡献几十万元的利润，已经连续5年超过整车。该店的汽车用品经理是老板的外甥"阿财"，一位从美国海归的高材生。受留学所在国改装文化熏陶，来到店里后，主动"承包"用品管理部门，大搞特色装潢，首年就实现了超过200万元的盈利。最牛的经历是为一台10万元级的两厢车车主，硬是做了12万元的改装。他还是一个流量博主，不少别的品牌车主也慕名而来，增加不少额外收益。他在店内地位不低于销售经理，靠的不是亲戚关系，反而老板还在为他想单干的念头而苦恼。

因此，汽车用品能否发挥应有作用，与老板的视角关系巨大。一个兼职人员，主要的职责就是入库出库，每月拿着利润为负的报表汇报，被领导冷眼相对，这就是很多4S店用品管理现状的真实写照。

这里建议，希望独立汽车用品部门，即使挂在销售或售后部门架构之下，也应配有主管、导购、库管、技师等专职人员。而结算方面，最理想的是整车/用品分离，分开结算。把整车销售当作用品销售的服务下游，协助策划特装车、改装车，对用于包装整车、随车赠送、后装销售的不同品牌设定不同的"供应价"，并对销售顾问给予后装销售较高的提成比例，鼓励产生更多实现利润的用品销售。

二、用品采购

用品采购还不简单，上网一搜一大把，跑一趟配件市场就被琳琅满目的用品挑花了眼，而且，时常自己足不出户，就有各式各样的"慕名而来"和"领导推荐"的供应商上门。在当中挑一挑拣一拣，看看哪些性价比高，拿得出手的就差不多了。这是十几年前的主流做法，却依旧大范围长期存在。

有幸，上面那位牛人"财哥"是我的好友，往年也常有想法碰撞切磋。对于4S店汽车用品管理的经验和能力，不敢说最为顶尖，就冲着每年藐视销售经理的业绩和数百万粉丝的流量博主身份，也应该算是小有权威的话语地位。于是，我一大早，带上他喜爱的牛轧糖，去套一套他的想法和做法，希望能挖出有价值宝贝。

一番寒暄，我进入正题："财哥，这么多年兄弟，我也不拐弯抹角了，今天就是过来偷师的。要的就是你最擅长的用品管理经验，别来虚的，我只要干货。"

"好说好说。"财哥不客气地剥了一块糖，"还是老大您懂我的至爱，您有啥问题尽管放马过来，不嫌弃我肤浅就行。"

"够意思！那就先从进货开始吧，你是怎么挑选的？"

"收到！"他帮我把面前的功夫茶杯洗干净，讲究地倒上，"不过，现在要淘到一些合适的东西，的确不容易。"

对用品采购，我有四个优先考虑的原则：

第一，品质口碑良好。

在我这儿"三无"产品是绝对不允许存在的。每次的新增品种，我都会亲自把关，检查质量报告，了解供应历史与口碑。不管是从哪里采购，只要从4S店里出去，客户就认店门上挂的牌子，别让整车的好口碑在用品这儿被无辜地砸了。

就拿地毯来说，想要便宜二三十块钱的也有，但这种地毯甲醛超标、气味刺鼻、底部长时间使用会脱胶、毯面硬实不舒适还会脱毛。有个客户在我们汽车城的某品牌店里获赠了劣质地毯，交车的时候铺在车内，客户被呛得差点要把车给退了。

因此，千万别把只用来赠送作为用品品质低下的借口。早些年，由于那些"三无"的电器件短路，导致整车自燃的事件也有不少报道。

第二，供应渠道专一。

大家都应该听过各大家电销售平台在传统购物节上"全网最低、买贵必赔"的口号。理论上，同为一个品牌的产品，为何在不同平台上可以实现都是"最低"且没有"之一"的概念呢？答案就是"型号"不同。简单来说，最好该汽车用品品牌的销售渠道只供应4S店，甚至只供应我们店。如果实在名气太大，很多客户需要，不得不采购，也至少要求为我们提供专供的型号。

还是上面说的那家店，在广州永福路找了个普通品牌的行车记录仪，居然标价1500元，打个八折1200元卖给客户。有天车主去汽车美容店洗车，看到一模一样的只要300元，顿时不干了，过来让4S店拆件退款。虽然这个案例中有乱标高价的责任，但同品类多渠道供应，将容易引起对比纠纷，特别在信息发达的互联网时代。

第三，不求大牌，把控为上。

大牌看似有品质与售后保障，但4S店对其议价能力偏弱，更重要的是大牌基本为多渠道销售，客户可以直观比价，4S店可操作空间窄。只要把控好质量，了解好背景，低调的优质供应商还是不少的。

此类供应商大多会提供赊销服务，可为4S店减少资金积压，降低库存风险。同时，此类供应商更容易把控，主动服务意识也更加全面，还有更多新颖的营销思路、提供体验设施等。比如安装率极高的防爆膜，我所在4S店主推的品牌叫做"璞真"，可能您并未听过，目前更多是为豪华品牌4S店做低调配套。它打动我的不单是符合5G使用场景的日本顶级纳米技术，更有专为东方女性研发的过滤有害光、保留养生光的护肤研发概念噱头，加上终生承诺保修服务的信心。这就让销售更具话题性，也省去4S店/客户的后顾之忧。

第四，随叫随到，服务高效。

时常会遇到一些支配型的客户，习惯于"立即处理""马上安排"的回应。如果他看中的款式没有现货，或者他需要的品种我们没有经营，很有可能造成客户的不悦，乃至销售机会的丧失。

因此，我们需要不断刷新自我对市场新事物的认识与采购渠道的了解，同时，也要确保所挑选供应商在配送方面的及时性。毕竟我们不是沃尔玛，不可能展示与仓储所有品种。

所幸，佛山的本地供应还是比较全面，而且在我这里，还有一家"不务正业"的"一二三轮胎公司"作为兜底。所谓不务正业，是因为他们不仅代理轮胎及各类新型汽车用品和养护品，还利用其集团旗下"好来运速递"的庞大物流网络，实现全国范围的紧急件"一小时配送"。这就能有效避免商机的错失。

有一句大实话就是："信息不对称才能挣大钱。"这是我把握用品采购来源的基础。因此，我的核心产品有四类：

第一，纯正用品。

除非哪个主机厂非要突发奇想，自己也来弄一个电商平台销售，跟 4S 店抢饭吃（容易引起 4S 店的抵触，是得不偿失的做法）。一般来说，客户能够获取纯正用品的渠道只能在 4S 店。在品牌质量的背书下，纯正用品与外部同类产品的价格可比性较低。

第二，专供用品。

可以是全部产品只对 4S 店渠道供应的品牌，或者是知名品牌中部分绝不会出现在其他非 4S 店渠道的品种。多数情况下，前者在老百姓中的知名度相对偏低，只要有可溯源的历史和真实动听的工匠故事，对于产品的溢价帮助肯定是巨大的，甚至高于后者。就像上面说的"璞真"防爆膜，其历史能追溯到 1927 年在日本东京的胶合板粘胶带的生产销售，近百年在该领域专注的工匠精神，是我们在销售该产品能够获得合理溢价的基础。

第三，委托贴牌。

此类产品主要是以周边用品为主，例如跟车相关的抱枕、靠枕，或生活类的钥匙扣、保温杯、棒球帽、T 恤等。

最初在周边用品打上品牌 LOGO 的时候，我还有些忐忑。后来，在某次厂家部长级领导光临，我斗胆为他赠送了一个贴牌手包，并带他参观了相关用品后，他面露赞许之色，转头给厂方应该是相关纯正周边用品的负责人一通训斥，接下来就是一波来店考察……我的贴牌周边用品也顺理成章地"合法"了。

不过，在这里建议4S店还是需要以质量为前提，并提前报备。在市场竞争激烈的恶劣环境下，厂家对于店里求上进的做法还是比较宽容和理解的。

第四，异业联盟。

与上述三类产品最大的区别在于，前三类产品是客户对于销售价格的信息了解渠道匮乏，而此类产品则是想不到我能用更低的价格拿到。这方面，我和销售经理、市场经理共同开发，范围也非常广阔，品种除车用品牌用品外，电器、箱包甚至餐饮行业都有涉及。

我方为获得更低采购价所提供的条件，包括在4S店面露出展示、销售时的品牌推荐、得到我方购车方面的员工优惠等条件，对方给予的也属于预备划入促销的、外贸订单取消的、换季库存的、新品推广的等并没有质量问题的商品（与前文异业联盟中描述基本一致）。其在店内的标价，与客户在别处获知的售价一致或稍低，既能保护合作方品牌价格体系，也能为我方在营销活动中获得更高的价差空间，更没侵害客户利益，是多方受益的做法。当然，双LOGO露出是必须争取的。

另外，我早年与一家改装公司有着长期合作，经常相互交流最新的改装潮流，共同研发新品。只要是以本品车型作为基础开发的产品，都在我们店里首发销售。随着政策对改装的逐步放开，这几年在我们店完成重度改装的客户已有百余人。那台花了12万元改装10万元级车型的，还不算最贵的……

三、用品定价

"正好说到这儿，就这台12万元的改装，你的成本是多少，让我惊艳一下。"

"哈哈，这可是商业机密啊。材料成本几万块肯定是有的，另外，施工难度也不小啊，我这边的小工加上改装公司的技师，可是足足干了一周时间呢。不过最终的利润也比较可观，这是辛苦钱嘛，嘿嘿。"

"好好好，别担心，没问你借钱。"我拿起财哥新泡的毛尖抿了一口，"挣多少就不勉强你交代，定价思路总可以分享吧。"

"明白明白！如果单纯将我的加价幅度贡献出来，顶多可供同品牌的兄弟店借鉴，其他大部分的同仁没有多少参考价值。毕竟不同档次的品牌、不同地区的消费水平，定价都应该有不少差异。我就按您说的，大致分享下定价方法吧。"

1. 常见品种不虚高

一些 4S 店喜欢拿低档用品或者普通用品，借助品牌形象标高价格。让 4S 店被冠上"高价低质坑客户"的头衔，实在是最不理智的做法。即使只是赠送的价格虚高也会引起客户反感，进而对整车价格、维修价格、保险价格等产生质疑，造成连锁不良反应。

这里说的主要是一些常见的电器件，在网络上主流价格和最高价格，功能和价格差异也并不大的品种，如行车记录仪、倒车雷达等（车载音响这类享乐型装潢除外），或者一些简易的装饰件，如挡泥板、雨挡等。

此类产品市场价格透明，客户本身也不愿意花特别的高价追求。就像上面投诉事件的行车记录仪，市面上的此类产品加个屏幕、分辨率再高些，也不过四五百元，在店里标注个七八百元已经顶天了，非要贵个两三倍那就是自找麻烦。

2. 品牌定位双匹配

有些时候，品牌的溢价水平够了，但挑选的品种不匹配，定价也容易出问题。需要充分结合该目标用品的品牌以及产品质量档次，与本品牌的溢价水平综合考虑。而且，若该品牌或产品为公众熟知，定位与自身品牌差异过大，也不建议采用。

例如，某 B 字头的豪华品牌 4S 店，挑选了普通山地车工厂一款对外售价400 多元的折叠自行车，让其贴牌供应，在店内标上近万元的销售价格。按理来说，该价格与豪车定位相符，但高高兴兴骑回家的客户望着邻居一模一样、只有 LOGO 差异的同款产品，顿时满脸黑线。询价之后，便产生了该豪车品牌和 4S 店的负面印象。

3. 溢价幅度低于客户另寻它物的隐形成本

尤其是上面第一点说的常见品种，合理的做法是在市场价均价的水平上浮 30%（预留一定的打折空间）。举个简单的例子，你在楼下品牌电器连锁店看中一款标价 1500 元的热水器，随手搜一搜，发现某宝上一家店居然卖 1200 元。但犹豫再三，大多数人应该还是会选择前者（拿 1200 元的链接去跟电器连锁店讲价倒是可以）。因为后续的上门安装、售后服务、质量保修等，实体商铺明显比线上非品牌店更有安全感，更不用担心可能买到冒牌产品等麻烦和风险。

回到主题，在生活节奏越来越快的社会环境中，消费力越高的客户在挑选方面的惰性越大，不愿花费过多的时间、精力、体力类的隐形成本。4S 店专业服务、品质保证、售后负责，其销售的用品产生合理的溢价是能够被接受的。

4. 独有的个性化产品必须体现高价值

"高价值"，重点不仅是"价"，更要客户感受到"值"。这类人无我有的用品及施工水平，就是用来体现 4S 店的专业高度和安装效果的与众不同。以此为基础，高价来得就更理所应当、物有所值，客户也更加"放心"。没写错，就是放心，比如用 100 元网购的某"驴牌正品"，你会相信是真的吗？。

我们合作的改装公司，共同开发的本品改装件采用本店独家购买，并从本店独家供应给其他同品牌 4S 店，确保了定价的权威性。这里特别提一下我一位好朋友的"中徽微改"。与外观改装相比，这种内饰"微改"同样炫目，让内饰瞬间提升不止一个档次，价格更亲民一些。一台全内饰改装的 B 级车，也就只需花费 1 万元出头的样子，施工时间一天左右，非常受欢迎，现在安装率远高于外观件。图 3-13 为全内饰改装效果图及组件说明。

图 3-13 "中徽微改"某车全内饰改装效果图及组件说明

5. 同类产品的衬托式定价

主销产品通常都会有四个档次，具体举例见表 3-8。

表 3-8　四个档次的衬托式定价说明

品类代号	以地毯为例		质量水平	库存或销量比例
	销售价	成本价		
A 类	1000 元	320 元	真皮无异味，舒适感极佳	5%
B 类	700 元	300 元	与 A 类差异不大	70%
C 类	200 元	80 元	稍厚，无异味	25%
D 类	50 元	40 元	极薄，有异味	仅一块样品

以上价格并非真实，仅做示意，重点是说明衬托式定价的思路。

表 3-8 中每款地毯的价格都有它的不同作用。一般卖车都会被要求送地毯，我们这里送的就是 C 类产品，质量属于中档水平。在这时，D 类产品就是来堵住客户说我们"就只会送品质最差的"嘴巴。当不少客户看到 B 类、A 类，又会心猿意马、移情别恋，这时候恰当地告知客户，可以用 C 类销售价直接抵扣相应部分，置换成功率将大大拉升。而 A 类产品大家应该一眼就能看出，就是个摆设，用来衬托 B 类产品的高性价比。偶尔遇到土豪买家，那就赚到了。

四、用品展示

"感谢财哥对用品采购和定价的经验分享,果然用品大咖的威名不是盖的。"我一扭头,指着对面的用品展示厅说:"这里的布置,财哥应该也花了不少心思吧,很讲究。"

"过奖啦,要不我们过去边看边说?"说着,我们来到了4S店旁独立的"××汽车用品体验中心"。

"为了这个,我可是跟老板大吵了一架,用业绩对赌赢回来的。"财哥嘿嘿一笑,"一不小心,费用就得我自己掏了。"

用品展示的方法有很多,在此主要对关键点或原则提出些个人见解。

1. 展示位置远离洽谈区

我认为,只要年销量过千台的4S店,就有条件也非常推荐设置独立的精品超市。按1台车1万元销售产值计算,除去成本、人工等,2千元纯利润是至少的,一年就能给公司赚200万元,日常还不大占用资金,当年就可以收回投入。一不小心激起了用品经理的事业心,业绩翻番绝对大有可能。

退一步来说,也至少要将用品展示柜安置在远离洽谈区的一侧,比如靠近维修客户休息区。避免与客户商谈车价时,让他有太多的赠品提示。

2. 多种展架组合

大部分4S店对用品展示还是比较重视的,展柜看上去还是花了心思,档次也不差,问题在于款式单一和摆放混乱。图3-14是从网络上搜索的图片,不知大家是否能看到自家店的影子。

图 3-14 部分店的用品展柜对比

两家店的展架都非常规范，摆放也比较整齐，但图 3-14 的左图更像超市，感觉想把库存都摆上货架，档次感偏低；右图的大件展品看似专业，但缺乏搭配美感，无法与安装后的实车产生联想。

很多地区喜欢把用品叫做精品。既然是精品，就要有体现精致感的展现环境。想象一下，我们在奢侈品、名表、珠宝店里，看到以上的展示效果，还有多少购买欲望或者对该精品的价值感有多少期待？

这里有三个建议：第一，品种少而精，切记，这是展示区不是仓库，也不是超市，是高档的体验中心，低端用品不建议展示；第二，大件品种不展示，类似空气动力学的大包围、裙边、车顶架等，只有装在实车上才有感觉；第三，归类区分展示，详见表 3-9 示例。

表 3-9 不同类型用品的优秀店展示效果示例

类型	品种	建议展柜
小精品	手表、车模、钥匙包、保温杯、香水等小物件	玻璃矮柜（类似珠宝俯视展柜）
生活用品	棒球帽、衣服、箱包、折叠单车等	参考主流运动品牌的组合展柜，甚至可以有假人模特
通用用品	高端的抱枕、头枕、儿童座椅等	
一般用品	地毯、挡泥板、鲨鱼鳍、各类饰件	
改装用品	减振弹簧、制动片（刹车片）、轮毂、蘑菇头、小面积的碳纤维饰件等	冲孔板展架（中部或一旁内嵌电视播放）

图 3-15 为优秀店用品展示图片，供参考。

图 3-15 优秀店的用品展示

设计款式多样，图 3-15 仅代表个人审美，可以配合品牌风格在设计、配色、灯光加以调整。比如某店在组合展柜中设计一些异形的空格，放置一些不起眼的品种能够瞬间拉升档次感（如挡泥板）。利用不同的展柜将品种区分，营造不同的体验氛围。

3. 核心利润件的体验/场景展示

最常见的就是防爆膜、音响系统、智能语音控制等，供应商会非常乐意提供相关的体验设备，让客户更直观地感受到产品的功能和优势所在，激发购买欲望。但正如上文所述，这是一个"体验中心"，不是超市，不仅是展示品种，包括体验设备也需要有所取舍。

简单粗暴的原则就是，哪个吸引眼球、哪个利润高来哪个。

比如，改装区就有很大的布置空间。除了冲孔板上展示的改装件，以及电视中循环播放的改装过程及多车型的改装效果，建议备有改装实车（我就淘了一台本品的事故车，仅做展示，不上牌行驶，还被经常征用作为车展展车，不仅能将大包围、尾翼完美展现，同时还包括内饰装潢、音响改装甚至防爆膜效果，能带来最真实的客户感受。但也需适可而止，考虑好搭配和重点，并有风格概念，切勿变成全副武装的山寨车。

另外，打造场景化将可更有效地营造氛围感。如上述的"中徽微改"即将为这里现场设计一个展示专区，我非常期待。图3-16是大致的示意图。

图3-16 改装区的场景化展示

最后再温馨提示，除了用于直接销售特别包装的特装版本展车，不建议将用品展车放在展厅或把用品安装在试乘试驾车上，虽然一定程度能够吸引眼球，但前者无异于主动赠送，后者的做法要么分散客户整车性能体验感受，要么直接被无视忽略。当然，还在加价、供不应求的紧俏车型除外。

五、用品销售的时机

"那台改装车实在太酷,连我这个中年大叔都心动了,特别是那套音响,很震撼,真正做到了高音甜、中音准、低音劲。哪天把我的车开过来弄一弄,得给个大折扣啊。"我在改装车里呆了 20 分钟,还意犹未尽。

"哈哈,没问题,难得你喜欢,随便挑,我找专业音响师傅帮你调试,必须打折,打到骨折。"财哥一脸坏笑地说:"说真的,无论新老客户,只要体验过我这台改装车,都有加装欲望。"

"新老客户?说到这里,你觉得哪些时候向客户推荐用品是比较好的时机?"

"关于这个问题,感觉很多人的看法都不一样,我也不敢拍胸脯说自己就是绝对正确,就仅供参考吧。"

首先回到公司让我们销售用品的目的,肯定是创造更大的利润,而不是更多的出库数据(赠送),这是大家都同意的最简单的道理。但为什么偏偏有那么多销售顾问,甚至主机厂的培训资料中,居然还在把用品销售重心放在与客户购车同步进行呢?都忘了现在的市场转为买方市场已经十年有余吗?还是贵品牌的客户都会按教材销售流程一样,按部就班地顺着来,只会乖乖掏钱买,不会开口要赠送?

再想说一点,大家应该知道,人在兴奋的状态下,会更容易做出消费决定。而厂家的整车销售培训教材中,也清楚地指出,客户最兴奋的环节是"交车环节",不是销售顾问最兴奋的"报价成交"及其他时段。

因此,用品销售最好的时机就是在"交车环节",这点我非常坚持。当上一笔交易已经完成,销售顾问就可以没有顾虑地继续为客户的爱车提供更好的装潢建议。就像买房一样,见过多少中介会在探讨交易价格的时候,为客户推荐房屋装修公司?倒是在收楼的时候,小区中突然就出现了一堆的空间设计、装修施工、窗帘纱窗、防盗铁门等公司,还有电器、家具城的过来发活动传单。车就是第二个移动的家,对众多客户而言,更是自己的面子所在,为自己新提的车加分的建议,客户当然乐于倾听。

在这里举个亲身经历的例子，十几年前，我刚结婚的时候，买了一套 1 万元多的家庭组合音响。销售员在产品介绍过程中，一直眉飞色舞地描述该音响的完美。在完成购买的次日送货之时，他又亲自跟着安装师傅来到我家，原来是推销他的附加配件，比如一些更加高清的视频线、更加保真的音频组件。都是搞销售的，我马上就明白了他的套路，不过在了解到有品质保证，也确实能提升效果时，我就很乐意地多掏了将近 1 千元做了升级。唯一的反感就是，那些配件的价格比市场价贵了 30%。是不是有种熟悉的感觉？

仅次于交车环节的，我认为是"首次保养"。部分客户在交车完成时，对于超出个人预算的加装还有顾虑，或着急上牌，没有来得及体验用品展示等，在经过近 3 个月的新车使用，对于让爱车变得更趋完美的激情依旧强烈。即使是提前预约时间，保养也至少要 2 小时左右，这时候客户来用品展示区逛一逛挑一挑是顺理成章的事情。

排名第三的是首年的维修/保养，客户对新车的新鲜感和蜜月期大概在 6~12 个月，这从回厂频次在次年大幅衰减就能看出。趁客户还没"变心"之前，是还能劝得动他愿意为自己"伴侣"打扮打扮的最后时机。

排名第四是保客营销类的活动，在大家都把爱车开出来自驾游的时候，看到对方光彩夺目的座驾，攀比之心油然而起。适时地拿出照顾老朋友的推广政策，也有一定的销售机会。

整体下来，本店大概 50% 的销售额来自于交车环节，30% 来自于首保加装，15% 来自于首年的维修保养，另外 5% 是保客营销及其他促销活动和零散的机会。需要注意的是，在首保加装和维修保养的销售，养护品逐渐占据主角地位，尤其是后者，这就需要售后顾问的紧密配合。

六、用品销售技巧

"非常同意！就像那句'想要利润还是要出库？'，这个本来大家都不会有异议的问题，却还有很多人在执行中因为着急达成整车销售业绩、经不起客户的压价等原因,选择让用品提前'出库',可惜啊。"我和财哥边走边说,从体验中心回到办公室。

"是啊,现在的销售顾问压力都很大,完成销售目标都很困难,挣的都是辛苦钱,不容易啊。"财哥很有感触。

"所以,财哥,怎样在用品上让他们提高收益呢?把销售技巧分享分享。"我趁热打铁地追问。

"领导,这是要兜我的老底啊,哈哈。"财哥故作不满地给了我肩膀一拳,"好吧好吧,一桶水都泼出去了,也不差这一碗。"

以下的介绍会同时涵盖策划和执行,提供用品经理、销售/售后顾问、导购,相互配合,共同促进用品销售的技巧内容,主要提供思路方面的经验。

1. 阶梯绩效

卖车有任务与提成,用品销售也需要利用绩效刺激。至于是否应该设置保底要求,则需要根据4S店的用品销售氛围和历史业绩决定。若平均单台的用品纯销售额(不含赠送)在五千元以上,证明该店的销售顾问对用品的"销售"概念已有基础,在体系搭建方面也相对完善,设定基础任务对于打破部分后进人员的舒适区有帮助。反之,如果单台的用品销售额不足三千元,则建议先以正向激励为主,利用头部销售顾问的高额提成刺激整体团队向上的积极性,并迅速完善用品管理体系的搭建。

政策设定为阶梯式是很有必要的,这是使人不断勇攀高峰的动力。有点争议的是计算基数的问题。不少店是根据销售额测算,存在的问题是不同的用品的加价率各不相同,安装工时也有较大差异,一刀切的方式很多时候让劳资双方都可能感觉有点不公平。而本店采用的是"利润额",我将所有供"销售"(赠送和特装车的不计入内)用品,除去所有物件、工时等成本后,划分高中低三个档次的利润额计算比例。比如归入低档的用品是30%的比例,卖了1000元,计入利润额的比例就是300元,而这300元加上之前累计本月销售用品的利润额,达到了返点50%的阶梯时,该销售顾问在这个品种上的返点就是150元。这种方式计算清晰，并能感受到公司与销售顾问共享利润的诚意，很有提振士气的作用。

当然，我们不能忘了售后的兄弟，除了首保，后续保养和维修的预约大多都由售后顾问完成，政策对他们依旧有效。这里需要售后顾问从销售顾问手里交接好客户的相关资料和信息，并提前将回厂时间通知用品体验中心，让导购做好推荐准备。

另外，建议给老客户提供用品转介绍积分奖励。积分可兑换体验中心的礼品。没错，我这里不时就有保客带上他开着别的品牌车的朋友过来改装。

2. 前期培训

正如周星驰在《逃学威龙》中对重新当回学生那么排斥，大部分人参加工作后，还要面对厂家、公司频繁的培训，都比较反感。

所以，店端能够做的，就是减少店内培训频次，做到少而精，有趣味有收获，降低受训者的负面情绪。

本店关于用品的培训，是每月进行一次话术演练和案例分享（分批进行），相互评比选出前三的优秀表现者进行现金奖励，并录视频供大家重温翻看。有全新重点品种加入时，由供应商携带奖品来店讲解，若遇到土豪赞助，还能结合团建活动。日常则提供一页纸介绍要点供参考。

培训对象包括销售顾问和售后顾问，由用品导购负责组织、主持和讲解（这对导购自身也有督促与提升作用）。

3. 兜底支持

即使我们的培训安排得再完美，受训者再认真，但日常的繁重事务、各种车型密密麻麻的卖点和参数、保险按揭等复杂多变的政策，也容易造成销售顾问知识点的间歇性遗忘。

同时，我也一直认为，专业的事情就应该交给专业的人负责。因此，销售/售后顾问讲不清楚不用怕，把客户拉给专业的导购即可。销售/售后顾问仅做前期铺垫和引导，降低其心理压力，让职责更加聚焦。

但销售顾问需要在交车之前，提前向用品导购告知在需求分析阶段的客户特征，便于导购做好推荐准备。导购也会对交车日客户未成交的品种，及未来有潜在消费可能的用品进行记录，与销售/售后顾问共享，以供后续跟踪或活动参考。

4. 套餐策略

M记快餐店的最大最高的盈利品种是什么？不是炸鸡，不是汉堡，而是可乐！不到5毛钱的成本（人民币），能获取3000%以上的暴利（要知道，经济学有句话是"超过300%的利润就能让人铤而走险"）。为什么几乎每个套餐，都包含可乐，这不单只拉升了整体的价值感，还能降低套餐成本。

因此，除了单品的定价，更应该设置套餐策略。这里可将魅力产品、库存产品等需求量不高的品种，与畅销品、性价比高的高价值品进行组合搭配，达到与上述M记同样的促销效果。

重点说明的是，这里强烈建议要做风格不同的套餐区分，但切忌过多的档次组合（不超过3个，起步价不低于5千元）。减少套餐尤其是价格档次，一方面避免客户产生选择障碍；另一方面，单车型安装过低的SKU（库存量单位），没必要动不动就优惠，显得水分很大的样子。若"豪客"出现，直接由用品经理亲自跟进，价格一事一议即可，大可不必出现在套餐上。

需要根据季节阶段调整，也要学会蹭热度，比如包装"无忧出行套餐"就很有吸引力，包含主动/被动安全件、车外过滤、车内净化，别忘了还有养护品，如车内消毒等。或者时下火热的二次元主题包装等。

5. 局部突破带动全面

网络上有个很多人都看过的笑话，说是某人捡到一个鼠标，问搭配怎样的电脑比较好。而现实中，我们也常常获取餐厅"1元可点招牌菜"的优惠券，或者网红新品试吃活动，要的就是单品/局部带动整体消费。

回到4S店，这类做法非常多，但要符合现实，具备合理性。不能说赠送一个驾驶位地毯，促使客户购买整套，这是侮辱性极强的操作，一定会起引起逆反心理。比如，类似上文的内饰微改，在报价商谈时，作为条件之一赠送前排个性座椅套件（只装前排的客户也是正常现象），或让客户在团购会上通过拍卖获得。大多获赠的客户，都至少会补齐后排座椅套件（在本店这种现象超过 90%）。

6. 提前种草

上文说到的提前铺垫和引导，用时髦的网络用语来说，就是"种草"。

对于销售顾问来说，在交车前的所有环节，都有种草的机会。这时候，心理学中"恐惧或害怕损失"的消费心理就最好利用了。看到客户带着 3 岁小孩，提示儿童安全座椅的重要性；对女士而言，告诉她再贵的防晒霜也比不过优质的防爆膜。不要担心被要求赠送，在整车成交后的用品销售环节，客户在不同档次面前，自然会作出明智的选择（详见上文"同类产品的衬托式定价"）。

对于售后顾问，用品销售就更加直接，可以利用各种的"危言耸听"，包括当下的热点事件，如对雾霾等的担忧，推荐过滤和净化功能用品；可以带他进入维修车间，看到千奇百怪的事故车，推荐相关安全类和养护类用品；也可以重复强调 4S 店内用品的质量保证，以及在外安装副厂件的品质风险和不予保修的规定。

一句话，客户"产生恐惧或害怕损失"，就会主动消费。

至于相关话术需要通过各品种特性针对设定，并在实战过程中积累。因此，如何发现与挖掘客户的潜在需求，这是本店对销售/售后顾问培训和演练的绝对重点，也是对其最实用的技巧。

7. 车友会拍卖

我记得没错的话，日本本田对纯正用品提出的首要作用就是"纯正用品促进整车销售"。虽然在我们这里，用品销售利润优先才是主要目的，但用品是无法脱离整车独立销售的，主动配合促进整车销售也是义不容辞的任务，包括为整车的促销活动（如团购会、外拓定展、保客活动等），提供用品的包装和政策支持。

这里也举个本店比较独特的做法，主要帮助提高保客黏性。

本店每个销售/售后顾问，都有自己维护的车主群。每月上旬我会拟一张清单，提供给拥有50人以上车主的销售/售后顾问，在各自群中做调研征集，挑选希望用于拍卖的用品品种，在每月底的固定"拍卖日"中进行拍卖。我们对每个顾问的每个群，都按照该群的调研结果提供对应品种。而拍卖品种种类广泛，小精品、生活用品等都有涉及，如手表、电视机、改装用品等。

虽说是对保客的福利活动，但对用品销售本身的作用也非常多，可以是削减库存（本店滞销的，或帮助供应商清库的）；可以是推广新品，让安装后的客户展示实车效果，发帖谈论使用感受，吸引更多群内乃至群外的客户；还可以扩大销路，在不伤害价格体系的前提，解决部分价格敏感用户的需求。

对公司而言，在提升保客活跃度、激活潜水客户的同时，还能提高后进顾问的销售/服务积极性，形成更多的保客大群，不断扩充管理内客户。

至于拍卖的相关规则可由顾问主导制定，一般情况下会设定起拍价和最高价（限价一般在正常店面标价之下，保证客户优惠感），至于幅度如何设定，各品种提供数量多少，可根据实际情况考虑。建议确保两个原则，第一是限量，过多的供应量就成为普惠，无法形成你争我夺的气氛，也失去了"拍卖"的意义，仅仅是促销而已；第二是限时，每个品类的拍卖除了限价还有时间限定，到时就以最后出价者拍得，为的就是体现顾问带给客户真心优惠的目的，尽可能不让最终成交价格触碰顶价，反正都有赚，不是吗？

8. 导购技巧

咱店里，用品销售的临门一脚大部分由导购完成。我有一个很喜欢的故事，常常用来鞭策他们。

大城市的超大型百货超市（什么都卖），招了一名乡下来的实习销售员，老板并不看好。第一天结束，老板找来该销售员，了解当天业绩。

"今天做了几单生意啊？"

"只有一单,因为占用了我太多时间。"

"什么?才一单,你还好意思说占用你太多时间?你这一单卖了多少钱?"老板有点生气,冲着销售员咆哮。

"120万。"销售员怯生生地说。

"啊……是怎么回事?你详细说来听听。"老板非常吃惊。

"是这样的,原本我给他介绍鱼钩,他想买小的,我告诉他小的钓不了大鱼,于是他大中小号的鱼钩都买了,也配套了相应大中小号的鱼线和鱼竿;我们聊到钓上来的鱼如果是观赏类的,可以在家里养着嘛,于是他就买了鱼缸;我问他在哪里钓鱼,他说在海边,我告诉他,到海中间钓才能又快又大,于是他买了艘快艇;我问他家里有什么车,他说只有一辆小排量的轿车,我说这肯定拖不动快艇啊,于是他买了皮卡。大概就是这样。"年轻人停顿了一下,继续说:"其实他原本只是来帮太太买卫生纸的,我随口问了一句,您周末这么闲,为啥不去钓鱼呢?"

……

所以,我让导购不要埋怨客户没有提出需求,而需要审视自己是否能读懂与把握客户心理,主动出击。这无论在卖用品还是卖车,都是必备技能。下面简单班门弄斧讲一下我的理解吧:

1)恐惧或害怕损失心理。上面种草部分也有说明,在实际销售中,结合相关案例巧妙地将不安装用品造成的危害或损失,以及安装用品带来的安心与保障带给客户,只要触碰到痛点,成功率极大。例如胎压监测,"现在总有些黑心维修店干坏事,在自己店附近的路上放钉子,我自己几年前就被扎过,但没有及时发现,只是越开越觉得路比较颠,后来被人提醒才知道。不过车胎加轮毂都坏了,花了近2000元,所幸没出事故,如果当时装了胎压监测就好了。"

2)权威心理。类似于明星代言和专家解读的作用,告知客户该品种是权威人士推荐或同款,形成客户的信赖乃至追求。"帅哥平时也刷抖音的吧,那位专业说车的聪哥您肯定不陌生,看这个视频,他用的就是这款全车座套,还是在我们店里弄的，既潮流、舒服，也非常环保没有异味。您身为时尚人士，必须来一套啊。"

3）占便宜心理。客户觉得占便宜，获得额外收益，感觉非常划算。现实中，可以利用一些"高价值感"的赠品，促进客户在某些相对昂贵品种上购买的决心。"李生，越野SUV上装侧踏版绝对是必要的，您那么专业肯定知道。这样吧，虽然价格是真的便宜不了，我多送您一瓶香水吧，美杜莎的哦。唉，我就差一千多元冲业绩了，您可别到外头说啊，个个要这个香水，我可送不起。"

4）攀比心理。看上去与权威心理有点类似，但该心理主要的参照并不是高等级，而是与自己档次接近的对象，也就是"他都能有，凭什么我没有"。拥有这种心理的客户好面子，日常易中"激将法"之计。"王总，真是英雄所见略同，上次和您一样，也是做房地产的一位李总，买的同样是您这款B级车。看，这些就是他上次装的用品，这尾翼、这全车内饰改装，还有这轮毂换的……"

5）目标趋近心理。类似于在购物平台上的满减活动等，就是吸引大家购买必需品之余，为了享受优惠政策，购买一些不一定是必需的东西，往更高的消费总额上靠拢。上面说到的打包策略，就是其中一种引导方式。如果打包品种大多不是客户考虑的，我们可以根据鼓励其达到某个整数金额后，承诺向领导申请折扣或赠送礼品等。

后面还有几个大家应该比较熟悉与常见的，或先前已有说明，如被沉锚心理（提前设定评判标准，引导客户主动选择）、居中心理（客户喜欢购买中档产品，用品定价中有类似描述）、求实心理（看到实物效果、权威质量、良好口碑才会购买的客户）、从众心理、稀缺心理等，这里就不再一一赘述。

小结

用品销售的核心在于"销售"，本节大部分内容都是围绕如何在用品上获得更大利润的方法。毕竟抵御冰点车价的寒冬，懂得利用水平事业做利润的突破口，是一个能活下来的先决条件。在这其中，用品更是承担了重要的角色。

> 对于用品的未来，4S店也需要居安思危，比如以后都智能化了，出厂新车都已经有一套完整的传感器，电器件用品还有多少空间？是不是要从卖硬件转向卖软件了？会不会连车窗都变成屏幕，防爆膜也不用贴了？不仅要与时俱进跟进潮流，更需要有前瞻的目光提前谋划，才不会被市场淘汰。

第九节
把握心理打开思路

以上针对关联销售的主线业务与大家一同分享标杆的成功做法。优秀的读者会发现，文中精英的操作多非循规蹈矩、按部就班。打着游离在厂家规则边缘的擦边球，看似"非主流"的营销活动，却总能收到意想不到的成效。

秘诀就是本书的标题——"懂心理才懂汽车销售"。

这需要以把握客户消费心理为基础，将策划思路的脑洞有多大开多大，并善于从周边寻找灵感与启发，包括但不限于汽车行业。

下面，就几个在MBA学习中听到的非汽车领域案例，尝试寻找能让您豁然开朗、打开思路的方法。

一、设置流量商品和盈利商品

某日，刚荣升中层管理者的白领小王，带着太太小美逛商场。逛着逛着就来到了奢侈品区域。作为小康家庭，他们也有着对奢侈品的追求。尤其是小美，对V品牌心心念念，现在先生晋升，让她更有充分的理由昂首挺胸地走入专卖店中。小王也只能硬着头皮跟随。

为确保消费在可控范围，小王主动上前咨询导购："美女，这款包包能否拿给我看看。"

"好的，您稍等。"导购转身为小王取来了手提包，"先生，您眼光真好，这可是我们最新上市的款式。"

小王一眼瞥见价格牌上长长的一串六位数字，差点没把手里的包摔地上。他故作镇定地往小美身旁一比，稍稍摇了摇头："还是差点意思，有点不搭。"然后，不等太太反应过来，赶紧把包包还给导购，推着小美往里走。

接着路过男士外套区域，小王饶有兴趣地停下脚步，对一件风衣颇为喜爱。正想试穿，一瞥五位数的价格，还是让他把伸出的手硬生生地缩回来。

再往里走，到了服饰区域。

小王顿时开启了目光扫射模式，聚焦小小的标签，寻找四位数范围的物品。终于在中间的矮柜上，他如获至宝般发现了一条价格为4850元的三角巾。小王立即往太太脖子上一缠，将她往镜子前一推。

"完美！简直就是专门为你而设计的，搭配上这身，太有气质了。"

不让小美有过多的思考时间，趁她还在镜子前左右地自我欣赏，小王已经完成了刷卡动作……

两个月后的一天晚上，小王回到家中，刚打开灯，突然听到一声小响炮声音，然后就是小美一个甜蜜蜜的大拥抱："祝老公生日快乐！"然后拉着小王来到客厅，拿出一个礼盒，"猜猜是啥？"

当小王打开包装盒，正是那天自己喜爱的V品牌风衣。他顿时既心疼又欢喜，毕竟用的是他的"血汗钱"，但太太把自己挂在心上，还是值得高兴的事情。

又是两个月过去了，临近小美生日的前夕，小王愈发感到不安，因为他发现，近几个月小美总在家里翻阅时尚杂志。他想到主动出击，向小美询问需要什么生日礼物，而小美却说小王升职以来都没什么时间陪自己，只需要一起逛个街就行，不用买东西。

于是，小美生日那天，脖子上系着三角巾，小王身上穿着新风衣来到商场。没多久就"顺其自然"地进入了V品牌专卖店。只见小美径直走向手提包展柜，边走边摘下三角巾，并拿下心仪的一个包包，把两样东西都递给导购。导购心领神会地开始熟练缠绕。

"亲爱的,你知道吗,现在最时尚的做法,就是三角巾和包包的搭配哦。"小美接过导购完工的包包,"看,是不是很美?"

"太太太……太美了。"小王一阵哆嗦,强堆起笑容,发抖的手将信用卡递向导购。从此,小王一家成为 V 品牌的忠实客户。

这就是 V 品牌的套路。

专卖店里,性价比最高的是三角巾、口红、钥匙包、香水、袖扣等,虽然也要几百上千,但此类商品质量上乘,做工精致,相比其他商品,溢价比例基本可以忽略不计,用于满足广大的价格敏感型客户对本品牌的追求,以便逐渐培养成潜在客户;皮带、风衣等,是主要利润来源,奢侈品会使用专属的品牌色、品牌线条、品牌造型等,使商品与目标客户的融合形成独特风格,为复购打下基础;手提包代表 V 品牌的品质天花板,造型、色彩、工艺都深有考究,尤其是顶级部分,都会采用限量发售的形式,用稀缺效应体现尊贵感。图 3-17 举例展示了 V 品牌各类商品分级思路。

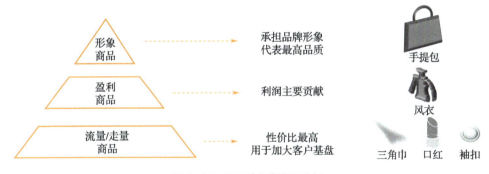

图 3-17　V 品牌各类商品分级

理论上,新客户入店即购 V 品牌手提包的可能性极小,因此该品牌的三角巾、袖扣等就是流量商品,不为挣钱,甚至在高额的装修和租金成本面前,销售这些商品就是亏钱。但正是这些流量商品带来了更多的潜在客户,后续进行不断培养、升级……忠实客户就是这么一步步发展过来的。

回到汽车销售,过往不少品牌都在十万元以下设置高性价比流量/走量车型,用于提升品牌市场占有率,并引导这些客户对本品高级别商品的升级换购,用的也是类似的操作理念。但在消费升级、A0级及以下市场萎缩的当下，这些车型还能充当流量/走量商品吗？

很明显，答案是否定的。因此，你会发现，优秀的品牌、4S店，都在重视品牌周边的产品开发、重视客群匹配的异业联盟。换一种方式，让未购车潜在客户提前感受品牌产品的品质感和品位感。如果贵店还在制作上文"礼品挑选"中说到的恶臭塑料鼠标垫，请赶紧扔了吧。

二、这种操作让客户欲罢不能

小王业绩突出，再次得到晋升，掏出银行卡的底气也越发充足。为了奖励自己，他决定给自己买一块表，以体现成功人士的身份。几乎第一时间，脑海里就蹦出了金色R品牌手表，因为20世纪90年代的港产片中，那些老板和社会老大们都以戴此表为荣。不过，金灿灿的感觉让他觉得过于土气，还在犹豫。直到抖音等社交平台频繁出现大咖佩戴该品牌"LSG"系列的短视频，让他眼前一亮，下定购买的决心。

于是，王先生借助到香港旅游的机会，来到一家专卖店，直奔目标。店员却告知，该表已被订购只是客户未取，目前店内没有库存。他非常失望，正在与店员沟通到货问题时，店长走了过来。

"这位先生，您怎么称呼？"

"我姓王。"

"王先生您好！初次见面，我看您的气质跟普通人不大一样。"

"哦，是吗？过奖了，谢谢！"

"我说的实话，最主要的是，我认为LSG配不上您的气质。"

"呵呵，您说的有点过了吧。"

"没有没有，您看啊，一般佩戴LSG的客户会相对有些粗犷。而您虽然年轻，却透露出难得的稳重和内涵。因此，我觉得另外一款更加适合您。"

"那你拿来我看看吧。"他顿时有点飘……

"不过这款也没有库存，我先拿图片给您看看吧。"店长取出PAD向王先生展示，向他详细讲解她推荐的"CHQ"的配置参数、产品故事、设计师语言和全球限量供应。王先生越听越兴奋，直到发现三倍于LSG的价格，他有点退缩了。

店长没有强求，互加微信后表示可以随时提供预订和邮寄服务，礼貌送别王先生。

王先生回家后心有不甘，突然灵机一动，向朋友咨询了一个比较权威的奢侈品二手平台，想着淘一块旧货CHQ。结果发现，正好有一块二手CHQ被成交，一看价格，居然还比新货贵。

"我戴个一两年，价格还更贵，干嘛不买新的？"于是王先生立即联系店长，支付订金，并心甘情愿地开始了长达半年的等候期……

故事告一段落，先不论该店长巧舌如簧的交谈话术，我们就该手表品牌的营销思路，一同来梳理一下（表3-10）。

表3-10 名贵手表品牌的营销思路

关键词	做法	作用
精确种草	·早年在香港电影影响力最大的时候植入港产片 ·近年在最火的社交平台抖音中不断制造话题	潜移默化地形成客户对本品牌代表高端身份定位的认可
稀缺效应	·最火的商品没有现货 ·最合适客户的商品限量供应	越是不容易得到就越珍贵，越珍贵让客户越想得到
旧货残值	·旧货居然还比新货贵？	对"保值"物品追求的观念，在国人心中尤为根深蒂固

对于4S店的种草行为，就拿最常用的抖音来说，是不是都在宣传车型的高性价比、讲述本品一堆让人听不懂先进技术、拍摄一群帅哥美女在汽车周围嬉戏、让几位车评媒体人大夸特夸、然后再用直播现场实车讲解送福利？换位思考，有多少客户是真正因为这些种草的内容而萌发购买意向的？又或者说，换一个品牌是不是也可以同样操作？那品牌的独特性如何凸显？客户的购买行为，是从他脑海中对于过往记忆中，能够解决其痛点、满足其欲望的候选品牌中选择。就像普通人想吃炸鸡，大多会想到肯德基或麦当劳；想买手机，更多考虑根据预算和喜好，在苹果、华为、小米、OPPO、VIVO等品牌中挑选。因此，成为核心

客户群解决核心痛点的首选或候选品牌，应是作为策划种草思路的原点。结合品牌定位，无论媒介的选择、文案/话题/脚本的设计、呈现的形式，都务必以形成客户固有品牌印象为目的。这样，才能在客户有需求时，第一时间想到你。而品牌印象，可以是你所代理的汽车品牌、你所在的4S店品牌，甚至你自己。

而稀缺效应手法的利用，大家应该已经驾轻就熟，包括限量限时的包装车型、套装礼包，还有爆款上市的饥饿营销等，都属于同类做法。而成功的关键在于两点，一是"稀缺"之物是否吸引客户，并不是稀缺就一定高价值（比如已经淘汰的万能充，也许只能在博物馆里能够体现一点历史价值）；二是过程是否按公告所示严格执行，朝令夕改或原则不坚定的销售规则将严重影响4S店信誉，例如上月的限量特供车，本月又再度大量出现。

旧货残值，让我们第一时间就想到二手车销售。客户购新车，特别是年轻的品牌，折旧价绝对是重要的考虑因素之一。提高残值率，让本品车型在同样使用年限的竞品圈里，在市场拥有更高的回收价格，必然有助于新车销售。这项工作更多应该由主机厂考虑，除了提高产品质量外，通过本品的二手车认证、延保业务等，将品牌残值率不断拉升。而4S店能够做的，首先就是重视并严格执行这些措施；然后，可以从源头对提高品牌残值进行考虑。比如，本章中异业联盟中提及的二手车行就是突破口。各城市尤其是相对低级别的城市，都有相对大型的几家二手车行，客户销售旧车也更倾向于到该地咨询收购价格。若能与他们达成补偿协议，在一定幅度内提高收购价，并及时通知本4S店跟进（向客户提出更有吸引力的置换条件），当地的本品残值回升就能逐渐收到成效。虽然有所付出，但想到对新车的销售促进和提升客户回厂比例，乃至延保等水平事业的收益，这就权当做超值的广告费用支出。难道你真的认为，上述案例中二手平台上残值高于新表的旧表，存在真实成功的交易？换你，买吗？

三、如何找到并抓住KOL

我们的小王同志继续出场。他在公司的发展遇到瓶颈，想到自己也有一定的资金积累，与太太一商量，干脆回老家直接创业。

因为一直有摄影的爱好，加上太太怀孕生子期间，小王都有时刻记录，拍摄效果也得到了亲友的一致好评，就决定开一家针对宝宝的影楼。

小王所在的是三线城市，正处于高速发展时期，加之定位清晰、客户聚焦，基本没有竞争对手，生意异常火爆，三个月就实现回本并开始盈利。

过了几年，小王的孩子长大，考虑上小学的问题，夫妻一合计，觉得还得回到原来打拼的省会城市，毕竟那里的教育资源更优质。而小王也在想，宝宝影楼的生意在老家吃得开，到省会，就算打个五折，也能接受。

没想到，按照同样的套路复制，小王的影楼生意在省会却异常惨淡。一方面，同类的竞品不仅多，还有不少专业的摄影协会知名人士坐镇；另一方面，能够直接影响目标客户的医院妇产科、月子中心、母婴用品店等早已与竞品保持长期合作关系，推广的阻力非常大。

但小王不愧是曾经的公司高管，他一番琢磨，终于想到了办法，开始了一系列的操作。

他并没有选择直接与竞品硬刚，没有降价促销（因为对比老牌对手，自己可降价的空间明显更小），也没有继续在竞品已经长期合作的机构耗费精力，而是将推广对象向前推了一级，并将自己的业务范围稍稍做了拓宽。

凭借小王在省会城市工作的经历和调查研究，他发现，由于省会城市生活质量更高，职业女性对自我身材的保养也更加关注，在小区周边的健身房，都有针对产前与产后的女性做针对性保养和恢复的课程，生意也非常可观。于是，小王将影楼的客群定位调整为"妈咪宝贝"，试问，若孕妇已经选择本店进行拍摄，如无意外，后续的宝宝基本也不会更换影楼。

同时，小王开始与健身房以及教练，展开了异业合作的商务洽谈，包括为教练提供展示画、学员的训练前后对比照、活动的跟拍等免费或优惠服务，同时也设计并向私教提供了对孕妇的"一句话"引导话术及宣传单。这种合作，对于健身房而言是锦上添花，乐于接受；对教练而言，更是轻而易举地就能获得额外收入，自然主动积极推广……当产前孕妇开始陆续涌入影楼，数月之后，小王终于得以扭亏为盈。

故事中的小王，第一次成功，关键在于定位的聚焦。也许专业度还不如其他的综合化影楼，但需求的关键在于"客户认为你专业"而不是"你说自己专业"，就像跌打损伤，患者更倾向于骨科医院而非综合性医院。

而第二次成功则更为可贵，重点的策略在于提前截流和找准KOL（图3-18）。在规模、影响力、推广渠道皆处于绝对劣势的情况下，正面冲击将会消耗巨大、胜算极低。能够发现目标客群所在仅仅只是合格，善于挖掘影响目标客群的KOL才是事半功倍的做法。

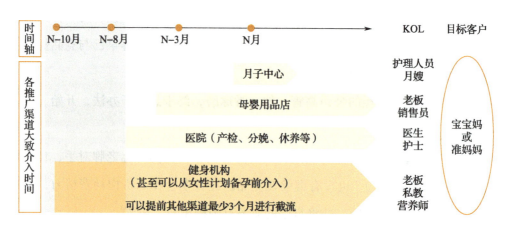

图3-18 该类型影楼的推广渠道介入时间及KOL示意

回到汽车销售，关于提前截流，例如对于乡村市场的摩托车置换活动，用汽车品牌的金融公司为农户提供农产贷款服务等，都有异曲同工的效果。只要各位同仁根据不同区域的目标客群展开调查和细致研究，定能找到不寻常的成功做法。

这里想对"找准KOL"稍微延展说明。

以我们常用的推广利器抖音为例，主机厂和4S店都非常重视这一推广阵地，但真正的推广效果却参差不齐。有的花尽心思拍短视频，提高粉丝数；有的在直播间里声嘶力竭，花钱推流，增加观看人数。到头来，真正的进店与成交却寥寥无几。

有个相对极端的案例就能说明问题。

一位身材姣好的女士因换门锁的纠纷，找来了媒体调解而意外爆红。由于媒体拍摄过程中，该女士佩戴口罩，引发网友想一睹芳容的强烈好奇心。进而该女士陆续发布的抖音视频，都有较大的播放量，粉丝数也直线上升。一段时间后，该女士直播带货门锁，并声称将在直播间摘下口罩，导致最高时在线人数已高达88万。一切都看似按部就班，销量火爆理所应当，然而整个直播下来，却仅卖出24把门锁，令人大跌眼镜。

复盘"翻车"事故原因：

第一，人设与商品不搭。该女士得以迅速涨粉，主要依靠的就是颜值，而非其职业、专业，更与她产生纠纷的门锁没有关系。一把两千多元的门锁，并非泡面、零食、沐浴露这些平价且需要专业度不高的快消品，大多客户不会仅凭"颜值"就能相信门锁的产品质量。类似顶级的带货达人LJQ、WY，其成功带货的背后，是有多年的口红及化妆品销售经验做加持，才会使观众对其专业讲解更加信服。

第二，粉丝与商品的目标客户匹配度极低。据数据显示，该女士的男性粉丝比例高达97%。高价低频的门锁，对上只为猎奇和理性消费的男性观众，结果可想而知。

第三，过度相信高粉丝数和流量就带来高销售。该女士前期视频从未透露将要带货门锁，或者将甄别门锁的技巧植入，不用预热和铺垫就想直播带货高价低频的商品，由此就能看出她的过于自信。

其实，抖音上的粉丝数就像品牌店里的会员人数，直播间的观看人数就像店外客流，而实际进到店里的才是真正的潜在客户。会员人数多了，就像老店的保客量多了，不好好珍惜保客资源做好保客营销，再多也没用；观看人数和来到汽车城里逛或观看外拓表演的人流一样，只是满足其看热闹的心态远远不够，要引流进店才有作用。

对于抖音推广，我们需要提高日常视频的含金量，要新奇、有趣，但专业技能和店内特色不能丢失，这样才能提高进店吸引力；而抖音直播，观众人数重要，但更需要注重提升观众质量。例如，拜托保客中的KOL率领车友在直播间内呐喊助威、协助带节奏，再使用"一元抢购到店神秘礼包"等系列方式设置门槛，确认直播效果。比起单纯的围绕车型介绍，或者找个小姐姐蹦蹦跳跳，这种做法是否效果更好呢？

其实，无论线上线下的推广与活动策划，最核心的就是围绕解决目标客户（不是所有人）的痛点。而"找准KOL"就是提高集客质量的重要途径。

小结

本节简单讲述了三则关于小王的营销故事和一则抖音案例。其中，我们发现了流量与盈利商品的设置策略，精确种草、稀缺效应和高残值旧货的商家做法，提前截流和挖掘KOL实现扭亏为盈的成功打法，以及流量并不能等同销量的反面案例。

事实上，在信息发达的当下，营销手段都在迅速迭代，而万变不离其宗，所有的方法都需要以把握客户心理为前提。就像无论用柴火烧还是电饭锅煮，从古到今，米饭就是用来填饱肚子的。因此，懂心理才懂汽车销售，把握客户心理，创新营销思路，可让我们的策划更加精准、高效。

本章结语

通过对销售／市场经理在直接关联销售的主线工作进行探讨，不难看出，销售／市场经理核心的职责就是策划。

策划的关键在于什么？创新！

创新的基础源自于什么？以客户为中心。

怎样做才是以客户为中心？

变，在于创新的"新"。紧随时下消费者的喜好、审美、兴趣的变化，不断调整，营造符合客户口味、超出客户预期的"新"营销氛围。

不变，在于用心服务客户的"初心"。知道他在想什么、需要什么，才能投其所好，为销售顾问和客户创造愉悦的沟通环境，达成双赢的交易。不同的时代和环境只是带来手段的变化。

因此，研究客户消费心理，不仅应用于销售顾问的七大流程，也在策划工作中贯穿始终。包括宣传推广中的精确种草，外拓活动中的吸引留资，异业联盟中的相互背书，潜移默化助力销售的"网红"展厅布置，促销活动、车展销售、用品管理等的设计与包装，皆需要以充分洞察客户的消费心理为基础。

当你用心地完成这一切，就会发现，销售顾问的成交，是那么的水到渠成。

懂心理
才懂汽车销售

可复制的汽车销售力

第四章　战略管理篇

战略和策略有什么区别？

从视角来说，战略需要涵盖全局，决定公司发展方向和目标；而策略是实现战略目标的各种方法。

从时效来看，战略是长远规划，既然事关全局，牵一发而动全身，就不可能短期随便调整；而策略则可以根据战略需要，结合市场变化随时变更。

一句话，策略从属于战略，为战略提供支持；战略指导策略，为策略提供方向。

对4S店来说，总经理就是制定公司战略的领头人。总经理往往需要站得更高，看得更广，想得更远，但这时候的你，可能刚从销售经理晋升上来，会免不了对各种细节指手画脚："这是什么豆腐渣工程，想当年我当销售经理的时候……"。抛去容易让下属备受打击不说，也会让自己的工作应接不暇。想要战略策略一把抓，说难听点就是主次不分。这么干的人，容易把自己累死。

疑人不用，用人不疑。总经理应做好战略的制定、部署和宣贯，引导下属策划合适的营销策略，为下属实现目标提供必要支持。在本章，希望就三个与销售相关的战略指标（提高客户满意度、降低营销成本、提高产品市场占有率），浅析战略管理相关想法，能让总经理打开思路，找到运筹帷幄的感觉。

第一节
好的开始是成功的一半

对于在销售领域提高客户满意度，大家会认为应该是经营过程中对人员培训和管理的问题。主机厂的培训教材中关于商务礼仪、异议处理、团队管理的相关课程已非常完善与全面。根据本书编写思路，我挑选"筹备前期"，这个主机厂基本不可能培训的阶段，寻找哪些是能够影响未来客户满意度的部分。

一、选择品牌（市场细分 S）

好品牌难进入，差品牌又看不上。好不容易跟老板一起定下来，干了几年感觉都给员工们打工了，没给老板带来利润，辜负了期望，还把一世英名搭进去，那就太不值了。因此，如果在还能选择的时候，给老板提出合理建议，作出正确的决定，是职业经理人的责任所在。

这跟客户满意度有关系？先举几个例子。

1）常居车质网投诉榜单前列的品牌。它属于自带"瘟神"形象。店面装修好，还没开业，深受其害的保客就可能组团找上门闹事。在客户角度，我们好不容易等来能说理的主了，可不管你是不是原本卖我车的老板，品牌没错就是了。

处理好了，也不代表没有后续麻烦；处理不好，开业和关门同一年的例子，我还真见过，太委屈。

2）公关口吻长期保持居高临下态度的品牌。这就是自我优越感良好的品牌。他们长期认为自己的产品肯定没问题，有问题也是客户操作不当，与媒体关系也非常一般。

哪个品牌车型没有一些小毛病？这类品牌的根本问题不在产品质量，而是公关态度。平时不出事，出事必大事！长期接受被俯视感觉的媒体和公众，会很乐意地自发将负面新闻广泛传播、无限放大。

3）产品劣势在当地条件下体现明显的品牌。比如说在山城，选择以通过性较差的轿车为主的品牌；在公用充电设施未铺开建设的城市，筹建新能源汽车品牌店；在地广人稀的地区，建设续驶里程较短的品牌店；还包括在一些油品普遍杂质较多、海拔较高等地区，建设产品的发动机、变速器、悬架等大部分无法适应的品牌店。

经营这些品牌，不仅直接影响销量，遇到由产品硬伤带来的客户投诉，4S店将求助无门……

只要不是抱着挣一两年快钱的想法（现在也基本没有具备这种特质的品牌），挑选品牌的过程，需要尽量避开这些有负面话题隐患的品牌。

正常的品牌招商理由不外乎三个：该城市有旧店退出、该城市市场增长较快需要新店补充、该城市从未有店需要开拓全新市场。如果有得选，建议先做以下调查及分析，再做判断：

1）市占率情况。找车管所朋友要一下品牌市占率数据。一般而言，该品牌在当地的市占率低于周边，但增长势头不错，厂方认为有市场潜力才会开拓新店。

我们需要进一步核实，该品牌本地上牌量是否反映真实需求，比如由于省会限牌，被迫上本地牌照的省会用户比例有多少；近期的快速增长是否因为某个特定的采购大单，偶然性较大、可遇不可求等。

2）核心产品市场。部分厂家会片面地根据该城市整体市场增长，而产生乐观情绪，开始招商。而我们则需要进一步看看该品牌核心产品的市场份额、竞品表现，以及整体市场容量与潜力。

3）品牌潜力。无论是新老品牌，我们都要评估下品牌潜力。不是说老品牌、合资品牌就一定没问题，近年退出市场或濒临破产的自主品牌、合资品牌都不在少数。

一要看产品布局，现有或未来是否存在细分市场头部至少前列的产品；二要看市场前景，主要产品是否符合当地市场需求和发展方向，近年的复合增长趋势如何；三要看政策风向，如小排量补贴、充电设施规划等，该品牌是否能享受。

4）厂商关系。国内每个汽车集团与4S店间，都有不同的商务交流风格，有的强硬、有的温和；有的一言堂、有的愿听进言；有的喜欢过桥抽板、有的愿意祸福同享。虽与品牌热度有一定因果联系，但更多与总部所在地的人性风格相关。就像同为大众的上汽大众和一汽大众，同为本田的广汽本田和东风本田，厂商关系的氛围都不尽相同。

从管理上没有绝对的对与错，在于哪种风格更容易接受、更利于自己沟通。

另外，生产基地在附近的品牌，可优先考虑，这样能够得到大量免费广宣资源、政府政策支持及大客户订单，也便于组织客户参观工厂，还有降低物流时间及库存等绝佳好处。

上述因素并不作为一票否决项判断，但每个条件都关联着日后经营的难度问题。综合考虑，拿出相对最优的即可，毕竟，哪有没风险的生意呢？

举个真实案例，2009—2010年间，50家广汽下属车企的4S店老板为了感恩早年在两块"田"上的获利，甘愿充当广汽自主品牌的"铺路石"，投资建设全新品牌传祺店。然而这些勇士们在一两年内也有一定比例因无法忍受短期亏损而主动退出。当2012年GS5、2015年GS4先后上市，传祺的高速发展让当年留下来的老板获得巨额回报，而退网者有不少则后悔不已，开始重新申请。

因此，若能自带慧眼，看准潜力品牌，在其门槛较低的时候下手，就成功了一半。

二、挑选地段（目标市场T）

地段的挑选太重要了。不能说，想干4S店，又正好有块地，看到有招商，就马上上报厂家审核。我真见过开在半山腰的4S店，一个月自然来店不足20批，真不知道投资人和该品牌厂家的相关负责人是怎么想的。

除了作为"占地"工具，无论是自有还是租用，在4S店选址上必须慎重考虑。尤其是后者，租金作为每月最大的开支之一，建店费用也是巨额的存在，一旦发现客流不足，就会陷入进退两难的局面。天下没有绝对完美的地段，因此，这里建议使用"四图一表"进行选址的综合考虑。

第一张图，本市的汽车商圈布局图，特别标注本品同城店、各竞品店的位置及租金范围。对于汽车销售，开在传统商圈当中是常规又保险的做法，再差也会有相对稳定的客流。

第二张图，本市的楼盘及价格分布图，结合品牌客群特征，将很清晰地了解到目标人群分布情况。客户将更倾向前往离家近的 4S 店购车及保养维修。

第三张图，本市的人流热点分布图，这里需要区分工作日与周末节假日。

第四张图，本市的热门商圈分布图，知悉主要的各类集散地布局。

将几个自有地块或目标租赁地块在以上四张图中圈出，可明显获悉各地点的基本符合度。通过筛选明确备选目标，再结合表 4-1 进行判断。表 4-1 根据相关因素的重要程度进行排序与说明。

表 4-1 挑选合适地段的相关要素说明

序号	相关要素	重要程度	说明
1	交通便利	★★★★★	汽车入库、销售、维修、配件……4S 店人流、物流较大，交通不便或拥堵，将严重影响业务开展
2	公共体系	★★★★★	水电、排污等工程系统完善，土地符合规划属性（曾遇见使用临电长达 2 年之久的店，经常跳闸，造成诸多不便）
3	贴近客群	★★★★	客群常住、常往、距离不远易于寻找的地方
4	贴近竞品	★★★★	与核心竞品为伍，初期可享受免费自然客流
5	停车位充足	★★★★	至少满足看车与维修车位，便于停放为佳，最好同时能满足库存车停放
6	易于规划	★★★★	是否利于 4S 店各种功能区域的规划设计，尽量避免异形
7	贴近热门商圈	★★★	容易吸引客流，便于随时定展、外拓
8	周边环境	★★★	贴近车管所、加油站，提高商家效率，客户便利；远离垃圾场、养殖场等，避免恶臭
9	试驾场地	★★★	汽车城内提供共用试驾场，或周边有车辆较少的新开路段供试驾

若城市属于快速发展的三四线城市，了解城市规划发展趋势是很有必要的，避免投资地与政府发展方向相悖。

三、4S 店人设（市场定位 P）

一件质量、设计相差不大的衣服，为什么打上不同品牌，会体现不同档次？同一瓶蒸馏水，放在小卖部和五星级酒店，价格凭什么差异数倍？同时出道、颜值相近的网红小姐姐，为何有的只有几千、几万的粉丝，有的却在百万以上？

除了宣传推广，最基础的就是"包装"。奢侈品的皇室背景、明星专用、手工制作、百年传承，还有跌宕起伏、浪漫凄美、传奇经典的品牌故事，都是其溢价的理由。客户会带着价值趋同感衬托阶层，彰显身份，体现品位。可口可乐、百事可乐的价格基本相同，有着不同的定位，同样收获着广大消费者的喜爱，而国内调制口味相近的可乐品牌，为何销量不及上述两者的零头？同样是相关的"包装"与推广的问题。

近年，网络上常说的一个词"人设"，本义是人物设定，包含造型、性格、喜好、履历等，向公众塑造出来刻画鲜明形象。个人认为，这个说法也能贴切地形容品牌的定位和包装。

比如，丰田的核心价值诉求为：可靠耐用、追求品质和技术丰田。不仅其产品的研发、制造都是围绕这一定位展开，宣传推广也同样坚持贯彻这一核心价值。有一则丰田广告令我印象深刻：

两兄弟开着一台卡罗拉，行驶在人烟稀少的北美州际公路上。坐在前排乘客席的弟弟看到不远处有一台卡罗拉在路边抛锚，性感的美女车主正在求助，便提醒哥哥施以援手。哥哥却一脚油门加速通过。这时，弟弟回头看见"美女"卸下伪装，露出狰狞的恶汉面孔，哥哥来了句："你见过在路边抛锚的卡罗拉吗？"——品质与耐用在这句台词中充分体现，是丰田不断堆积出来的"品牌人设"，也是其不断"涨粉"的理由。

品牌的4S店是否也需要包装人设？我们先来看三个客户购车的核心心理。

为什么挑本品不挑竞品？毫无疑问，本品的"人设"在当中充当决定作用。

为什么来本店不去其他店？这就与产品的"人设"无关，而与4S店的"人设"有关，但也有可能是价格、距离等方面的原因。

为什么卖得比其他渠道贵还在这里买？在这个时候，本店差异化的"人设"（比如五星体验店、管家式服务助手等），会让客户买得理所当然。

那么，4S店可以有什么"人设"？历史悠久的集团店和全新涉足汽车行业的4S店当然不一样。

前者依托多年的口碑积累和当地影响力，已自带光环形象。只要没有与代理品牌或当下客群诉求有明显的定位偏差,传承、借力是非常省事且有效的做法。最常见的就是利用集团在专业维修、诚信经营、优质服务等领域历年来自主机厂、媒体、当地协会的奖状和保客真实故事,或者集团下属拥有大批各品牌4S店,并在二手车、租赁、金融等领域皆有涉足,这些软硬实力都可为4S店的人设背书,让客户购车、修车更加省心、安心。

后者则需挖掘差异化(毕竟没有集团历史背景),找到可持续(不能依仗一两次的话题热度炒作)的定位。比如说以客户在意的服务作为核心,前期重点利用打造主题环境吸引到店,再通过持续的优质服务形成口碑沉淀。还有剑走偏锋的做法,我的一位好友就是改装爱好者,他与好友们合伙开了一家日系品牌4S店,口号就是"来××,开走你与众不同的爱车"。这种操作需要在当地拥有充足的客群底气和消费氛围,并有持续坚持的勇气和毅力。

既然是"人设",就要有血有肉有故事,硬件软件相匹配。

首先,招聘人员的形象就很关键。经验丰富、老到高冷模样的老销售顾问,与白纸一张乖巧和善的职场小白,我更倾向于后者。专业知识可以后续培养,但接待人员给人的第一印象将影响客户继续洽谈的心情。销售人员不需要花容月貌,亲和力强的销售顾问会更容易让客户卸下戒备;相反的是,一副干练精明模样更容易让人联想到随处挖坑的奸商。

其次,设定匹配"人设"的接待流程细节并严格贯彻。不能一面说着以客户为中心的服务,面前水杯见底了也不去续上;一面以专业维修十余载为标榜,维修接车时连保护四件套也没在客户面前装上。配套的奖惩措施也必须到位,务必形成员工的肌肉记忆。

再次,营造符合"人设"的氛围。在同一设计标准的4S店,可发挥的空间有限却也不少。大的方面,展厅休闲区、维修休息区的布置及相关的设施添置,是能够展现独特"人设"的重点区域;小的方面,销售/售后顾问的着装和配饰、一次性纸杯等物料、背景音乐及视频等,都是将"魅力"渗透其中的媒介。例如上述的那位爱好改装的老板,他的店里就洋溢着浓浓的赛车气息,赛车休息座椅、零件拼装的汽车人、四驱车的游戏区……包括带有赛车元素的销售顾问套装，类似赛车工作服的维修人员服装，以致于如果客户在该店只购买裸车，都是一件非常稀奇的事情。

最后，持续进行宣传推广。正面的"人设"要让更多的人了解和感受，愿意慕名"亲近"。酒香也怕巷子深，让广泛的目标群体知晓本店，努力成为客户第一时间想到的解决痛点的渠道。

总之，所有的做法，就是让客户潜移默化地产生选择本店买车的理由，并产生向好友推荐、炫耀的主动行为。

> 学过市场营销专业的朋友就能轻易发现，筹备前期这三点基本围绕着市场营销战略的核心三要素"STP"（市场细分、目标市场、市场定位）展开。只有扎实的战略基础，才能为日后的营销组合策略明确方向，精准施策有的放矢。

第二节
聚焦思路助你做精做强

都说"不要将鸡蛋放在同一个篮子里"。小到大家买股票基金、给小孩报补习班；大到企业开发产品、拓展全新业务，甚至是4S店集团在投资品牌时，都习惯于多买几个保险，多元化发展。大家在想，至少有一两个能成功吧，万一都成功了不是更好吗？

2014年，我在为公司高层制作某成功自主品牌车企的研究报告时，就特别提到了该企业的"聚焦"战略。世界知名的《聚焦》一书作者艾·里斯旗下的咨询公司，就被邀请为该自主品牌车企做战略咨询业务。在品牌战略模型完成后，该自主品牌车企在后续的"研产销"中严格贯彻，是成就其在细分市场霸主地位的重要原因之一。

《聚焦》一书中提到很多跨国知名企业的成败案例。从起步时的领域专注、高速发展时的市场垄断、资本雄厚时的多元化收购、不堪重负时的壮士断臂，最后回归聚焦原点。作者艾·里斯说："太阳是一种强能源。它以每小时数亿千瓦的能量照耀地球。但借助一顶帽子或遮阳的屏障，你就可以沐浴在阳光下数小时而不被晒伤。激光是一种弱能源。它只需几瓦就能将能量集中于一束连续的光柱中。但是凭着这束光，你能在钻石上打洞或切除肿瘤。当你将公司的目标集中，你会创出同样的效果——它强大如激光一般能主宰市场。这就是'聚焦'（集中经营）的魔力。当公司的目标开始分散，它就会失去力量，变得如同太阳那样将能量浪费在过多的产品和过多的市场上。"

安德鲁·格罗夫是年收入 100 亿美元的英特尔公司的首席执行官。他总结了当今许多首席执行官的想法："我宁可把所有的鸡蛋放在一个篮子里，用我全部的时间去考虑这个篮子是否合适，也不愿意在每个篮子里放一个鸡蛋。"

说一个杜撰的笑话，我们国家有一位体育"奇才"，他打乒乓球比乔丹厉害、打篮球比林丹厉害、打羽毛球比丁俊晖厉害、打台球比刘国梁厉害……简直秒杀一众体育明星。不好意思，这位奇才说的就是我，一个体育爱好者，一个凭现状不可能在任何体坛项目上有建树的普通人。对于多项全能，我能看到的就是喜欢踢球的篮球明星纳什（只能算爱好）、打过棒球的乔丹（事实证明是失败的）、点球高射炮的诺维斯基（足球友谊赛）。专注一项，坚持不懈，才具备与一众高手交手的资格。

花了不少笔墨介绍"聚焦"的重要性，倘若各位仍觉得无法透彻理解，强烈建议各位购买《聚焦》阅读学习。

回到本书主题，我先举两个案例。

记得在 2008 年左右，某家新晋的经销商集团以强大的资本，大范围收购上海某汽车品牌旗下在全国范围的 4S 店，该经销商集团是怎么考虑的？最后该汽车品牌将这家经销商集团列入黑名单，扼制其收购行为，又是出于哪种考虑？聪明的各位，应该能明白我的意思。

上述的奉行"聚焦"战略的车企，鼓励从起步阶段就开始跟随的嫡系经销商，在周边多开本品4S店，形成小区域霸主。这些经销商手握十数家本品店，基本不开其他品牌，却每年赚得盆满钵满。对经销商集团而言，究竟是这种做法好，还是多元化的品牌经营好？留给各位细品。

那对于4S店而言，品牌已经确定，产品线也不由自己决定，还能聚焦什么？这里，个人建议至少在四个方面聚焦，作为总经理可以从战略层面给予下属管理人员明确的工作指导方向。

一、车型聚焦

主流品牌都有至少5款以上的车型，多的能有十多款，如果展厅小一点的，摆起来都显得拥挤。从主机厂的角度出发，为了扩大销路，除了少数不为走量的特殊车型，绝大部分都是全网供应。而每个车型的商务政策，也是根据厂家对各车型既定目标的达成情况进行阶段调整，不会一年四季一成不变。因为每款车型，厂家都需承担高额的研发费用，没有特殊情况不可能放弃。

第一个问题：弱势品牌可能只有1~2款卖得较好的车型，那些排名前列的厂家，也只有3~5款车卖得不错，4S店有必要做车型聚焦吗？

我对两个主流汽车品牌YD及JL 2021年上半年的上险数据进行分析，取出东南西北四个城市，销量排名占前三的车型，分析其与全国车型销量排名的差异情况（表4-2）。

表4-2 两家主流汽车品牌全国及四城销量排名前三车型比例（从高到低）

品牌	全国		东莞		石家庄		成都		宁波	
YD （共11款）	B来	28%	S腾	38%	B来	38%	S腾	24%	B来	23%
	S腾	25%	B来	28%	S腾	24%	B来	19%	M腾	21%
	M腾	16%	T岳	12%	M腾	18%	M腾	17%	S腾	21%
	其他	32%	其他	22%	其他	19%	其他	40%	其他	35%
JL （共15款）	D豪	19%	D豪	18%	D豪	22%	D豪	18%	B越	19%
	B越	16%	X瑞	15%	Y景X3	18%	B越	16%	X瑞	19%
	X瑞	10%	B越	15%	B越	13%	X瑞	15%	D豪	18%
	其他	55%	其他	52%	其他	47%	其他	51%	其他	44%

由表 4-2 可见，YD 各地前三与全国类似，但次序各有不同，体现了区域喜好特征。销量排名前三车型的销量已占据 70% 的销量，如果将其他平均每款仅占 3%~4% 的 8 款车型（也就是一家店每月只卖不到 5 台的车型）在店里也享受与主销车型相当的资源，是否有些浪费呢？

JL 因为分网销售，不同网络的车型不一，因此，销量排名前三的车型的销量占全部销量的比例有所摊薄。但可以发现，每个城市的前三与全国的车型方面都有一定差异。如果 4S 店只是盲目跟着大节奏，比如在石家庄对仅占 7% 比例的 X 瑞做重点推广，投入产出是否合适？同样的资源加持在 D 豪上，是否会取得更喜人的成效？

第二个问题：怎样挑选需要聚焦的车型？

一句话，店里现在 / 预计卖得最好的，和利润最高的车型。

挑选多少款卖得好的车型作为需要重点聚焦的车型，视贵店的规模和销售比例（或当地市占率）而定。首先，拿出贵店近一年的历史销售数据（新店可找同城兄弟店、本市或周边上险数据），找到占据总销量 60~80% 排名前列的车型（三个或以内），各车型销售占比不低于 20%；然后，根据相对比例进行挑选，一大两小取其大，两大一小取两大，三者平均则建议挑选细分市场有明显差异的两个（如类似 SUV 和 MPV 的车型区别，但如果是 A 级 SUV 和 A- 级 SUV 就完全没有必要都作为聚焦车型）。若聚焦车型设定三款及以上，就失去了聚焦的意义。聚焦车型的第一目的，就是要确保销量（下面简称"保量"车型）。

利润最高的车型，在本书这里的定义是指订单处于中上水平，长期供不应求，有稳定利润空间的车型，就像丰田的埃尔法、传祺的 M8。大多属于竞品较少，细分市场不大的头部车型，并不是每个品牌都会明显存在。对这类车型要非常珍惜，第一目的就是要稳定价格（下面简称"稳价"车型），确保单车利润。因为其市场较小，促销并不会给它带来明显增长，还可能让其失去霸主地位，就如当年与汉兰达、锐界三足鼎立的某自主品牌七座车型，感觉非常可惜。

第三个问题：怎么做才叫车型聚焦？

聚焦，就是将资源尽可能地聚拢在焦点上。下面简述几个车型聚焦的做法。

1）展厅布置聚焦。在第三章第五节就有说明，入门 C 位留给明星车型（高利润车型或全新车型），热销车型在里部靠墙设置独立场景，突出核心车型的王者地位。一头一尾，将人流尽可能地留在展厅内，大范围的观赏区，其他车型也能"均沾雨露"。

2）绩效任务聚焦。不能贪图省事地直接将厂家各车型政策按比例转化。建议销售任务制订首先确保的就是"保量"车型的基础量，再对总销量进行阶梯激励。

视情况逐月提高"保量"车型任务门槛，有时需要不惜牺牲短期利润。既然难以做到快速提升整体品牌市占率，提升"保量"车型市占率，让其成为本地该细分市场炙手可热、人尽皆知、随处可见的车型就成功了。

而"稳价"车型售价则切不可松口，同时还需留意周边及网络报价情况，一旦发现不合理报价，及时向厂家举报，避免一颗"老鼠屎"破坏价格体系。

3）培训考核聚焦。在十几款车型的品牌店里，一提到培训与考核，销售顾问想死的心都有了。千万不要期待每个顾问对每辆车的销售卖点都了如指掌。

建议销售顾问对于"保量"及"稳价"车型的参数、配置、卖点必须如数家珍，其中对于"保量"车型，还需针对不同客户编写更多有效的场景话术，不断演练和考核。对于其他车型则提供一页纸话术，记住核心卖点即可。

一切的目的，就是让每个人都感受到上级聚焦"保量"车型的决心。

半年之后就会发现，销售顾问将逐渐从努力、积极地销售"保量"车型，到自信、轻易地完成该车型的订单收割。此举一出，绝对有可能将当家车型推到当地细分市场的前三位。这意味着该车型进入从众心理目标客群的优先挑选名单中。而届时，不仅"保量"车型的销量会越来越高，短期牺牲其他车型的销量也会慢慢自然回归。为"保量"车型输送的资源，在总销量提升面前将不值一提。

二、体验聚焦

其实，4S 店本身就是一种聚焦，20 世纪 90 年代盛行多品牌车行，2000 年后

4S店模式从一二线城市开始逐渐向低级别城市铺开，为的就是跟上消费者日益增长的收入和不断提高的美好生活体验标准，提供与之匹配的优质服务。

当4S店基础服务标准逐渐普及，三种饮料、免费午餐、免费道路救援成为各店标配，客户不再对此感到新鲜与惊喜，就要设计与众不同、超出客户期待的体验，这成为差异化竞争的重要法宝。

前段时间，我看到的一篇名为《重磅！2020全国宝马4S店特色榜单出炉！》的网文，就非常契合该想法。该文章对全国18家各有特色的宝马4S店进行了入榜理由说明，有环境"巴适"的、拥有博物馆的、设计成书廊的、超好玩的、独家美食的……各种创意做法，让客户拥有不一样的美妙感受。

那何谓"体验聚焦"？即体验的创意，必须聚焦"企业人设"，在合理的定位范围延展，并有与之匹配的服务。需要硬件软件的密切配合，包括展具、物料，及人员接待流程，形成本店独有的文化体验，后续通过阶段调整局部细节以保持体验新鲜度。避免千店一面的尴尬，创造更多客户主动来店理由，也能让竞品不易复制，同时提升店端品牌的溢价水平。相关做法的思路在前文中已有说明，这里不再重复赘述。

三、宣传聚焦

宣传的目的是什么？通过各种媒介提升品牌/产品的知名度和美誉度，这个大家都知道。

一勺盐倒入一碗水，和倒入一缸水，哪个尝起来更咸？相信小朋友都能回答。

现阶段还有哪个店的市场经理到月底还敢说自己的广宣费用有结余的？估计说出来的都是泪。

既然如此，那为何还将有限的广宣费用，撒向各种不同的媒介呢？这种在乎投放广度的策略，真的能实现受众的全面覆盖吗？我认为，只要大家稍作思考就能明白这种做法的问题所在。

建议囊中羞涩的市场经理们，将有限的费用做以下的聚焦，达到节约成本、集中爆破的效果。

1. 聚焦媒介

与筛选车型类似，根据投入产出效果，可以很容易将适合本品定位和风格的当地头部媒体找出来。用大部分的投放费用，换取与之深度合作，甚至可让其背负关键业绩指标（KPI），主动承担客流压力。

别觉得不可思议，早在十几年前，某汽车垂直媒体刚在业内形成独大的影响力时，有一家车企就将几乎所有的广告费砸入其中。这一投就是十几年，在其他媒体上基本不见这家车企品牌的踪影（只是近几年慢慢多了些）。其效果也是立竿见影，常年保持全国品牌前十的地位与该做法不无关系。

当然，维护当地其他媒体关系也必须得用心（不还有小部分费用嘛），但一个车企都敢有如此魄力操作，咱每月只有其几百分之一销量的4S店，又有何不敢尝试的？

这里说的聚焦仅对需要花钱的部分，在免费的流行社交媒体中积极宣传增加曝光机会，肯定锦上添花。

2. 聚焦客群

《聚焦》一书中说道："要想制定一套行之有效的企业战略，惟一的、最大的障碍就是，有人固执地认为企业的产品必须迎合整个市场的需求。他们在自己的'非客户'身上投入大量资金。"

不要全信厂家培训课件的人群画像，只要看一下历史数据，就能知道我们的核心客群在哪里。不用害怕范围缩小不能抓到更多客户，这代表着针对推广的精准度更高，成功概率更大。只要精准爆破，将形成辐射效应，影响更多的潜力客户和外延客户产生跟风心态。

广宣形式、内容、口味等都只需要满足核心受众的需求。如无特别，关联车型以"保量"车型为主，"稳价"产品为辅（因为该车型自带流量，例如国内基本未见埃尔法的广告），聚焦品牌及公司人设结合的活动推广主题。

而厂家对于新车不遗余力地推广，我们要做的是借势而为，却并非转移重点。

3. 聚焦口碑

"保量"产品是口碑维护的重点，也是被竞品集中攻击的对象。一定程度上，"保量"车型代表的不仅仅是本身，还肩负着客群对本品牌的认知。一旦区域内形成不良影响，就不仅是单车型的销量问题。

因此，对"保量"车型的保客维护是重中之重，特别是争取意见领袖坚定不移的站队（详见第二章第七节"玩转你的客户朋友圈"），必须设置公关预警和应急机制，由总经理直接指挥，向总经理直接汇报，尽可能将负面事件扼杀在萌芽状态。

另外，日常的口碑提升工作，需要给予销售/市场/售后经理资源，形成积分奖励机制，提高员工主动意识，鼓励客户正面发帖、转载软文等行为。

四、职责聚焦

应该没有人否认，专业的人干专业的事情会减少干扰，精准施策可事半功倍。然而现实中，却常见售后经理背负销量任务，培训讲师充当活动主持等现象。

希望兼顾或兼职的现象无非两种原因，一为减少人手，节约费用；二为形成众人拾柴火焰高的局面，助力完成关键指标。

但员工在承担本不属于专业和业务范围的责任，要么需要其迅速恶补非专业的知识和手法，要么使用非常规的手段促成目标达成。前者不仅容易导致效果不佳，造成投诉隐患，还会让员工本职工作的进度和成效受到影响；后者在出现问题时，容易相互推诿，产生内部矛盾甚至公共事件。

相信没有哪家店在销售经理的招聘要求中提出对维修技能的要求，培训讲师兼职主持的不良效果在前文也有列举。这里强烈建议对下属传递明确职责范围的要求和信号。

并非否认类似全员营销的做法，若店内员工愿意展现特长为公司做出贡献，也需要支持与鼓励。前提这是作为"职责义务"还是定义"额外奖励"，对员工士气和工作成效的最终效果将区别明显。

销售顾问干好卖车的事，用品销售可由专员负责，销售顾问依然可以从中提成，这可鼓励销售顾问在卖车中更多使用销售技巧减少用品赠送，为后续用品销售预留更大空间；服务顾问做好维修接待，说服保客进行转介绍也能从中获利；网销专员在店端活动中一展古筝特长，也理应获得合理的奖励。

小结

《聚焦》一书中说道："市场越大，专业化程度就越高。市场越小，专业化程度就越低，公司的经营也就越包罗万象。"也就是说，聚焦是相对的，市场决定了聚焦的幅度。

相对于超市，聚焦在生鲜，就像阿里的盒马；相对于生鲜，聚焦在水果，就像"百果园"。在小乡镇，可能主要就那么一两家大点的超市，面积虽不能和沃尔玛相比，但包罗万象，能解决大部分居民日用品的需求。但大城市中的每个楼盘，都被喜士多小超市、钱大妈生鲜店、床上用品店、零食店、水果店等包围，如果沃尔玛不是开在可步行的周边，估计一周去一次都是多的。

这也说明了县乡少有4S店，而二网经销商展厅中各品牌车型琳琅满目的原因。若能争取到二网老板聚焦销售本品车型，那周围竞品皆成为免费的反面对比，岂不美哉？

当然，聚焦是一种战略技巧和态度，并不局限于上述列举的4点。而聚焦做法的核心在于做"减法"，所谓有舍才有得，这考验的是一位优秀总经理的智慧和魄力，以及能够承受短期阵痛的决心。

同时，聚焦也不是代表永远的一成不变，"即使最有影响力的聚焦迟早也会过时"。这就需要考验决策者和团队感知市场变化的敏感度，和重新发现潜力市场／产品的敏锐目光，做好重新聚焦的准备。

第三节
如何持续提升影响力？

既然车是销售经理带领销售顾问卖出去的，客户是市场经理安排的广宣、推广、活动给拉进来的，那总经理除了指手画脚做评价，还应该为销售做些什么？

身居高位，就要从战略角度为将来考虑。下属经理级别可以只考虑最多一年内的事情，但总经理就必须将目光放得更加长远，为本店在未来能否持续提升当地的影响力操心。说白了，就是着眼于未来的"种草"。

收到一个不熟悉的品牌发起的活动邀请，就算未来有购车打算，客户的参与积极性有多高？需要高频的活动增加店端客流量，却发现邀约成效一次比一次差，这就是市场经理策划活动的痛苦所在，这也直接与公司业绩关联。

乘联会统计中国市场上的汽车品牌有上百个，面对琳琅满目的选择，客户必然将90%以上的选择项主动过滤掉。然而，提前展开推广，使本品/本店为当地客群熟悉、喜爱，力争进入目标客群备选区的做法，本来合情合理，却成为大多市场经理觉得应该干，又不敢干也没精力干的事情。现实的问题就是无法向总经理解释投入产出比，耗时耗力没有短期成效，还不如找垂直媒体买线索来得直接。

这种具有前瞻性的"种草"战略方针，必须由总经理提出，对象也不仅是市场经理。以下列举几个例子供各位打开思路。

一、大中小学校的推广

学校是容易被忽视的推广场所，大多数4S店总经理可以认为宣传品牌"从娃娃抓起"太不现实，可能自己离职后都没法收割这些还没长大的潜客，却忽略了学生影响家长的巨大能量。

广州的一位4S店总经理朋友给我介绍过他的校园推广实例。

首先，店内制作了数份 PPT，涵盖汽车发展史、汽车品牌故事（围绕本品及竞品介绍）、汽车原理、汽车选购技巧、汽车保养维护等，形成汽车课堂系列。至于如何在内容中进行品牌/车型植入，本书不再赘述。

然后，鼓励员工与自己熟悉的学校接洽（以自己小孩就读学校/幼儿园为先），免费提供课外学堂，还有礼品赠送，难度不会太大。后期的一些特殊节日（六一、教师节等），提供带本店 LOGO 并可长期保留的慰问品和小礼物，进一步加深师生情谊与印象。视情况，在课堂中加入试乘环节，重点演示酷炫的配置卖点，如弹射起步、语音交互、远程操控等，形成深刻优势记忆。

接着，实行一段时间后，留意家长会节点，停车场所停车辆的价格段范围，筛选出重点关注的学校。与学校沟通，开展亲子活动（一般从幼儿园到初中都会有），或在校运会中做赞助与露出（这个有点困难，容易引起反感，宜软性植入）。

最后，通过熟悉的老师们向学生不经意预告本店活动，并说明由学生带家长前往参加，不仅能获得礼品一份，还能有车价优惠。那些努力希望在家长面前证明自己的"面子和能量"的小朋友们，就能不断创造意外惊喜。

此类推广费用较低，人力投入极少（一般是周一至周五学校的最后一节兴趣课），尝试后的效果甚至高于驾校。

二、潜力县乡的公益活动

体现社会责任感，是每一个实力企业的必选项。公益活动，不仅显现爱心，也在提升社会形象和知名度、美誉度，提高政企合作关系，还可能享受一定的税收优惠政策。在此，并非想对公益事业刻意嫁接功利性，但毕竟企业本身也存在经营压力，根据需要选择性地开展，理应是值得鼓励的三赢（受益方、当地政府、企业本身）。

对于不大不小的 4S 店，该怎样挑选公益对象？又怎样达到三赢效果呢？

一个经验丰富的二网经理，仅凭口述就能将下属县乡的人口、经济、产业、市场规模、季节性销售特征、经销商布局等信息如数家珍地汇报。4S店需要做的，是找到当中的潜力市场，在其最需要帮助的时候雪中送炭。

2015年，我曾经带领团队制作了一份《山东汽车市场深度研究报告》。数据显示，该省的县乡市场占比61%，远高于全国平均的47%，甚至有品牌已直接向下开拓小型4S店。经深入调查发现，各县乡汽车经销商并不多，但皆有2~3家较为大型的经销商占绝对优势。二网老板想法多、人脉广，但垄断的局面导致其积极性较差，佛性卖车，谁的车容易卖、返点高就卖谁的车，不会为单一品牌提供特殊销售地位。

这时，鲁中的一家4S店总经理的做法，给我打开了思路。2014年，他找到了民政部门的朋友，侧面了解当下的公益扶贫的主要区域、项目、进度情况。与二网经理商议后，敲定了几个目标区域，便开始针对目标点，不定期组织保客的自驾游公益助学活动，并成为该城市民间公益联合会的"爱心企业"，每月捐赠两千元用于公益事业的发展。

半年后，该店与当地乡镇领导、协会爱心企业、先进个人等都保持了良好的沟通关系。这些爱心企业皆属于效益较好的公司，对4S店入厂展开内购会非常欢迎。乡镇领导与爱心人士在私下也乐于为4S店充当口碑宣传助手。

而这些，都是该4S店总经理给予二网经理与当地核心二网渠道谈判的资本。同时，该4S店总经理积极申请厂家篷车资源，为二网的车展、外拓等活动提供支持，有一次还被"征用"作为乡镇公开大会的舞台，免费做了宣传。

最终，几个目标点的二网老板申请成为"认证二网"，并在自家展厅中特别区隔本品专区，依据本品牌的形象（VI）标准，布置出类似小直营店的状态。次月开始，该店的二网占比稳步提升，最高甚至达到80%。

通过公益活动的借力，形成覆盖区域对本品/本店良好的舆论口碑，让二网老板看到在本品获取更高利益的前景，是避免与其单纯地进行赤裸裸的商务谈判，且提高其对本品积极性的最直接方法，也是能够在当地获得持续影响力的有效手段。

三、鼓励高频的保客营销

保客营销具有成本低（维系费用不足新客户的 1/5）、潜力大（每个保客背后都有 5~10 个潜在客户）、收益高（忠实客户将在店内有多种消费场景）的好处。处于增长平台期的存量市场，"积极展开保客营销"绝对是 4S 店总经理需要拔高到核心地位的战略思路。但这却是管理层的经理们明白有用，又不大情愿做的活动。主要的原因是无法立竿见影，难以向总经理许诺投入后短期的产出效果，有时还说不清是谁的功劳。尤其在每分钱都要用在刀刃上的主导思想下，不能马上带来收益的都已经不在考虑范围。

这时候，就需要从上至下统一认识，由 4S 店总经理吹响号角，经理们自然积极跟进。

在前文简单提到的"禀赋效应"，能够为 4S 店总经理及经理们打开保客营销的思路，带来源源不断的灵感。

百度百科解释说："禀赋效应是指当个人一旦拥有某项物品，那么他对该物品价值的评价要比未拥有之前大大提高。"这里至少包含了两层意思，一是对拥有物品的评价提升；二是增加了其放弃该物品的心理成本。

4S 店总经理需要向团队传递："让保客长期保持这种对已购本品的良好评价，将对该客户乃至延伸客户的营销活动带来积极的推动作用。"

1. 如何长期保持

单纯依靠阶段性地召集到展厅参加活动，到农庄吃吃喝喝，到郊区自驾游玩，那是初级的或后期的做法。这种方式由于人数范围控制，影响力比较有限。保客营销的核心在于四个字："细水长流"。

首先，前文说到的销售顾问组建自售客户的微信群就很有必要（若担心销售顾问流失较大，由售后顾问组群也同样有效）。从客户的角度，有找到组织的踏实心态，多了一群同阶层的朋友，出现问题不但能向伙伴们请教，还能组团说理去。至于如何做微信群的维护，请回看"客户维系"一节，这里不再重复。

其次，客户良好的评价不仅对于产品，服务体验也是当中非常重要的一环，且更容易提升客户对本店的黏性。很遗憾的是在市场相对低迷的当下，许多4S店利用售后服务开启"宰一个是一个"的杀鸡取卵行为，如小病大修、以旧件充新品等。因此，符合品牌和当地消费定位的合理定价（包括零件价格、工时费）、清晰的服务项目、透明的可视化维修等，都是让客户不给"差评"的基础。另外，在新车一年后通过机油、工时费等有弹性空间的项目，利用优惠券、会员积分、打折卡等，将保养费用控制在与美容店有竞争力的水平，进一步利用客户害怕损失的心理（担心在外部保养不专业或保养后厂家不予保修等），降低流失率。

然后，万一出现客户投诉，请使用站在客户角度的解决思路。相信通过前期维系，一般极少出现无理取闹的客户，即使少部分存在4S店吃亏的现象，只要想到后续将收获一位比没出过问题还忠诚的客户，绝对是稳赚不赔的生意。

此外，生日送礼、节日打折、免费道路救援、上门取车送车等让客户无后顾之忧的管家式服务（售后服务能操作的空间太大了），只要秉持诚信和薄利多销的原则，既能增加收益又能提高客户黏性，何乐不为？

2. 有哪些营销活动可以推动

最直接的就是转介绍客户。不仅要设定新老客户的双向收益的政策，为老客户设定阶梯奖励，还必须为多次成功转介绍的保客设定除物质外的精神层面的褒奖，包括在保客的微信群内宣传、4S店总经理授予荣誉勋章、活动的特邀上台演讲/主桌就餐嘉宾等，激发客户的荣誉感，形成更优质的口碑宣传和更高昂的转介绍积极性。

可以建立积分商城，即保客在店内消费、参加店端活动、协助转发推广，以及其他店端设定的会员任务达成等，都可进行积分，用于兑换礼品、优惠券、异业联盟的体验服务等。这类似快消品的营销模式，让客户在欲罢不能中与4S店长期捆绑。

推动二手车置换。禀赋效应使客户对已有旧车的估价偏高，同时也会对未拥有的新车估值偏低。这时，在保客流露出换车意图或保养维修时发现年限较长时，为其提供3~5日的目标车型试驾体验（必须确保车况，并重点提示与旧车的升级部分）。等其归还新车时，该效应就会转移到新车上，形成保客心中对该车型害怕失去的心理，置换意图更加迫切。届时，略高于市场的旧车回收价就能成功完成交易。尤其在新车上市，厂家严格管控价格时，成为不影响价格体系又能有效获得成交的利器。

成为大客户资源开发突破的助力。仅靠4S店总经理、大客户经理自有资源开发大客户，容易枯竭。勤奋的大客户经理，会对目标进行非功利性拜访，期待通过长期的情感经营，金石为开。这是值得鼓励的精神，也是正确的做法。但如果多让销售/售后顾问在其管理的保客中问一问，找到能够牵线的中间人，能省去的就不是一点点功夫。我的一位4S店的朋友在公关某位企业大客户时，无意听到对方在电话中为孩子的数学苦恼，马上让销售经理帮忙查到保客中某培训机构的知名数学老师，为该大客户牵线免费培训。最终结果皆大欢喜，大客户的孩子成绩提升，保客收获店端回报，我的朋友也谈成了业务。因此，客户关系管理（CRM）系统是4S店的宝库，4S店总经理必须亲自过问，并要求定义客户属性的信息尽可能详细。

其他方面，包括保客与本店之间的资源共享，开展竞技、课堂、沙龙等活动，满足各类保客喜好的不同需求，持续提升保客对本店的归属感，成为相亲相爱一家人，销量、收益、影响力的提高自然是水到渠成的事情。

小结

"种草"本是对品牌/产品线上推广的网络用语。而本节从战略层面讨论持续提升4S店影响力，则更多需要在线下下功夫。

提升品牌/产品的知名度和美誉度是厂家主责，但4S店在当地影响力的扩大，总经理责无旁贷。十几年前加价买车、坐店销售的日子不再回来，多维度高频次有深度地做好本品，特别是本店的推广工作，是4S店总经理战略部署中的核心部分。

为短期无法实现销售变现的推广活动，耐得住寂寞、舍得投入，才能激励下属积极持续地推进看似吃力不讨好的线下"种草"工作,从而实现源源不断的开口导流,让后续所有营销活动的开展实现良性循环,达到事半功倍的效果。

---- 本章结语 ----

本章分别从4S店开业前、中、后三方面探讨总经理应有的战略高度,主要集中在"销售"的关联领域应该具备的战略思路。

制定战略,用于指导下属领悟方针意图、摆正营销方向。总经理可以评价方案、提供协助,但切勿对细节指手画脚,越俎代庖。

建议阶段性地组织管理层利用PEST⊖分析法审视现阶段的外部环境,思考本店可能受到的正／反面影响;利用SWOT分析法审视现有战术策略和现状成效是否符合市场变化规律,是否依旧围绕公司战略方针。这将有助于上下一心、各部门互通互联,确保公司始终沿着正确的方向做大做强。

⊖ PEST分析法指宏观环境分析法。

懂心理
才懂汽车销售

可复制的汽车销售力

第五章　展望未来篇

人无远虑必有近忧。

方便面市场的萎缩，并不是出现了更好口味的对手，而是外卖平台使客户的选择更加丰富；条状口香糖的销量下滑，也并不是有了另外的替代品，而是电子支付的普及，超市不需要用口香糖代替找零。

共享单车出来了，大家还见过多少家销售甚至维修自行车的店铺？有谁还记得当年红极一时的手机电池万能充是何时退出市场的？看官中还有谁在用 N 字头的手机？

大家品到什么了？

被淘汰的并不是不够努力。身处市场、科技飞速发展的年代，竞争将更加残酷。一个新趋势的来临，会让你看不见浪头就被拍在沙滩上。被跨界打劫、被新事物替代，竞争对手来得是那么猝不及防，且无法抵抗……

这可能有些危言耸听，毕竟相比汽车生产企业，4S 店更容易转舵。

疫情加剧了大浪淘沙的进程，弱势自主品牌甚至合资品牌的退出，逼迫着主机厂必须尝试做出重大变革。比如在渠道领域，那些长期处于末尾的经销商，必将成为首先被舍去的包袱。

作为一名职业经理人，从销售冠军到标杆店总经理，已经算是对投资人有所交代，能够报答老板的知遇之恩，但还需要预判未来有视野广阔的远见。无论对公司的前景，还是自己的未来，这都至关重要。

如果说上一章讲述的是狭义的战略规划，那么本章希望通过几个与大家息息相关的话题，一同打开视野展望汽车市场的未来。

第一节
未来市场趋势展望

新冠肺炎疫情的肆虐，使全球车市也遭受严重打击，2019年全球汽车销量近9000万辆，2020年却仅有7800万辆的水平，同比下降高达13%。中国也不例外，2020年汽车销量2527万辆，同比2019年下降2%，但中国车市占全球车市的份额已达到惊人的32%，未来还可能进一步放大。汽车集团在中国市场的成败，将基本决定其集团的未来，这是各大汽车企业公认的事实。这也是我在本书前言中说，我们身处世界上最大的汽车市场，绝对是幸运的。

来看国内乘用车市场，2020年1972万辆的年销量，同比2019年下滑7%。但进入2021年，在基数相对较低的情况下，2021年上半年同比增长29%，全年预计内需2200万辆，同比增长12%以上，呈现强势反弹的态势。虽然已是近3年来难得的正增长，但距离2017年的2420万辆仍有较大差距，并不能就此判断平台期已经结束。

汽车市场需求平台期，是指在一段时间内的需求呈现相对平稳的状态，或在一定幅度内上下波动，比如下降到一定程度再慢慢恢复。汽车市场需求平台期的出现，影响因素太多，但可以从千人保有量来说明一些问题，见图5-1及图5-2所示的成熟汽车市场表现。

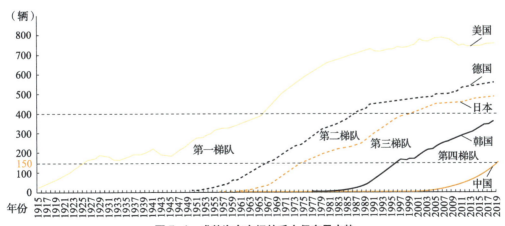

图5-1 成熟汽车市场的千人保有量走势

（数据来源：国家信息中心）

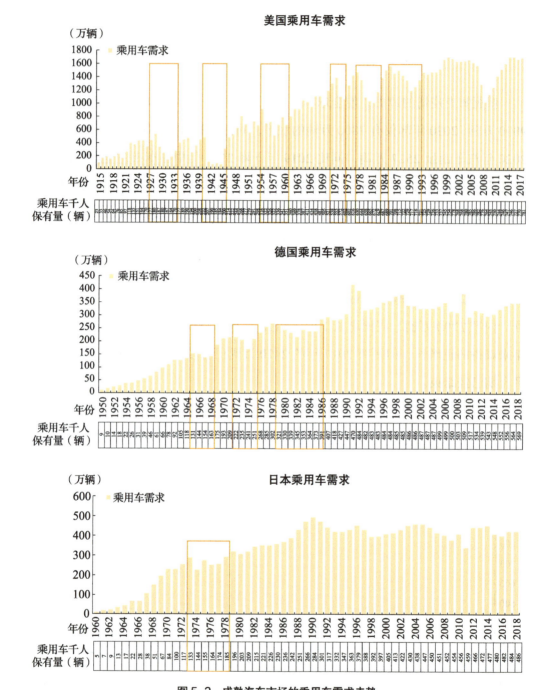

图 5-2 成熟汽车市场的乘用车需求走势

（数据来源：国家信息中心）

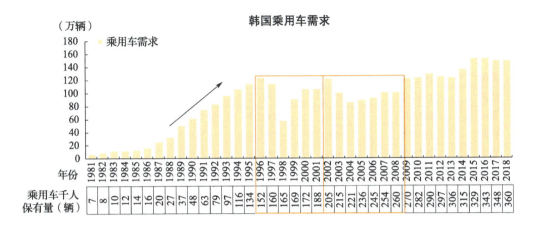

图 5-2　成熟汽车市场的乘用车需求走势（续）

（数据来源：国家信息中心）

依据发达国家的历史数据，人均国内生产总值（GDP）的增长与千人保有量强相关。图 5-1 中特别标注的 150 辆 / 千人和 400 辆 / 千人，分别是中等收入国家和高收入国家千人保有量"门槛线"。当进入第一条门槛线，向第二条门槛线（高收入阶层）迈进的过程，被称作"中等收入陷阱"（世界上绝大多数中等收入国家都落入陷阱，表现为人均国内生产总值达到 1 万美元后，既无法在成本上与低收入国家竞争，又无法在创新上与高收入国家竞争）。在图 5-2 展示的四个国家，都经历了多次乘用车市场增长的平台期（如线框所示），持续时间平均为 5 年左右，最长在 8 年以上。这是对一个国家经济持续增长动力的考验。

正如当下，我国刚迈入千人保有量 150 辆的门槛，处于国内生产总值增速放缓的新常态阶段，乘用车内需的增长遭遇瓶颈。但可喜的事情至少有两件，第一，经济增速放缓但质量提升，即国民收入将持续稳步向上，不会大起大落，乘用车内需将更趋稳定；第二，虽然我国已稳居市场首位宝座十年以上，但相对高收入国家的千人保有量 400 辆，依旧拥有令别国眼红的提升空间（表 5-1）。当然，市场的成长速度将取决于经济发展、中产群体规模、收入差距、人口密度等因素。

表 5-1 成熟汽车市场的峰值销量成长空间

先导市场	千人保有量达到150辆的年份	当年销量/万辆	峰值销量年份	峰值销量/万辆	千人保有量150辆到峰值销量增长空间
美国	1925 年	427	2000 年	1710	301%
法国	1962 年	91	1990 年	237	159%
英国	1963 年	101	2002 年	268	166%
德国	1966 年	149	1991 年	413	177%
日本	1973 年	301	1990 年	510	70%
西班牙	1976 年	57	2006 年	163	185%

（数据来源：国家信息中心）

乐观估计，我国汽车市场在"十四五"期间能够突破瓶颈，重回 2017 年的销量峰值，并在"十五五"末期超越 3000 万辆的年销量。

因此，即使我国汽车市场也许在短期内依旧处于平台期的调整阶段，但也大可不必担忧汽车销售还能不能干的问题。我们需要做的是顺势而为，找到市场机会。

一、90/00 后逐渐成为购车主力

90/00 后群体以远高于 70/80 后同龄时期的购车速度，成为有车一族的主力（图 5-3）。

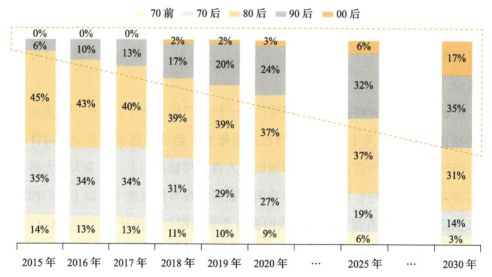

图 5-3 各年代新购车用户的比例与趋势变化

（数据来源：国家信息中心）

根据图 5-3 所示国家信息中心对于各年代新购车用户的比例与趋势变化的预测，2030 年 90/00 后占新购车用户比例将超过 50%。还有更乐观的调查认为，2025 年上述比例就可以达到 65%。无论如何，"泛 Z 时代"的用户将是未来 10~20 年的核心客群，这一点毋容置疑。

同时，"泛 Z 时代"的父母在改革开放中积累了财富，他们成长在入世的高速发展红利与互联网全面普及的环境下，对各种国内外的物质、精神享受，都有经历或耳闻，是比父母更为现代的时代潮人。

不仅如此，这群年轻人已经逐渐挑起大梁，影响着各行各业的发展，也影响着其他年代的人群。我们经常会听到各品牌的年轻化战略，渗透到产品研发、广宣传播、营销活动等各个领域中。

作为触网一代，他们在购车选择中更加有主见，注重网络口碑和实车体验，认为"质量、性能、实用性"不应成为卖点，而是基本门槛。"颜值即正义"代表着他们对造型有着极高的要求，"智能科技"也是向同伴展示他们与时俱进的潮流。

他们消费力强，购车预算 = 自己的收入 + 父母的收入 + 贷款；

他们没有偏见，无论国货洋货，可以听取他人建议，但更相信自己所见；

他们永远在线，是互联网时代的原住民，热衷社交，无法忍受无"网"无"电"；

他们拒绝落后，先进科技对他们有极大吸引力，而响应迟钝、闪屏、卡顿是不能接受的；

他们崇尚个性，价值选择多元化，愿意在旅游、娱乐、健身、美食等方面花费更多；

他们讲究环保，认为这是体现自身修养的重要构成；

还有他们喜爱的，二次元、JK 制服、手游、短视频、网红直播……

小到卖点提炼、营销推广的侧重，大到企业人设、全店氛围的打造，抓住"泛 Z 时代"客群，就是抓住本店的未来。鉴于上一章介绍切勿面面俱到的聚焦战略，面对现状是否需要调整，又何时开始调整，就是魄力与决心的考验。

二、自主品牌赶超合资品牌指日可待

自主品牌赶超合资品牌，已经不仅是停留在嘴上的口号。我们先来看图 5-4 中的现实数据。

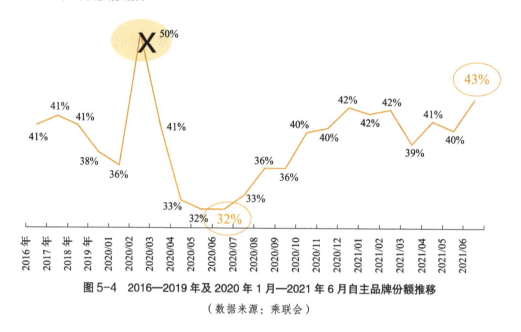

图 5-4　2016—2019 年及 2020 年 1 月—2021 年 6 月自主品牌份额推移

（数据来源：乘联会）

如图 5-4 所示，2018 年以前，自主品牌份额一度攀升至 41% 的高位，但在 2019 年骤然下滑至 38%，2020 年也仅有 37%。其中 2020 年 6 月居然跌落至 32%，这是近年来的最低谷水平（2020 年 2 月受疫情影响，整体市场基本停摆，数据没有参考价值）。但触底之后，却迎来了一路的攀升，2021 年 6 月来到了 43% 的近年最高位，2021 年 1—6 月也有 41% 的份额，增长率高达 51%（整体市场的增长率为 28%）。

个人认为当中的原因有以下几点（按直接关联的紧密度排序）。

1. 大浪淘沙的阶段阵痛

2018 年以前，借助 SUV 的销售热潮，自主品牌汽车享受着丰厚的市场红利。但随着 2018 年大众等头部合资品牌对 SUV 内多个细分市场的布局逐渐落地，以及该市场热度的逐步褪去，自主品牌的市场优势不再（详细数据趋势见图 5-5）。

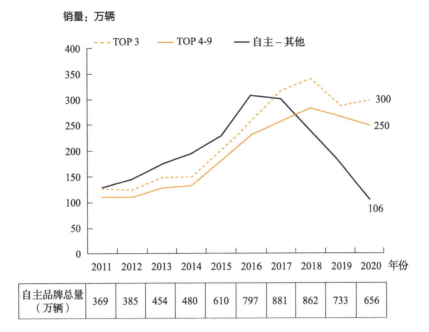

图 5-5 历年自主品牌各层级销量及份额走势

（数据来源：乘联会）

加上 2017 年汽车市场达到销量高峰后的环境恶化，边缘自主品牌遭受多重打击后出现退市潮，市场份额开始屡创新低。同时，自主品牌的头部效应将越发明显。

2. 积分政策下的新能源优势

往年，合资车型在中高端及大排量车型方面的优势，在双积分政策下正成为制约发展的劣势。若仅从燃油车型来看，自主品牌车型的油耗还略为逊色，但算上新能源汽车，其油耗在 2019 年已领先合资品牌 1.23 升/百公里。（自主品牌为 4.74 升/百公里，合资品牌为 5.97 升/百公里）。

近两年，新势力造车的异军突起及其他国产电动汽车的批量投放，给合资品牌汽车市场带来了直接冲击。其中逆势增长的新能源汽车市场中，外资汽车品牌也仅有特斯拉能够在一众自主品牌的围攻下独力支撑。

3. 智能科技的弯道超车

"泛 Z 时代"用户对智能科技的追求，正是自主品牌目前领先合资品牌的优势所在。得益于科大讯飞、百度、腾讯、华为等科技公司，以及各大国产品牌车企在智能领域的不懈努力，我国在语音控制、自动驾驶等方面已达世界先进技术水平。

许多的科技配置在数十万元的合资/进口车型上鲜有搭载，十几万元的国产车却已全面安装，自然受到这些年轻用户的青睐，以致电动智能化的趋势比原来预想的要快。

4. 国货品质已开始深入人心

再次说到 90/00 后，他们从小受到良好的爱国主义教育，成长在国货纷纷崛起的年代，对于洋品牌并没有惯性选择的思维。在汽车领域，相比合资品牌，自主品牌更懂得当代年轻人购车的真正需求，自然能够抓住这一波的腾飞机遇。

同时，不仅整体国货品质提升，国产汽车品牌的质量水平也受到广泛认可。

来自行业内公认的专业调研机构 J.D.POWER 的《中国新车质量调查报告》

中显示（详见图 5-6 自主品牌与合资品牌新车故障率）。在国人心目中，自主品牌与合资品牌在可靠性、品质感、故障发生率等方面的差距已明显缩小。

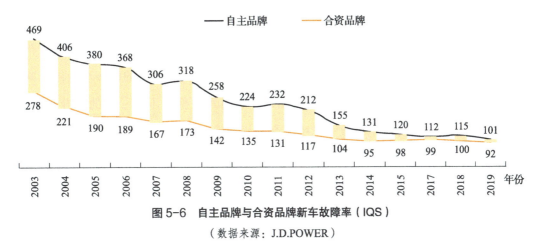

图 5-6 自主品牌与合资品牌新车故障率（IQS）

（数据来源：J.D.POWER）

三、二手车市场渐入佳境

2021 年，由于芯片短缺导致新车产能跟不上，提车周期过长，导致 2021 年上半年中国二手车的交易量暴增 52%（图 5-7）。

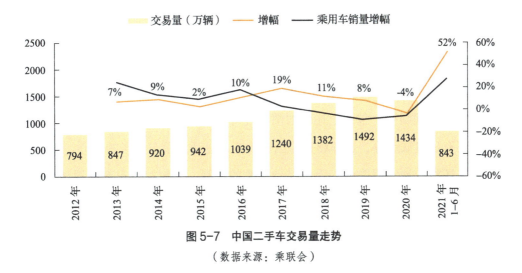

图 5-7 中国二手车交易量走势

（数据来源：乘联会）

其实，自 2017 年起，二手车交易量增幅就已悄无声息地跑赢新车销售。但对比成熟汽车市场，二手车交易量普遍高于新车，有的甚至在两倍以上。

那2021年二手车市场的火爆究竟是芯片导致的昙花一现，还是就此走向更加繁荣？

稍微梳理一下原因所在。

首先，2020年疫情导致汽车销量基数较低，以及持续至今的芯片荒是二手车销量大幅增长的首要原因。其中，缺芯导致中国乃至世界多国的许多车企停工减产。不仅二手车交易量大幅提升，价格还非常可观，部分不足一年的"准新车"甚至与新车的交易价基本一致（二手车交易相比新车节约大笔税费）。

其次，国家多部门出台的二手车限迁政策取消、简化交易手续等利好政策，在近一年以来的逐步落实，进一步激活了二手车交易的活力。

最后，税费的降低和政策的规范，让二手车市场从过去基本以小型夫妻档的车商为主，到现在转变为越来越多大型汽车经销商、互联网科技巨头等加入。这也让更多的消费者降低了对"二手车商套路"的心理压力，放心购买。

因此，虽然有"意外"因素影响，但对二手车市场的发展依旧有理由继续乐观。

既然是未来趋势，我们就再尝试寻找一下未来二手车市场增长的理由和动力。

1. 国家政策持续推动

2021年4月商务部提到将加快修订《二手车流通管理办法》，以完善汽车流通领域相关管理制度。包括上述的取消限迁等不合理政策限制、手续简化、税费减免，还有出口试点等，这都彰显着国家规范与盘活二手车市场的决心。

未来还将计划实施取消二手车经营资质的限制、恢复二手车商品属性、国五车全国流通、限制以个人名义开设二手车经销店，进一步规范和优化市场经营环境。

2. 市场空间潜力巨大

截至2021年，中国已稳居世界销量冠军宝座12年，但二手车析出率（即二手车交易量/整体汽车保有量）居然仅有美国的三分之一。2020年公安部及相关咨询公司提供的数据显示，美国二手车析出率为15.4%，德国为14.4%，二手车析出率相对偏低的日本也有10.0%，但中国坐拥近3亿辆的汽车保有量，二手车析出率却只有5.1%。这说明国人在二手车方面的交易积极性还未完全释放，但即使这样，近年二手车销量增长率也远高于新车销量增长率。相信在各方积极的引导下，二手车市场潜力不日将会全面激发。

3. 换购规模扩大带动二手车市场壮大

据汽车之家数据显示，自2016年起，国内乘用车换购总量呈快速增长趋势。预计将成为全球第一大保有量国家。两者的加持为二手车市场的发展带来无限的想象空间。在图5-8所示来自国家信息中心的预测中，换购比例的快速增长同样清晰可见。

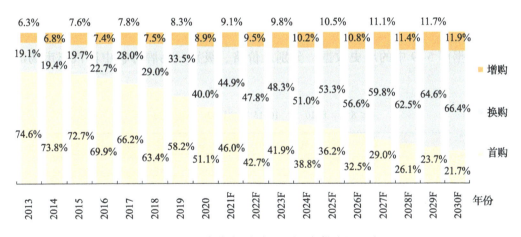

图5-8 新车首购/增购/换购比例推移及预测

（数据来源：国家信息中心）

4."Z时代"拥有更高的接受度

传统国人对"二手货"的观念一定程度制约了二手市场的发展。

但近年，"Z时代"对在"闲鱼"等平台交易二手货的热衷，延伸到汽车领域后，对二手车也并不排斥。因此，各大车商利用"Z时代"习惯互联网思维的方式，搭建线上交易平台，推出各种金融政策，并利用社交媒体广泛传播，赢得巨大的关注量。

据汽车之家与德勤共同发布的《2020中国Z时代汽车消费洞察报告》显示，"Z时代"的年轻人对二手车的接受度明显提高，超过60%的受调者表示愿意购买二手车。

乐观估计，2025年，二手车交易量将超过新车，两者之和将突破5000万辆的规模。对于4S店如何把握趋势风口，获取额外利润增长点，或同时促进新车销售等，则需要仔细考量与专业车商优劣所在。个人认为，差异化的经营模式可成为突破口，比如与改装车行配合进行二手车销售，在社交平台上展示各种炫酷的改装效果，并鼓励客户参与互动设计。试想，希望突出个性但预算可能不足的Z时代潮人，相对新车而言，购买二手车当然试错成本更低。

四、高端化趋势持续扩大

根据图5-9中的历史数据，分别从价格、级别、品牌分析中国汽车市场的趋势。

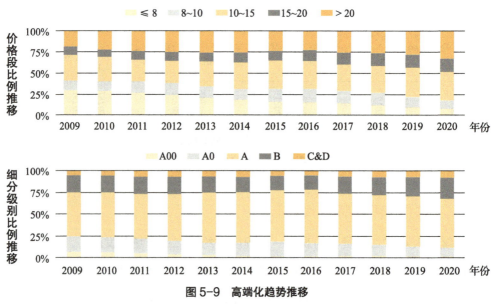

图5-9　高端化趋势推移

（数据来源：乘联会）

图 5-9　高端化趋势推移（续）

（数据来源：乘联会）

从上述三个维度不难看出，近十几年消费高端向上的比例都在不断加大。正是部分低端自主品牌或边缘合资品牌被挤压至难有容身之地，乃至退出市场的重要原因；也是主流自主品牌奋力向上，不断冲击天花板的动力。

除了消费者对美好生活的追求外，消费高端化趋势形成的原因多样。近年来的经济结构调整，对中低收入群体的影响更大。根据国家统计局数据，2018 年，各收入群体的收入增速放缓，其中高收入群体收入增速在 2017 年 9.6% 的基础上仅放缓 0.8%，而中等及中等偏下群体，收入增速则分别从 7.5%、7.3% 下滑至 3.1%、3.7%，这导致购车者收入分布加速上移，呈现"被动高端化"。另外，近年汽车市场相对低迷，高端车型价格下探刺激消费，以及 2020 年新冠疫情进一步加剧了低收入新车购买者的流失，都是重要的因素构成。

展望未来，消费高端化的趋势还有更多的底气。

1. 低价位市场加速下滑

8 万元及以下的汽车需求量逐年下降，2017 年该市场整体销量为 795 万辆，其中新车为 358.8 万辆；2019 年整体下降为 750 万辆，其中新车销量仅有 198 万辆，接近腰斩。

近年，多家低端自主品牌车型的退市，也加速该市场份额缩小的进度。

2. 二手车的繁荣加速低端车型市场萎缩

二手车的繁荣严重压缩了低价位市场的新车份额。我们只要打开二手车交易

App，3 年左右的 A 级车，5 年左右的 B 级车，没有重大事故，行驶里程平均 1 年一万公里左右的，也就 5 万 ~6 万元的价格。对于价格敏感的 A0/A00 级准客户，又怎能不动心？

据国家信息中心统计及预测，8 万元及以下的汽车需求变化（含新车及二手车），2015 年新车所占比例为 50.8%，2020 年为 20.9%，预计 2025 年新车所占比例为 12.0%，2030 年为 7.6%。消费者对低端新车的需求急剧下滑。

3. 高收入家庭户数快速增长

2020 年 10 月，《国民经济和社会发展规划》中提出，"2035 年达到'中等发达国家'人均国内生产总值（GDP）水平，中等收入群体显著扩大"。这意味着未来 15 年中，经济平均增速在 4.7% 以上，带动高收入家庭数量明显扩大。

4. 首购比例开始明显降低

2021 年，汽车增/换购比例合计将超过首购比例，预计 2022 年，汽车换购比例将超过首购比例 5 个百分点，并在后续不断扩大优势，预计 2030 年将占据近七成的比例。

人往高处走，中国人的消费习惯，大部分都希望让生活越变越好，房子越换越大，服饰越买越贵，车子自然要越换越高端。这将明显带动中高端汽车市场份额持续放大。

5. 新势力热销拉动高端消费

蔚来、小鹏、理想等造车新势力的快速发展，带动传统自主品牌车企发力上攻新能源汽车高端市场。东风的岚图、上汽的智己、吉利的极氪等，皆是各车企在 2021 年上海车展推出的高端电动化产品。凭借对中国新时代消费者更深刻的把握，未来一众国产智能电动汽车品牌将合力加速高端化进程。

最后，与大家分享一下权威机构的预测（图 5-10 及图 5-11）。

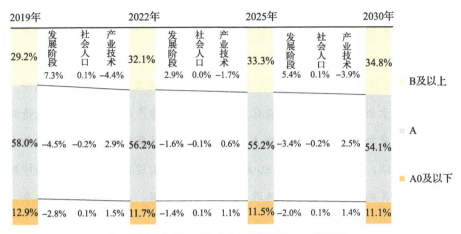

图 5-10　各因素对汽车车型级别消费结构的影响

（数据来源：国家信息中心）

图 5-11　各价格段汽车需求预测

（数据来源：国家信息中心）

对于上述情况，4S 店又该如何应对？除了响应主机厂品牌向上的号召，在策划运营章节讲述的展厅布置，以及差异化的特殊服务方面，是可供参考的突围策略。

以上只是部分消费趋势的展现，汽车消费市场还包括在国内国际双循环下的县乡市场繁荣、由新能源拉动的增量市场等，大家从字面上便可理解，就不一一细数。

> 千万不要觉得宏观汽车市场距离自己太遥远，也不要单纯地凭借经验做出判断与建议。平时多观察多交流，积极参与汽车行业协会了解动向，配合养成自主分析的习惯，建立宏观思维，有助于快人一步地发现商机或躲避陷阱。
>
> 比如对于合资品牌，在智能化相对"落后"的产品力之下，找准情怀类的客群是否更加高效？毕竟根据上文有关"各年代新购车用户的比例与趋势变化"的介绍，直到2030年，80后、70后、70前这些受传统品牌烙印较深的几代人，其购车比例依旧占据近50%的市场份额。剩下产品提升的事，就交给主机厂的研发团队了。

第二节
4S店模式会被取代吗？

如果没记错的话，中国第一家真正意义上的4S店，就是位于广州市白云区黄石路的"广本一店"。一晃二十多年过去了，如今已有三万余家4S店驻扎在神州大地，也是业内上最受认可的特约销售服务模式。

不过，当特斯拉首创的直营模式来势汹汹，后续蔚来、理想等新势力积极跟进之时，关于传统销售渠道模式的"颠覆""迭代"等关键词，便成为了行业内讨论的热门话题。

所谓存在即有其合理性，以下我们用几个问题尝试探讨未来销售渠道模式可能的变化。

一、4S店模式到底是怎么产生的？

早在20世纪80年代，在国家处于计划经济的传统模式下，南北大众合资汽车厂先后建立。当时的年度生产量也是由政府设定，主机厂按时保量生产，并统一交付国家，通过各类物资公司分配分销到各地。主机厂基本不用过问和担心销售问题，完全与市场脱离，不仅没有任何营销方面的思考，就连产品质量的问题、改进的方向、客户的期望，既没有渠道了解，也没有动力获取。毕竟在那个年代，信息闭塞，选择稀少，维权意识淡薄。想买车有钱还不行，需要通过"指标"分配才能有机会提车，又怎会过于计较质量和服务？

1992年7月，国家颁布《全民所有制工业企业转换经营机制条例》，明确规定企业享有生产经营决策权、产品销售权、资产处置权等经营自主权。事实上，这一时期国有企业已逐步拥有了产品所有权，基本确立了市场主体地位。而社会主义市场经济体制的目标确定，加速了以市场为导向的进程。

两年后，有前瞻眼光的北辰集团认为汽车走进家庭的时代已经来临，在北京亚运村建立了全国第一家汽车大卖场，并逐渐完善了工商、保险、税费、车管所、银行等一条龙销售服务，让老百姓第一次拥有了购车选择。亚运村汽车市场在后续长时间地被称作中国汽车市场的晴雨表。

但汽车大卖场的弊端也逐渐涌现，市场内鱼龙混杂，不仅销售管理混乱，售后服务更是不专业。而且，过度集中也导致了便利性存在较大的问题。

这时，部分进口汽车品牌也嗅到一丝潜在商机，在各地开始招募特约维修服务站，如1996年成立的四川三和本田HASS站，在一定程度上解决了购车用户的专业维修服务痛点，也间接促进了新车销售。

直到广汽本田接棒广州标致，引入国外特约销售服务的渠道模式，1999年3月26日广本一店的成立，终于揭开了4S模式在全国铺开的序幕。汽车厂家有面向全国各地的独立品牌销售商，渠道可控性高，统一的店面设计也有助于品牌推广；经销商接受专业培训，销售、售后都有丰厚的利润；消费者首次体验到尊贵的售前售后一条龙服务，购车、维修也非常便利。特别是当年处于卖方市场，4S店模式绝对是厂、商、客三赢的局面，这也是该模式能够长期存在的基础。

随着加入世界贸易组织（WTO）让老百姓富起来的步伐越来越快，更多三四线城市、县乡购车需求也逐步增大的时候，4S店却在经历着群雄纷争的薄利时代。低级别城市的1S、2S、3S店应运而生，满足了低成本、广覆盖的需求。当然，也有直接与当地的大卖场合作寄售，就是俗称的二级经销商（二网）。

从计划分配到卖场模式，再到特约销售服务加二网，就是经济发展、社会进步，国民对美好生活质量的需求提升的过程。

二、直营店模式为什么会出现？

说到直营店模式，首创者是特斯拉。我们可以尝试一下猜测特斯拉进入国内开创直营店这一模式的理由。

1. 迅速打开知名度

与一众跟风的新势力相同，特斯拉毕竟也是一个年轻的汽车品牌。迅速打开知名度是首要的工作。除了线上推广，国内线下各大汽车商圈的优势地段早已被瓜分殆尽。与其勉为其难地屈就，不如剑走偏锋，在闹市中建立销售直营店，以更炫酷的科技感和体验感，吸引更多的围观群众。

2. 招商的不确定性

年轻品牌的不确定性非常大，在初期产量不稳定、销量不明确，也没有集团合资背景的情况下，贸然进行招商，效果可能不会太好。就像前文说到，头50家广汽合资品牌4S店背景的经销商集团，为传祺在初创时期能够迅速打开市场，是绝对功不可没的铺路石。但特斯拉等新势力品牌，并没有这些感恩的先锋。特别是更年轻的新势力，难有投资者会在市场寒冬之时赌上不确定的未来。

虽然目前随着电池升级，消费者的里程焦虑有所缓解，但电动车销量还是高度集中在为数不多的限购限牌城市，以及充电设施布局相对完善的高级别二线城市。既然城市不多，开设面积要求不高的直营店，不失为一种试错成本相对较低的方式。即使租金单价较高，但进退更加高效。

3. 建立规范的管理体系

特斯拉自2008年在美国建成第一家直营店，距今已有13年的历史，有丰富的直营管理经验。直营对厂家而言投资风险大，但能够将销售与服务牢牢地掌控在自己手中，利于品牌宣传、销售价格、服务体验、营销活动等保持一致，非常适合品牌初创期需要高度统一的节奏和口径，并以此为日后建立规范的管理体系打下坚实基础。

4. 电动汽车售后的收益偏少

先引用一段特斯拉老板马斯克的话："汽车经销商的大部分利润来自（售后）服务，而电动汽车需要的服务比燃油汽车少得多，无需更换机油、火花塞或燃油滤清器，无需调整，也无需烟雾检查等。"

相对燃油汽车复杂的机械机构，电动汽车除事故外，需要保养维修的项目和机会明显较少。尤其是新品牌的保有量几乎为 0，设置前店后厂的 4S 店投入过大。因此，初期特斯拉就采用直营服务中心与合作钣喷中心的方式运营售后。

三、4S 店模式是否可能被取代？

被广大主机厂和消费者认可，拥有 23 年历史的特约经销模式，居然开始遭受质疑。既然已经上升到经销商是否需要更换模式的讨论，就得研究一下 4S 店目前普遍面临的问题。

首先，高速发展的市场吸引了更多投机主义的资本入场，不仅是经销商，还有主机厂。投机的经销商抗风险能力极低，一有风吹草动，容易扰乱市场秩序，拉上同城店"共同亏损"；投机的主机厂伤害性更大，在增量市场依靠模仿等没有核心卖点的品牌，在寒冬来临之下必然被优先抛弃，而他们的大批 4S 店则需要"先走一步"。

其次是高额的运营成本与单一的盈利手段。建店投入、场地租金、流动资金、人员开支、财务费用等，还有不少强势厂家的压库行为和阶段的改建要求，都让 4S 店承受着巨大资金压力。同时，因为销量火爆而水涨船高的各种关联费用，比如场地租金、车展费用、平台投放等，鲜有在市场低迷时产生怜悯之心，加速了许多只懂得依靠卖车挣钱、营销能力较低的经销商的退出进程。

最后是无孔不入的无良资源公司（这里仅针对那些手段卑劣者）。先放出一个本不存在的优惠价格,吸引一群客户下订,然后以此向多家店进行谈判,特别是针对市场库存较大的车型,总有一个店绷不住。对于资源公司,大不了退还客户订金,而一旦成功,在这高速的互联网信息时代,很快就会蔓延全国,摧毁好不容易稳定的价格体系,产生全面利润下滑乃至亏损加大。

当然,还有来自竞品的恶意攻击、容易被无限放大的公关事件、被日益宠坏的消费者……这些问题困扰4S店多年,很可能一不小心就成为压垮骆驼的最后一根稻草。

我们回看直营店,这个被不少人认为是可能取代4S店的先进模式。两者的差异与优劣见表5-2。

表5-2 4S店模式与直营店模式的差异与优劣对比

模式		4S店模式	直营店模式	
简介		主机厂授权经销商代理所在地的整车、零件等产品销售,经销商向主机厂提供资金购买产品,通过销售及主机厂返利获取利润	主机厂直接投资经营,部分采用与当地经销商合资、合作	
对主机厂	优	轻资产、降低管理压力、拥有经销商缓冲	直接获取一手市场信息、政策调整及执行效率极高、便于市场管控	
	劣	与经销商存在利益冲突、把控力相对较弱	重资产经营、库存风险极大、区域弹性受限	
对4S店/直营店	优	自主可操作弹性较大(如销售折扣、资金使用等)、易于融资	合作方	价格稳定、同品牌无竞争、无库存风险
	劣	同城及资源公司激烈竞争、承担库存风险		基本无自主权
对消费者	优	价格有谈判空间、"一条龙"服务、网点众多	价格透明、服务统一	
	劣	服务体验参差不齐	没有谈价空间、服务便利性偏弱	

其实两者各有优劣,对于消费者而言,4S店优势也许更加明显。应对恶劣的市场环境,4S店需要做出转变,却不仅限于当下,但转变也并不代表这种模式的落后。而直营店模式在品牌进入初期,能够快速地收集市场信息并做出反应,确实有很大帮助,但主机厂过重的资产投入,在产能扩大后将面对极大的挑战。

2021年乘联会的年中会议上,崔东树秘书长以"苹果"的渠道布局为例非常形象地说明了这个话题。理论上，苹果在手机市场的影响力，远高于特斯拉在汽车市场的地位。在中国市场，苹果同样有直营的线下旗舰店，但其更多的销量却来自于其他的线下代理商、合作平台（天猫、京东、苏宁等）、移动运营商（移动、联通、电信等）等非直营店，线下直营店更多承担的是树立品牌形象的作用。销售电子设备的店面费用远低于汽车直营店，如果全面使用直营模式要优于合作经销模式，为什么苹果不采用全面直营店呢？有传闻称，产能扩大的特斯拉最近也在缩减直营的体验店，至于是否放开前店后厂的4S店招商有待时间验证。不过，如果当新能源汽车在全国的基础设施开始全面铺开时，特斯拉在三四线城市和县乡市场，提供销售的还全是直营店，绝对是不可思议的一件事。

4S店面临的困境只是暂时的，这会让投机者及运营能力差的经销商加速出局，留下优秀的汽车品牌和经销商会创造更加良性的厂商关系和生态环境，对4S店模式未来不断的革新进阶也将起到重要作用。笔者认为谈论特约经销模式被替代还言之尚早，经销商被汽车厂家抛弃的可能性微乎其微，4S店模式也依旧会在将来的很长一段时间内占据主导地位。

但伴随着互联网时代带来的改变，中国汽车保有量的不断增加，目前的经销商结构也可能逐渐产生变化。例如，"经销商的头部优势或将越发明显"。

根据中国汽车流通协会统计，中国汽车市场近3万家的4S店，百强经销商集团约有6千多家。就是这五分之一店贡献了超过三成的销量，并且这个比例还在不断地放大。

同时，2020年底在册的28407家4S店，代表着中国汽车市场首次出现4S店退出者大于进入者的局面（2019年底为29968家）。当中有经营不善退出的，也有转投其他品牌的，或是准备加入新势力合作阵营的。也怪不得行业内总有4S店模式将被淘汰的说法。

大洋彼岸的美国，2020年共有16623家主机厂授权销售经销商（类似我国的4S店），单店的平均年销量在900辆左右。要知道，早在30年前的1990年，美国就已经拥有25000家这样的授权经销商，不过当年的单店平均年销量仅约

600辆。

这并不是所谓受到"直营店"的冲击导致4S店数量减少（相反，特斯拉在美国的直营店模式备受争议，截至目前该模式在多个州依旧被认为不合法）。4S店数量减少的主要原因来自于新车销售，无论是销量还是利润，都开始明显下滑。退出的汽车经销商，其实也有很大一部分并不是破产，而是转为主攻后市场，包括二手车、改装、金融等。毕竟相对于2.64亿的汽车保有量和超过新车2~3倍的二手车销量，后者的市场将更为庞大。

不过，受美国法规对中小企业的大力度保护与扶持影响（比如在现有门店的一定距离范围内新建店，必须征求原店同意等），独立经销商的经营与财务状况比较良好。这导致授权经销商的集中度并不是太高（只有10家大型经销商集团拥有50家以上的门店）。但近十年，美国经销商集团规模也在上升，其中数量在5家以上的经销商集团占比从3%提升到6%。尤其是2007年的经济危机下，百强经销商的销量却逆势增长11%，平均收入增加6%，是全美平均值的两倍以上。另外，对于二手车销售，现实上也以这些授权经销商为主，主要是得益于长期新车销售的客户积累和诚信口碑，其获利甚至还高于专业二手车商。

现阶段的中国汽车保有量与美国基本一致，二手车和新车都还有很大发展空间。所以，有理由相信，我国的汽车经销商集团在长期的多店经营和风雨洗礼中拥有更丰富的经验和强大的灵活应变能力，具备快速适应环境变化和抵御突发风险的实力，从而不断壮大。

再有，"经营不善的弱小4S店可能成为新势力的合作目标"。

新势力在多地核心商圈的体验中心投入过高，短期的品牌推广和吸睛效果十分有效，但架不住长期的巨额费用花销。新鲜感降低后，也不可能期待这些高大上的门店保持高客流，更不论销量的投入产出。特斯拉及新势力造车企业近期的缩减体验中心及直营店的传闻，并不是毫无根据。

同时，直营店对于新势力造车企业初期，虽是创新之举，但也存在难以广泛招商的尴尬原因。尤其自2018年起乘用车市场的逐年下滑，4S店投资人会更加谨慎，大多不会为新品牌赌上不确定的未来。

但在近一年以来新势力造车企业的飞速发展，让市场看到了异军突起的希望。经销商投资人的期待，和新势力造车企业拥有一定销量积累，需要扩大网络覆盖面和完善服务体系的想法，也许将不谋而合。

国内某酒店连锁品牌就有类似案例，该品牌利用庞大的会员积累和完善的管理体系，找到各地经营不善的小酒店或客流不大的新酒店洽谈，进行挂牌合作，短期内迅速完成超过1000家的布局。酒店原老板的生意开始火热，该品牌也获得更大的影响力，知名度、美誉度和盈利水平都得到极大提升。

不过，新势力造车企业尝到了直营店全面控制权的甜头，很可能不愿放手，开出的合作条件将更为苛刻，也许那些小型经销商才会更容易接受。毕竟相比目前的生存困难，失去控制权但拥有固定收入显然要实际得多。

4S店模式短期基本不会被取代，但平台期对主机厂和销售渠道的冲击，加速了大浪淘沙的进程，也促使流通渠道的结构变革更加剧烈和彻底。

不久的未来，我们将很有可能看到多种模式共存的局面。

第三节
如何抵御未知冲击

经济放缓、市场骤降、新冠疫情，近年太多的不确定因素让所有的汽车从业者苦不堪言。在哀叹意外总是来得那么猝不及防，却又非常疑惑地发现，周围有些"别人家的4S店"貌似总能旱涝保收。

在"物竞天择适者生存"的丛林法则中能够存活下来的永远是兼具攻击力、防御力、应变力的强者。放到现实中，优秀4S店的攻击力就是营销能力，防御力就是管理能力，而应变力，最基本的是拥有面对突发事件正确、快速的决断，更高级的则是敏锐的预判，提前做好万全的准备，或将危机的苗头扼杀在摇篮中。

来看一张有意思的曲线图，如图 5-12 所示。

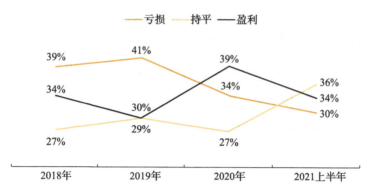

图 5-12　2018—2021 上半年汽车经销商盈利状况推移

（数据来源：中国汽车流通协会）

汽车市场于 2017 年触及顶峰后开始出现下滑，2019 年降幅进一步加大，当年经销商的亏损比例上升 2 个百分点，盈利比例下降 4 个百分点。2020 年的疫情让市场环境进一步恶化，可诡异的是，盈利比例居然上升了 9 个百分点，亏损比例也下降了 7 个百分点。更诡异的是，2021 年市场回暖，盈利的比例居然下降了。难道权威机构统计失误？

结合专家和调查的意见，比较合理的解释有几点。第一点，恶劣环境的持续刺激下，弱势经销商减少，亏损比例持续降低；第二点，2020 年的大多厂家因疫情进行补贴，2021 年回收，盈利有所下降；第三点，也是最关键的一点，由于突如其来的变故，经销商置之死地而后生地想出各种推广引流、提升服务、提高成交的做法，在 2021 年并没有坚持，比如维修保养及试驾的上门服务、异业联盟的广泛合作、积极地发布短视频与开展直播业务等。这些可能是脏活累活，也许成功率较低，不会立竿见影，但正因为这些脏活累活，造就了亏损店和盈利店之间的差距。应验了那句"生于忧患死于安乐"。

都说成熟汽车市场的今天，就是我们的未来，特别是与我们保有量相近的美国。这里正好找到一些美国经销商的营业数据，可从中找到差距所在。

就营业额来说，美国授权经销商（类似与我国的 4S 店）的比例大致为新车收入占 55%，二手车收入占 30%，服务及配件收入占 15%；我国经销商的营业额中新车收入占比约为 70%，二手车收入占比为 5%，服务及配件收入占比为 25%。这里的差异可能是由美国三倍于新车的二手车销售量决定的。但也可以看出我国国内经销商对新车销售的依赖性。

进一步深究，新车价格受供需影响较大，不同国家之间的可比性也许不高，国内 2020 年新车销售毛利率大致为 1.3%，美国相对稳定，平均在 4% 左右；二手车销售不仅规模差距巨大，国内二手车销售仅有 5% 左右的毛利率与美国二手车销售 10%~14% 的毛利率相比，更是小巫见大巫，也反映了我国二手车交易在专业性方面的落后。就金融产品而言，美国新车销售中，金融产品的渗透率超过 80%，二手车销售中，金融产品的渗透率也超过 50%，而国内的新车销售中，金融产品的渗透率仅在 2020 年超过 50%，二手车销售中，金融产品的渗透率仅有 10% 左右……抛除同样需要规范和改善的行业政策，相比之下，我国经销商需要提升的空间还是比较大。

未知冲击，微观来说可能来自于新加入的竞品或潜在替代品，宏观方面可能是市场环境的突变、其他的政治或自然的不可抗力。保持上述优秀的营销能力、管理能力、预判能力，才能长期处于不败之地。

一、营销能力

我们需要积极拥抱新事物。比如对于时下热门的社交软件，也不仅是蜻蜓点水，别人做我也做就好。深入研究扩列涨粉引流的规则，广泛学习成功者的获利手段，创新出适合自己的新颖玩法，就能保持新鲜感和竞争力。

也要发现差距和找到实现缩小差距的方法。就像上述的美国经销商在二手车、金融领域体现出来的高回报，前者已经在我国呈现快速的增长态势，后者在不少经销商还是缺乏重视或未找到合适的营销手法。同时切忌三天打鱼两天晒网。就像我在做用品改装的几个朋友都说，2020 年疫情之下，对 4S 店的出货量不降反升，2021 年疫情好转后却又下降了。找经销商一问才知道，居然是因为

2021年车好卖，没太多精力花在精品推销上。因此，重要的是正确的事情坚持做、长期做。

再有就是努力打造经销商品牌。正如现在汽车在质量、技术、工艺方面的差距不断缩小，没有特点、边缘化的自主品牌、国外品牌都相继退出市场，汽车也从当年的奢侈品向稀松平常的代步工具转变，在新一代的消费者眼中不再迷信传统的汽车品牌。但服务与体验则是他们更为在意的关注点。形成有创新特色的企业品牌文化，并在各领域流程中聚焦贯彻，不求广度求深度，保持差异化的竞争优势。

还要不断发现新的利润增长手法。墨守成规地单纯执行厂家的项目和流程，仅仅是在正常市场环境下维持 4S 店正常运作的基础。就像第三章第四节和第五节中说到的异业强强联合，思路不能仅局限于"卖车挣钱"，而是要让"车"成为让店里获得更多利润的载体。引用网络流行的一句话，"羊毛出在猪身上狗来买单"，咱们细细品读。

二、管理能力

1）人员稳定是基础。人心稳了，劲才能往一处使，人心散了，大家都忙着找下家，队伍自然不好带了。美国最大的经销商集团 AutoNation 近期正在做减法，包括关闭门店和裁员，倒也不是出现经营困难，主要是流程优化后的节约成本开支。但与市场趋于平稳的美国相比，我国国内的新车销售还有很大的空间，二手车等也有更加庞大的保有量依托，需要更多专业人士不断开拓。在标杆店内，从开业留守至今的各岗位人员比比皆是。除了提高待遇，员工认同并能激发内在积极性的企业文化、公平公正的晋升和绩效制度、简单和谐的人际关系等，都是影响员工对企业归属感的重要条件。

2）财务健康很重要。这也许是废话，却总有人在这上面摔跟头。不时可见本来正常经营、销量良好的 4S 店，转眼就人去楼空。除了挪用车款、瞎投资等极端做法，正常经营过程也有许多需要规避的风险。简单来说，财务管理的主要作用就是保证企业的正常运作和满足发展规划的要求。而出现问题的根源有几点：第一，"财务人员不专业"，体现在对具体各部门的业务不了解，机械性地核算，出现项目归类差异、财务风险不敏感等现象，进而影响经营层决策；第二，"风控机制不完善"，激烈竞争的市场导致相关人士会为达成目标而铤而走险，这时，完善的体制会及时给出预警，让经营层三思而后行；第三，"库存管理不合理"，资金周转的运作效果关系 4S 店的存活，资金链断裂是毁灭性的，许多经销商盲目追求阶梯政策的高位返利非理性备库，忽略了存货周转率，占用大量流动资金，从而过度使用整车融资周转，带来高额的财务成本和偿还风险。因此，请勿随便找一位刚毕业的自家亲戚管理财务，优秀的专业人士带来的财务健康，是公司生存的基础。

3）贯彻制度保落实。无论是销售、服务、车间等，制度和规则的目的就是将标准落实，而不是警示和处罚。首先是力度，过于宽松的管理容易滋生惰性，过于严苛也可能造成抵制；其次是公正，确保太子犯法与庶民同罪；然后是易懂，别造成法不责众的局面而让制度废除；最后是稳定，符合市场环境的调整可以理解，但朝令夕改会让团队无所适从。这里的制度，包括公司制度、绩效考核、业务规范等。比如，本书一再提及的特色服务，就需要一套行之有效的制度规范各领域的行为准则，不同的接待人员带给客户的都是同一种独特的感受，会给客户留下深刻的企业品牌烙印。

三、预判能力

这个话题比较抽象，包含对未来的分析预测，还需要对结论进行综合总结判断，最终才能以此作为依据，对战略、战术进行调整。

预测需要大量的数据分析，可以自行收集统计，也可以从同行交流、专家评论、协会会议等渠道获取。预测需要的信息量很大，涉及面很广，不确定性太多，没有绝对的对错之分，这时候就需要考验知识面、经验值和全局观。

通俗来讲，看到蚂蚁搬家、蜻蜓低飞，得回家收衣服；开车时见到拐弯处滚出皮球，就要立即制动，下一秒也许就能看见奔跑捡球的小朋友；在"王者荣耀"中，当我们组团围攻敌方水晶，见到总是只有 4 个人，剩下那个大概率就是跑去偷塔了。

回到主题，往近了说，了解到同城店提了大批某款"稳价车型"，必须尽快提醒厂家的区域人员可能出现扰乱价格行为，当然，也有可能是大客户订单。往远了说，收到自己区域内某地准备拆迁的信息，包括高端车型备库、外拓活动的策划、展销场地的预定，是不是要提前做好准备了？

当然，预判有微观的（预测客户的价格底线，给出满意答复）；有宏观的（发现某县级市场的大型投资项目，预测可能带来的整体消费增长，提前加深二网合作）；有营销的（预测机会市场，比如感觉有可能滞销，提前与收购商联合营销，达到多方受益）；也有风控的（如目前缺"芯"可能导致到车时间延后，而引发的客户抱怨）……

因此，我们需要阶段性地总结过往成败经历，长期保持与时俱进的思维鲜度，并形成高度敏感的条件反射，以提高成功概率，降低试错成本。

小结

除非是极端的天灾人祸，来自市场领域的冲击在来临之前，总会有一些征兆。我们可以参考成熟市场的发展经历，透视未来，学习行业标杆的成功经验，激发灵感，从而提高对环境变化的敏感度。

但更重要的是要有自我强健的体魄，拥有营销、管理、预判等综合实力的加持，自然更加自信坦然地面对任何挑战。

本章结语

本章通过介绍大家关心的市场趋势、渠道变化、抵御冲击的自强法则，希望能从外到内打开各位对未来的视野，找到自身能够持续发展的道路。

预测不一定准确，通向成功的道路也并非只有一条，但丛林法则是永远不变的商业法则。强大与弱小是相对的，只要有特点，老鼠也能灭大象；成功与失败也是暂时的，当环境变化，谁能抓住先机，谁就能展翅高飞或逆风翻盘。

后　记

有那么一群人，他们无法时常回家为父母尽孝；他们无法弥补与爱妻的离多聚少；他们无法解释对儿子的不守信用；他们早已在老友聚会的黑名单高居榜首。

……

要评选劳模，他们肯定榜上无名。

但是……

论付出，他们不少于环卫工人，常年早出晚归，抛妻弃子地驻守岗位，却从未被歌颂；论勤劳，他们不输于农民伯伯，顶着烈日严寒，风雨无阻地坚持外拓，却常遭人嫌弃；论压力，他们不小于白衣天使，面对无视苦劳、末位淘汰的业绩重负，却未轻言放弃。

你们可以看见，

他们衣着亮丽、光彩照人；

却看不见他们蹲成一排捧着盒饭狼吞虎咽。

你们可以听到，

他们妙语连珠、侃侃而谈；

却听不到他们功亏一篑时默默呜咽的辛酸。

他们每一个人，

即使被冷嘲热讽、无理诋毁，却依然笑脸相迎；

即使通宵熬夜、寝食不定，熬坏了身体，却依然咬牙坚持。

他们有一个响亮的名字，不断奋进的"中国汽车人"！

他们为了什么？

只因那句支撑前行的口号：

"有业绩才有尊严"！

在我眼里，他们就是推动中国汽车市场发展的无名英雄！

谨以此书，致敬我们永不言败的中国汽车销售精英们！

参考文献

[1] 铃木敏文. 零售的哲学[M]. 顾晓琳,译. 南京:江苏凤凰文艺出版社,2014.

[2] 里斯. 聚焦:决定你企业的未来[M]. 曾晓涛,寿雯,译. 太原:山西人民出版社,2012.

[3] 艾瑞里. 怪诞行为学:可预测的非理性[M]. 赵德亮,夏蓓洁,译. 北京:中信出版社,2008.

[4] 斯坦利. 销售就是要玩转情商[M]. 余卓桓,译. 武汉:武汉出版社,2015.

[5] 马丁,戈尔茨坦,西奥迪尼. 细节:如何轻松影响他人[M]. 苏西,译. 北京:中信出版社,2016.

[6] 弗兰克. 牛奶可乐经济学[M]. 闾佳,译. 北京:北京联合出版公司,2017.

[7] 刘艳华. 沟通心理学[M]. 天津:天津科学技术出版社,2017.